法藏知津

四編：佛教歷史與文獻研究專輯

杜 潔 祥 主編

第3冊

鳩摩羅什《妙法蓮華經・序品第一》「信譯」之研究（下）

賴 信 川 著

花木蘭文化出版社

國家圖書館出版品預行編目資料

鳩摩羅什《妙法蓮華經・序品第一》「信譯」之研究（下）／賴信川 著－初版 — 新北市：花木蘭文化出版社，2015〔民104〕

目 4+274 面；19×26 公分

（法藏知津四編：佛教歷史與文獻研究專輯 第 3 冊）

ISBN：978-986-254-296-5（精裝）

1. 佛經 2. 翻譯 3. 法華部

224.57 99016384

ISBN-978-986-254-296-5

法藏知津四編：佛教歷史與文獻研究專輯

第 三 冊 ISBN：978-986-254-296-5

鳩摩羅什《妙法蓮華經・序品第一》「信譯」之研究（下）

作　　者　賴信川

主　　編　杜潔祥

副總編輯　楊嘉樂

編　　輯　許郁翎

出　　版　花木蘭文化出版社

社　　長　高小娟

聯絡地址　235 新北市中和區中安街七二號十三樓

電話：02-2923-1455／傳真：02-2923-1452

網　　址　http://www.huamulan.tw 信箱 hml 810518@gmail.com

印　　刷　普羅文化出版廣告事業

初　　版　2015 年 5 月

定　　價　四編 15 冊（精裝）新台幣 25,000 元

鳩摩羅什《妙法蓮華經・序品第一》「信譯」之研究（下）

賴信川　著

目次

上冊

第一章　導　論……1
　第一節　問題點之所在……1
　第二節　研究鳩摩羅什譯筆的意義……5
　第三節　「信譯」定義與標準……6
　　一、嚴復「信」的提出……7
　　二、羅什以前佛教對於翻譯的看法……8
　　三、當代有關的翻譯理論……17
　　四、本文「信譯」的標準……18
　第四節　本研究的主題與目標……19
第二章　文獻探討……23
　第一節　佛典翻譯之前人研究成果……23
　　一、綜合型研究……23
　　二、譯經史研究……24
　　三、漢譯佛典的詞語研究……24
　　四、翻譯理論研究……27
　　五、佛經語言問題研究……28
　　六、其他相關研究……33
　第二節　「信譯」相關翻譯理論的作品……35
　第三節　《梵本法華經》研究的概況……36
第三章　版本研究與譯者生平……39

第一節　梵本《法華經》的版本 …… 39
第二節　譯者鳩摩羅什生平 …… 42
第三節　《妙法蓮華經》的翻譯 …… 48
一、羅什時代的譯經方式 …… 48
二、《法華經》的漢譯 …… 51
第四章　研究方法 …… 57
第一節　譯文分析 …… 57
一、梵典原意的解析 …… 57
二、「信譯」的判準 …… 65
第二節　研究步驟與模式 …… 67
第五章　《妙法蓮華經・序品》信譯的研究 …… 71
第一節　經題的研究 …… 75
第二節　開啓經文以前的祈請文研究 …… 80
第三節　品名研究 …… 86
第四節　經文研究 …… 88
第一段（如是我聞……） …… 88
第二段（羅睺羅母耶輸陀羅比丘尼……） …… 124
第三段（如是等菩薩摩訶薩八萬人俱……） …… 159
第四段（爾時世尊，四眾圍繞……） …… 183
第五段（爾時佛放白毫眉間相光……） …… 213
第六段（爾時彌勒菩薩作是念……） …… 236
第七段（爾時比丘比丘尼……） …… 253
第八段（爾時彌勒菩薩……） …… 255

中　冊

第九段（共 56 頌）（於是慈氏……） …… 265
第十段（爾時彌勒菩薩作是念……） …… 521
第十一段（爾時文殊師利……） …… 539

下　冊

第十二段（次復有佛……） …… 567
第十三段（而阿逸多……） …… 579
第十四段（又阿逸多……） …… 600
第十五段（樂欲聽法……） …… 612

第十六段（時有菩薩，名曰妙光……）……615
第十七段（日月燈明佛……）……625
第十八段（時有菩薩，名曰德藏……）……633
第十九段（佛授記已……）……639
第二十段（八百弟子中有……）……647
第廿一段（共 44 頌）（爾時文殊師利……）·664
第六章　結　論……795
第一節　語文結構……795
第二節　經文文體結構與比較……796
第三節　鳩摩羅什譯本是否信譯？……803
一、版本上的差異……804
二、鳩譯佛菩薩名號與梵本有所出入……805
三、部分譯文沒有譯出……807
四、譯文上的刪煩……807
五、文字精鍊，不減原色……808
六、前後文動態調整……808
第四節　鳩摩羅什的譯文的特點……809
一、關於「『妙』法蓮華」的翻譯……809
二、佛菩薩名號的翻譯……811
三、長行是以梵文語序作爲譯文的排列根據·814
四、鳩譯精於「練字」……816
五、與道安的「五失本」,「三不易」的主張比較……818
第七章　餘　論……821
第一節　其餘的發現……821
一、佛學中文名詞未必等於中文詞彙……821
二、爲什麼梁啓超說佛典很少用「之乎者也」？……825
三、中國詩歌格律的可能來源……827
第二節　後續的發展方向……828
一、廣泛蒐羅與研究梵本……828
二、佛教訓詁學的建構……829
參考文獻……831

【第十二段】

तस्य खलु पुनः कुलपुत्राः चन्द्रसूर्यप्रदीपस्य तथागतस्यार्हतः सम्यक्संबुद्धस्य परेण परतरं चन्द्रसूर्यप्रदीप एव नाम्ना तथागतोऽर्हन् सम्यक्संबुद्धो लोक उदपादि। इति हि अजित एतेन परंपरोदाहारेण चन्द्रसूर्यप्रदीपनामकानां तथागतानामर्हतां सम्यक्संबुद्धानामेकनामधेयानामकेकुलगोत्राणां यदिदं भरद्वाजसगोत्राणां विंशतितथागतसहस्राण्यभूवन्। तत्र अजित तेषां विंशतितथागतसहस्राणां पूर्वकं तथागतमुपादाय यावत् पश्चिमकस्तथागतः, सोऽपि चन्द्रसूर्यप्रदीपनामधेय एव तथागतोऽभूदर्हन् सम्यक्संबुद्धो विद्याचरणसंपन्नः सुगतो लोकविदनुत्तरः पुरुषदम्यसारथिः शास्ता देवानां च मनुष्याणां च बुद्धो भगवान्। सोऽपि धर्मं देशितवान् आदौ कल्याणं मध्ये कल्याणं पर्यवसाने कल्याणम्। स्वर्थं सुव्यञ्जनं केवलं परिपूर्णं परिशुद्धं पर्यवदातं ब्रह्मचर्यं संप्रकाशितवान्। यदुत श्रावकाणां चतुरार्यसत्यसंयुक्तं प्रतीत्यसमुत्पादप्रवृत्तं धर्मं देशितवान् जातिजराव्याधिमरणशोकपरिदेवदुःखदौर्मनस्योपायासानां समतिक्रमाय निर्वाणपर्यवसानम्। बोधिसत्त्वानां च महासत्त्वानां च षट्पारमिताप्रतिसंयुक्तमनुत्तरां सम्यक्संबोधिमारभ्य सर्वज्ञज्ञानपर्यवसानं धर्मं देशितवान्॥

【羅馬譯音】

tasya khalu punaḥ kulaputrāḥ candrasūryapradīpasya tathāgatasyārhataḥ samyaksaṁbuddhasya pareṇa paratararṁ candrasūryapradīpa eva nāmnā tathāgato'rhan samyaksaṁbuddho loka udapādi| iti hi ajita etena paraṁparodāhāreṇa candrasūryapradīpanāmakānāṁ tathāgatānāmarhatāṁ samyaksaṁbuddhānāmekanāmadheyānāmakekulagotrāṇāṁ yadidaṁ bharadvājasagotrāṇāṁ viṁśatitathāgatasahasrāṇyabhūvan| tatra ajita teṣāṁ viṁśatitathāgatasahasrāṇāṁ pūrvakaṁ tathāgatamupādāya yāvat paścimakastathāgataḥ, so'pi candrasūryapradīpanāmadheya eva tathāgato'bhūdarhan samyaksaṁbuddho vidyācaraṇasaṁpannaḥ sugato lokavidanuttaraḥ puruṣadamyasārathiḥ śāstā devānāṁ ca manuṣyāṇāṁ ca buddho bhagavān| so'pi dharmaṁ deśitavān ādau kalyāṇaṁ madhye kalyāṇaṁ paryavasāne kalyāṇam| svarthaṁ suvyañjanaṁ kevalaṁ paripūrṇaṁ pariśuddhaṁ paryavadātaṁ brahmacaryaṁ saṁprakāśitavān| yaduta śrāvakāṇāṁ caturāryasatyasaṁyuktaṁ pratītyasamutpādapravṛttaṁ dharmaṁ deśitavān jātijarāvyādhimaraṇaśokaparidevaduḥkhadaurmanasyopāyāsānāṁ samatikramāya nirvāṇaparyavasānam| bodhisattvānāṁ ca mahāsattvānāṁ ca ṣaṭpāramitāpratisaṁyuktamanuttarāṁ samyaksaṁbodhimārabhya sarvajñajñānaparyavasānaṁ dharma deśitavān||

【第一句】

tasya khalu punaḥ kula-putrāḥ Candrasūryapradīpasya tathāgatasyārhataḥ samyak-saṁbuddhasya pareṇa parataraṁ Candrasūryapradīpa eva nāmnā tathāgato 'rhan samyak-saṁbuddho loka udapādi|

【辭彙研究】

1. चन्द्रसूर्यप्रदीपस्य Candrasūryapradīpasya 形容詞　日月燈明的
   - 1.1 【詞尾變化】Candrasūryapradīpasya 是 Candrasūryapradīpa 的陽性單數屬格形，所以字典查 Candrasūryapradīpa。
   - 1.2 資料前面已有說明。
2. तथागतस्यार्हतः tathāgatasyārhataḥ 名詞　如來與阿羅漢的
   - 2.1 【詞尾變化】
     - 2.1.1 tathāgatasyārhataḥ 可拆成 tathāgatasya 與 arhataḥ 兩個字。
     - 2.1.2 tathāgatasya 是 tathāgata 的陽性單數屬格形，所以字典查 tathāgata。
     - 2.1.3 arhataḥ 是 arhat 陽性單數屬格形，所以字典查 arhat。
   - 2.2 資料前面已有說明。
3. सम्यक्संबुद्धस्य samyak-saṁbuddhasya 名詞　正等正覺
   - 3.1 【詞尾變化】samyak-saṁbuddhasya 是 samyak-saṁbuddha 的陽性單數屬格形，所以字典查 samyak-saṁbuddha。

3.2 資料前面已有說明。

4. परेण pareṇa 形容詞 過去的

4.1 【詞尾變化】pareṇa 爲 para 的陽性單數工具格形，所以字典查 para。

4.2 資料前面已有說明。

5. परतरं parataraṁ 形容詞 更加過去的

5.1 【詞尾變化】parataraṁ 根據連音規則，是從 parataram 變化過來，而 parataram 是 paratara 的陽性單數對格形，而 paratara 是 para 的比較級，所以字典查 para。

5.2 資料前面已有說明。

6. नाम्ना nāmnā 形容詞 名號

6.1 【詞尾變化】nāmnā 是 nāman 的陽性單數工具格形，所以字典查 nāman。

6.2 資料前面已有說明。

7. तथागतोऽर्हन् tathāgato 'rhan 形容詞 如來，應供（阿羅漢）

7.1 【詞尾變化】

7.1.1 根據連音規則，tathāgato 'rhan 是 tathāgataḥ arhan 連結變化而成。

7.1.2 tathāgataḥ 是 tathāgata 的陽性單數主格形，所以字典查 tathāgata。

7.1.3 arhan 是 arhat 的單數主格形，所以字典查 arhat。

7.2 資料前面已有說明。

8. सम्यक्संबुद्धो samyak-saṁbuddho 形容詞 正等正覺

8.1 【詞尾變化】samyak-saṁbuddho 根據連音規則是從 samyak-saṁbuddhaḥ 變化過來，samyak-saṁbuddhaḥ 是 samyak-saṁbuddha 的陽性單數主格形，所以字典查 samyak-saṁbuddha。

8.2 資料前面已有說明。

9. उदपादि udapādi 動詞 使生起

9.1 【詞尾變化】udapādi 是從 ut-√pad 使役動詞變化過來，所以字典查 ut-√pad。

9.2 資料前面已有說明。

【筆者試譯】: 而佛子們，那個日月燈明如來，應供，正等正覺的更後面也有一位也是名叫日月燈明如來，應供，正等正覺在世間出世。

【什公漢譯】：次復有佛，亦名日月燈明，次復有佛，亦名日月燈明。

【英 譯 本】：Now, young men of good family, long before the time of that Tathâgata Kandrasûryapradîpa, the Arhat, &c., there had appeared a Tathâgata &c. likewise called Kandrasûryapradîpa,

【信譯研究】：信譯。

【第二句】

iti hi Ajita etena paraṁparodāhāreṇa Candrasūryapradīpa-nāmakānāṁ tathāgatānām arhatāṁ samyak-saṁbuddhānām eka-nāmadheyānām ake-kula-gotrāṇāṁ yad idaṁ Bharadvāja-sa-gotrāṇāṁ viṁśati-tathāgata-sahasrāṇy abhūvan|

【辭彙研究】

1. अजित Ajita 名詞　彌勒菩薩的名字；無能勝
   1.1. 【詞尾變化】沒有詞尾變化。
   1.2. 【摩威梵英,p10】
      1.2.1. mfn. not conquered , unsubdued , unsurpassed , invincible , irresistible ;
      1.2.2. m. a particular antidote ; a kind of venomous rat ; N. of *Viṣṇu* ; *Śiva* ; one of the *Saptarshis* of the fourteenth *Manvantara* ; *Maitreya* or a future Buddha ; the second of the *Arhats* or saints of the present（*Jaina*）*Avasarpiṇi* , a descendant of Ikshva1ku ; the attendant of *Suvidhi*（who is the ninth of those *Arhats*）；
      1.2.3.（*ās*）m. pl. a class of deified beings in the first *Manvantara.*
   1.3. 【梵漢辭典,p55】（過去被動分詞）不可征服；（經文）未降，（經文）未熟；無勝，無能勝，能逮者；（譯音）阿逸多，也就是彌勒菩薩的名字。
2. एतेन etena 代名詞　這個
   2.1. 【詞尾變化】etena 是 etad 的陽性單數工具格，所以字典查 etad。
   2.2. 資料前面已有說明。
3. परंपरोदाहारेण paraṁparodāhāreṇa 名詞　接續說法
   3.1. 【詞尾變化】

3.1.1. paraṁparodāhāreṇa 根據連音規則爲 paraṁpara--udāhāreṇa 結合變化而成。

3.1.2. paraṁpara 沒有詞尾變化，字典查 paraṁpara。

3.1.3. udāhāreṇa 爲 udāhāra 的陽性單數工具格形，所字典查 udāhāra。

3.2. 【摩威梵英,p185, udāhāra】m. an example or illustration; the beginning of a speech.

3.3. 【梵漢辭典,p1316, udāhāra】（陽性）例證，說話的起點；（經文）音，說，誦，宣說，演說，說（法）。

3.4. 【摩威梵英,p587, paraṁpara】

3.4.1. mfn. one following the other , proceeding from one to another（as from father to son）, successive , repeated MBh.;

3.4.2.（*am*）ind. successively. uninterruptedly. ;

3.4.3. m. a great great-grandson or great-grandson with his descendants; a species of deer;

3.4.4. -*tas* ind. successively continually , mutually;

3.4.5. -*bhojana* n. eating continually.

3.5. 【梵漢辭典,p845, paraṁpara】（形容詞）順序的，連續的；（經文）展轉。

4. नामकानां nāmakānāṁ 形容詞　名爲

4.1. 【詞尾變化】

4.1.1. nāmakānāṁ 根據連音規則是從 nāmakānām 變化過來。

4.1.2. nāmakānām 是 nāmaka 的陽性複數屬格形，所以字典查 nāmaka。

4.2. 【摩威梵英,p536】mf（*ikā*）n. ifc. = *nāman* , name.

5. तथागतानाम् अर्हतां सम्यक्संबुद्धानाम्

tathāgatānām arhatāṁ samyak-saṁbuddhānām 名詞　如來，應供，正等正覺

5.1. 【詞尾變化】

5.1.1. Tathāgatānām 是 Tathāgata 的陽性複數屬格形，所以字典查 Tathāgata。

5.1.2. arhatāṁ 是 arhat 的陽性複數屬格形，字典查 arhat。

5.1.3. samyak-saṁbuddhānām 是 samyak-saṁbuddha 的陽性複數屬格形，所以字典查 samyak-saṁbuddha。

5.2. 資料前面已有說明。

6. नामधेयानाम् nāmadheyānām 名詞　名號

6.1. 【詞尾變化】nāmadheyānām 是 nāmadheya 的陽性複數主格形，所以字典查 nāmadheya。

6.2. 【摩威梵英,p536】

6.2.1. n. a name , title , appellation（often ifc. ; cf. *kiṃ-n-* , *puṃ-n-*）RV.; the ceremony of giving a name to a child;

6.2.2. *-tas* ind. by name MW. ;

6.2.3. *-pāda-kaustubha* m. or n. N. of wk.

6.3. 【梵漢辭典,p763】（中性）命名；標題，名稱，名號；命名儀式；（經文）名，名號，名字，首題名字，首題名號。

7. अके ake 接尾詞　沒有意義。

7.1. 【詞尾變化】ake 是 aka 的陽性單數於格形，所以字典查 aka。

7.2. 【摩威梵英,p1】

7.2.1. the suffix *aka.*

7.2.2. n. unhappiness , pain , trouble; sin.

7.3. 【梵漢辭典,p56】（文法）接尾詞。

8. गोत्राणां gotrāṇāṁ 形容詞　名氏

8.1.【詞尾變化】gotrāṇāṁ 根據連音規則，是 gotrāṇām 變化過來，而 gotrāṇām 是 gotra 的陽性複數屬格形，所以字典查 gotra。

8.2. 【摩威梵英,p364】

8.2.1. n. （*trai*）protection or shelter for cows , cow-pen , cow-shed , stable for cattle , stable（in general）, hurdle , enclosure RV.（once m.）; " family enclosed by the hurdle ", family , race , lineage , kin.（a polysyllabic fem. in *ī* shortens this vowel before *gotra* in comp. 〔e.g. *brāhmaṇigotrā* , ` a Bra1hman woman only by descent or name'）; the family name MBh.; name （in general）;（in Gr.）the grandson and his descendants if no older offspring of the same ancestor than this grandson lives（if the son lives the grandson is called *yuvan*）; an affix used for forming a patr.; a tribe , subdivision（in the Brāhman caste 49 Gotras are reckoned and supposed to be sprung from and named after celebrated teachers , as *Śāṇḍiya* , *Kaśyapa* , *Gautama* , *Bharad-vāja*）; a genus , class , species; a multitude; increase; possession; a forest ; a field; an umbrella or parasol; knowledge of probabilities;

8.2.2. （*am*） ind. after a verb denoting repetition and implying a blame ;

8.2.3. （*eṇa*） instr. ind. with regard to one's family name g. *prakṛty-ādi* ;

8.2.4. m. a mountain（a meaning probably derived fr. -bhīd）BhP. ; a cloud; a road ;

8.2.5. （*ā*） f. a herd of kine; the earth ;

8.2.6. -*kartṛ* m. the founder of a family MBh.;

8.2.7. -*kārin* mfn. founding a family Pravar. ;

8.2.8. -*kīlā* f. （= *acala-k-*） the earth ;

8.2.9. -*kṣānti* f. N. of a *Kiṃnara* virgin;

8.2.10. -*ja* mfn. born in the same family , relation;

8.2.11. -*devatā* f. family deity;

8.2.12. -*nāman* n. the family name ;

8.2.13. -*paṭa* m. a genealogical table , pedigree ;

8.2.14. -*pravara-dīpa* , -*ra-nirṇaya* m. -*ramañjarī* f. N. of wks. ;

8.2.15. -*bhāj* mfn. belonging to the family ;

8.2.16. -*bhīd* mfn. opening the cow-pens of the sky RV.;

8.2.17. m. `splitting the mountains' , Indra Ragh.; `Indra' and `destroyer of families' ; `Indra' and `destroyer of names';

8.2.18. -*bhūmi* f. `family-range' , one of the periods in a *Śrāvaka's* life Buddh. ;

8.2.19. -*maya* mfn. forming a family ;

8.2.20. -*riktha* n. du. the family name and the inheritance ;

8.2.21. -*rikthāṃśa* , in comp. the family name and part of the inheritance , 165 ;

8.2.22. -*vat* mfn. belonging to a noble family ;

8.2.23. -*vardhana* m. N. of a prince;

8.2.24. -*vṛkṣa* m. N. of a tree;

8.2.25. -*vrata* n. a family rule. ;

8.2.26. -*sthiti* f. `id.' and `standing like a mountain' ;

8.2.27. -*trākhyā* f. family name , patronymic ;

8.2.28. -*trānta* m. `destruction of families ' and `destruction of mountains';（scil. *śabda*） `ending with a Gotra affix' , a patronymic;

8.2.29. -*trābhidhāyam* ind. so as to name one's name ;

8.2.30. -*treśa* m. `earth-lord' , a king ;

8.2.31. *-troccāra* m. `recitation of the family pedigree'N. of a ceremony p. 407.

8.3. 【梵漢辭典,p465】(中性)牛舍;家即種族或家族;姓,氏,名,名氏,個人之名,有姓之人;(文法)子孫及其後裔,造父系語時的接尾詞(文法);(經文)種,種族,姓,種姓,族姓,性,種姓,自性,類,種類,品類。(經文)性,佛性,眞如性。

9. सहस्राण्य् sahasrāṇy 數詞　千

9.1. 【詞尾變化】sahasrāṇy 根據連音規則是從 sahasrāṇi 變化過來,而 sahasrāṇi 是 sahasra 的中性複數主格形,所以字典查 sahasra。

9.2. 資料前面已有說明。

10. अभूवन् abhūvan 動詞　有(可能有)

10.1. 【詞尾變化】abhūvan 是√bhū 的不定過去式的第三人稱複數形,所以字典查√bhū。

10.2. 資料前面已有說明。

【筆者試譯】:阿逸多(案:彌勒菩薩之名)!接下來說法的也是同樣一個名,叫日月燈明的眾多如來,應供(阿羅漢)與正等正覺們,他們全都是姓頗羅墮的(屬於頗羅墮的家族),可能有兩萬人。

【什公漢譯】:如是二萬佛,皆同一字,號日月燈明,又同一姓。姓頗羅墮。

【英 譯 本】:after whom, O Agita, there were twenty thousand Tathâgatas, &c., all of them bearing the name of Kandrasûryapradîpa, of the same lineage and family name, to wit, of Bharadvâga.

【信譯研究】:信譯。

【第三句】

tatra Ajita teṣāṁ viṁśati-tathāgata-sahasrāṇāṁ pūrvakaṁ tathāgatam upādāya yāvat paścimakas tathāgataḥ, so 'pi Candrasūryapradīpanāmadheya eva tathāgato 'bhūd arhan samyak-saṁbuddho vidyā-caraṇa-saṁpannaḥ sugato loka-vid anuttaraḥ puruṣa-damya-sārathiḥ śāstā devānāṁ ca manuṣyāṇāṁ ca buddho bhagavān|

【辭彙研究】

1. तेषां teṣāṁ 代名詞　他

1.1. 【詞尾變化】teṣāṁ 根據連音規則是從 teṣām 變化過來，而 teṣām 則是 tad 的陽性單數屬格形，所以字典查 tad。

1.2. 資料前面已有說明。

2. पूर्वकं pūrvakaṁ 形容詞　先前的；先祖

2.1. 【詞尾變化】pūrvakaṁ 根據連音規則是從 pūrvakam 變化過來，而 pūrvakam 是 pūrvaka 的陽性單數對格形，所以字典查 pūrvaka。

2.2. 資料前面已有說明。

3. उपादाय upādāya 動名詞　藉由～原因

3.1. 【詞尾變化】沒有詞尾變化。

3.2. 【摩威梵英,p213】ind. p. having received or acquired; receiving , acquiring; taking with , together with MBh.; including , inclusive of BhP. Comm. on ; by help of , by means of（acc.）MBh.

3.3. 【梵漢辭典,p1332】（動名詞）～之故，因爲～，比較，在一旁，相關；（經文）由，由～故，故，以～故，依，依止；從，至，從～乃至，始從～乃至；得；所造，作。

4. यावत् yāvat 關係代名詞／形容詞　同樣如此眾多的

4.1. 【詞尾變化】沒有詞尾變化。

4.2. 【摩威梵英,p852】

4.2.1. mf（*atī*）n.（fr. 3. *ya* ; correlative of *tāvat* q.v.）as great , as large , as much , as many , as often , as frequent , as far , as long , as old RV.

4.2.2. ind. as greatly as , as far as , as much or as many as ; as often as , whenever ; as long as , whilst ; as soon as , the moment that , until that , till , until RV. *yāvat* with the 1st sg. of pres. , rarely of Pot. , may denote an intended action and may be translated by `meanwhile ' , ` just ' ;

4.2.3. ind. as far as , as long as A1past. R. BhP. ; till , until.; as soon as , the moment that. ; in as much as Pat. ;

4.2.4. *yāvati* ind. as long as , as far as.

4.3. 【梵漢辭典,p1516】（關係代名詞／形容詞）如此大的，同樣多的，如此多的，這麼多的，如此長的，這麼多樣的或經常的；（經文）隨，如數量，所有若干。

5. पश्चिमकस् paścimakas 形容詞　最後的

5.1. 【詞尾變化】paścimakas 根據連音規則是從 paścimakaḥ 變化過來，而 paścimakaḥ 是 paścimaka 的陽性單數主格形，所以字典查 paścimaka。

5.2. 【艾格混梵,p338, paścimaka】pacchi, f. °ikā, adj.（=Pali pacchi; to Skt. paścima, -ka svārthe）:

5.2.1. Last, latest, later, subsequent: paścimake samucchraye SP 68.7（vs.）, in his last body（incarnalion）; paści° SP 27.14（vs.）; pacchi°, v.l. paści° Mv. Iii,232.15（vs.）;the rest in prose; paści° .

5.2.2. Western, onamati, in the west.

5.3. 【摩威梵英,p612,_paścima】

5.3.1. mf（*ā*）n, being behind, hinder, later,last, final（f, ā, with *kriyā*, the last rite i.e. burning the dead; with saṃdhyā, the latter i.e. the evening twilight; with velā, evening time, close of day; with avasthā, last state i.e. verging on death）,MBh.;west, western, westerly;MBh;

5.3.2. ind. In the west;

5.3.3. ind. Id., ib.;west of（with acc.）

5.4. 【梵漢辭典,p875, paścimaka】（形容詞）（經文）後，最後，末後，最後末。

6. सोऽपि so 'pi 縮寫　同樣也如此

6.1. 【詞尾變化】so 'pi 爲 sa 與 api 的結合，所以字典查 sa 與 api 兩個字。

6.2. 資料前面已有說明。

7. चन्द्रसूर्यप्रदीपनामधेय Candrasūryapradīpanāmadheya 片段語　名叫日月燈明如來

7.1. 【詞尾變化】Candrasūryapradīpanāmadheya 是由 Candrasūryapradīpa 與 nāmadheya 這兩個字結合而成。兩個字皆無詞尾變化。

7.2. 資料前面已有說明。

8. तथागतोऽभूद् अर्हन् सम्यक्संबुद्धो विद्या चरण संपन्नः सुगतो लोक विद् अनुत्तरः पुरुषदम्यसारथिः शास्ता देवानां च मनुस्याणां च बुद्धो भगवान् tathāgato 'bhūd

arhan samyak-saṁbuddho vidyā-caraṇa-saṁpannaḥ sugato loka-vid anuttaraḥ puruṣa-damya-sārathiḥ śāstā devānāṁ ca manuṣyāṇāṁ ca buddho bhagavān 名詞　佛全部的十個名號

8.1. 資料前面已有說明。

【筆者試譯】：在那時候，阿逸多（彌勒菩薩的名字），先前的兩萬個如來和後面的同樣多數的如來，甚且最後的那位如來，同樣也是叫做日月燈明如來，應供（阿羅漢），正遍知，明行足，善逝，世間解，調御丈夫，天人師，佛，世尊，同樣都具有如來的十個名號。

【什公漢譯】：彌勒當知，初佛後佛皆同一字，名日月燈明，十號具足。

【英 譯 本】：併入上句翻譯。

【信譯研究】：信譯。

【第四句】

so 'pi dharmaṁ deśitavān ādau kalyāṇaṁ madhye kalyāṇaṁ paryavasāne kalyāṇam|

【辭彙研究】

1. धर्मं dharmaṁ 名詞（佛）法
   1.1 【詞尾變化】根據連音規則，dharmaṁ 是從 dharmam 變化過來，而 dharmam 是陽性單數對格形，所以字典查 dharma。
   1.2 資料前面已有說明。
2. देशितवान् deśitavān 動詞／過去主動分詞　開示；教授
   2.1 【詞尾變化】deśitavān 是√diś 的過去主動分詞陽性單數主格形，所以字典查√diś。
   2.2 資料前面已有說明。
3. आदौ ādau 形容詞　起初
   3.1 【詞尾變化】ādau 是 ādi 的陽性單數於格形，所以字典查 ādi。
   3.2 資料前面已有說明。
4. कल्याणं kalyāṇaṁ 形容詞　良善的
   4.1 【詞尾變化】kalyāṇaṁ 根據連音規則是從 kalyāṇam 變化過來，而

kalyāṇam 是 kalyāṇa 的陽性單數對格形。

4.2　資料前面已有說明。

5. मध्ये madhye 形容詞　中間的

5.1【詞尾變化】madhye 是 madhya 的陽性單數於格形，所以字典查 madhya。

5.2　資料前面已有說明。

6. पर्यवसाने paryavasāne 形容詞　在後面的

6.1【詞尾變化】paryavasāne 是 paryavasāna 的陽性單數於格形，所以字典查 paryavasāna。

6.2　資料前面已有說明。

【筆者試譯】：同樣也是如此，所說的佛法不論是開始，中間，乃至後面都說得很好。

【什公漢譯】：所可說法初，中，後善。

【英 譯 本】：All those twenty thousand Tathâgatas, O Agita, from the first to the last, showed the law, revealed the course which is holy at its commencement, holy in its middle, holy at the end.

【信譯研究】：信譯。

【第五句】

svarthaṁ suvyañjanaṁ kevalaṁ paripūrṇaṁ pariśuddhaṁ paryavadātaṁ brahma-caryaṁ saṁprakāśitavān|

【筆者試譯】：其講授內容是追求崇高價值，清晰易解，圓滿而完備精純的梵行。

【什公漢譯】：缺譯。

【英 譯 本】：因爲與上一段內容相同，所以沒有翻譯，僅有&c.,這個符號。

【信譯研究】：信譯。這段話在第十一段其實是有的，算是重複，所以鳩摩羅什就省去不譯。

【第六句】

yad uta śrāvakāṇāṁ catur-ārya-satya-saṁyuktaṁ
pratītya-samutpāda-pravṛttaṁ dharmaṁ deśitavān
jāti-jarā-vyādhi-maraṇa-śoka-parideva-duḥkha-daurmanasyopāyāsān
āṁ samatikramāya nirvāṇa-paryavasānam|

【筆者試譯】：曾經有的與聲聞行者因緣相應者，講授四聖諦，緣生滅法。（讓他）遠離生，老，病，死，悲傷，沮喪，苦難，疲累，到達涅槃境地。

【什公漢譯】：缺譯。

【英　譯　本】：因爲與上一段內容相同，所以沒有翻譯，僅有&c.,這個符號。

【信譯研究】：信譯。此句語言與第十一段第四句相同。故鳩摩羅什略去不翻。

【第七句】

bodhisattvānāṁ ca mahāsattvānāṁ ca
ṣaṭ-pāramitā-pratisaṁyuktam anuttarāṁ samyak-saṁbodhim
ārabhya sarvajña-jñāna-paryavasānaṁ dharma deśitavān||

【筆者試譯】：菩薩與大菩薩們，開始就講與六度波羅蜜相應的（佛法），無上正等正覺，證得一切的智慧，這樣的佛法。

【什公漢譯】：缺譯。

【英　譯　本】：因爲與上一段內容相同，所以沒有翻譯，僅有&c.,這個符號。

【信譯研究】：信譯。此段語言與第十一段第五句相同。故鳩摩羅什略去不翻。

【小結】

本段鳩摩羅什翻譯忠實原文，對於重複的部份刪略，此段即爲是一例。

【第十三段】

तस्य खलु पुनरजित भगवतश्चन्द्रसूर्यप्रदीपस्य तथागतस्यार्हतः सम्यक्संबुद्धस्य
पूर्वं कुमारभूतस्यानभिनिष्क्रान्तगृहावासस्य अष्टौ पुत्रा अभूवन्। तद्यथा-मतिश्च

नाम राजकुमारोऽभूत्। सुमतिश्च नाम राजकुमारोऽभूत्। अनन्तमतिश्च नाम, रत्नमतिश्च नाम, विशेषमतिश्च नाम, विमतिसमुद्धाटी च नाम, घोषमतिश्च नाम, धर्ममतिश्च नाम राजकुमारोऽभूत्। तेषां खलु पुनरजित अष्टानां राजकुमाराणां तस्य भगवतश्चन्द्रसूर्यप्रदीपस्य तथागतस्यपुत्राणां विपुलर्द्धिरभूत्। एकैकस्य चत्वारो महाद्वीपाः परिभोगोऽभूत्। तेष्वेव च राज्यं कारयामासुः। ते तं भगवन्तमभिनिष्क्रान्तगृहावासं विदित्वा अनुत्तरां च सम्यक्संबोधिमभिसंबुद्धं श्रुत्वा सर्वराज्यपरिभोगानुत्सृज्य तं भगवन्तमनु प्रव्रजिताः। सर्वे च अनुत्तरां सम्यक्संबोधिमभिसंप्रस्थिता धर्मभाणकाश्चाभुवन्। सदा च ब्रह्मचारिणो बहुबुद्धशतसहस्रावरोपितकुशलमूलाश्च ते राजकुमारा अभुवन्॥

【羅馬譯音】

tasya khalu punarajita bhagavataścandrasūryapradīpasya tathāgatasyārhataḥ samyaksaṁbuddhasya pūrvaṁ kumārabhūtasyānabhiniṣkrāntagṛhāvāsasya aṣṭau putrā abhūvan| tadyathā-matiśca nāma rājakumāro'bhūt| sumatiśca nāma rājakumāro'bhūt| anantamatiśca nāma, ratnamatiśca nāma, viśeṣamatiśca nāma, vimatisamuddhāṭī ca nāma, ghoṣamatiśca nāma, dharmamatiśca nāma rājakumāro'bhūt| teṣāṁ khalu punarajita aṣṭānāṁ rājakumārāṇāṁ tasya bhagavataścandrasūryapradīpasya tathāgatasyaputrāṇāṁ vipulardhirabhūt| ekaikasya catvāro mahādvīpāḥ paribhogo'bhūt| teṣveva ca rājyaṁ kārayāmāsuḥ| te taṁ bhagavantamabhiniṣkrāntagṛhāvāsaṁ viditvā anuttarāṁ ca samyaksaṁbodhimabhisaṁbuddhaṁ śrutvā sarvarājyaparibhogānutsṛjya taṁ bhagavantamanu pravrajitāḥ| sarve ca anuttarāṁ samyaksaṁbodhimabhisaṁprasthitā dharmabhāṇakāścābhuvan| sadā ca brahmacāriṇo bahubuddhaśatasahasrāvaropitakuśalamūlāśca te rājakumārā abhuvan||

【第一句】

tasya khalu punar Ajita bhagavataś Candrasūryapradīpasya tathāgatasyārhataḥ samyak-saṁbuddhasya pūrvaṁ kumāra-bhūtasyānabhiniṣkrānta-gṛhā-vāsasya aṣṭau putrā abhūvan|

【辭彙研究】

1. भगवतश् bhagavataś 名詞　尊貴的；世尊

1.1 【詞尾變化】bhagavataś 根據連音規則，是從 bhagavataḥ 變化過來的，而 bhagavataḥ 是 bhagavat 的陽性單數從格形，字典查 bhagavat。

1.2 【摩威梵英,p743】

1.2.1 mfn. possessing fortune , fortunate , prosperous , happy RV. AV. BhP. ; glorious , illustrious , divine , adorable , venerable AV.; holy（applied to gods , demigods , and saints ae a term of address , either in voc. *bhagavan* , *bhagavas* , *bhagos* f. *bhagavatī* m. pl. *bhagavantaḥ* ; or in nom. with 3. sg. of the verb ; with Buddhists often prefixed to the titles of their sacred writings）;

1.2.2 m. `the divine or adorable one' N. of Viṣṇu-Kṛṣṇa Bhag. BhP. ; of Śiva Kathās. ; of a Buddha or a Bodhi-sattva or a Jina Buddh.（cf. MWB. 23）;

1.2.3（*ī*）f. see below.

1.3 【梵漢辭典,p251】（形容詞）好運氣的，幸運的，繁榮的；應崇拜的，令人尊敬的，有神性的（諸神及諸半仙的稱呼），有尊嚴的，著名的，神聖的（聖者）；尊者，佛陀，菩薩或是 Jina 的稱號；（經文）世尊，有德，德成就，總攝眾德，出有，出有壞，如來，佛，佛世尊，婆伽婆，婆伽梵。

2. चन्द्रसूर्यप्रदीपस्य Candrasūryapradīpasya 形容詞　日月燈明如來的

2.1 【詞尾變化】Candrasūryapradīpasya 是 Candrasūryapradīpa 的陽性單數屬格形，所以字典查 Candrasūryapradīpa。

2.2　資料前面已有說明。

3. तथागतस्यार्हतः tathāgatasyārhataḥ 形容詞　如來的，應供（阿羅漢）的

3.1 【詞尾變化】

3.1.1 tathāgatasyārhataḥ 根據連音規則可以拆解成 tathāgatasya 與 arhataḥ 兩個字。

3.1.2 tathāgatasya 是 tathāgata 的陽性單數屬格形，所以字典查 tathāgata。

3.1.3 arhataḥ 是 arhat 的陽性單數屬格形，所以字典查 arhat。

3.2　資料前面已有說明。

4. सम्यक्संबुद्धस्य samyak-saṁbuddhasya 形容詞　正等正覺的

4.1 【詞尾變化】samyak-saṁbuddhasya 是 samyak-saṁbuddha 的陽性單數屬格形，所以字典查 samyak-saṁbuddha。

4.2 資料前面已有說明。

5. पूर्वं pūrvaṁ 形容詞　最後的

5.1 【詞尾變化】pūrvaṁ 根據連音規則，是從 pūrvam 變化過來，而 pūrvam 是 pūrva 的陽性單數對格，所以字典查 pūrva。

5.2 資料前面已有說明。

6. भूतस्यानभिनिष्करान्त bhūtasyānabhiniṣkrānta 複合詞　成為出家的

6.1 【詞尾變化】

6.1.1 根據連音規則，bhūtasyānabhiniṣkrānta 可以拆解成 bhūtasya 與 anabhiniṣkrānta 這兩各字。

6.1.2 Bhūtasya 是 bhūta 的陽性單數屬格形，而 bhūta 為√bhū 的過去被動分詞，資料前面已有說明。

6.1.3 anabhiniṣkrānta 是 an--abhi--niṣ--√kram 的過去被動分詞，an 為否定字首，所以字典查 abhi--niṣ--√kram。

6.2 【摩威梵英,64】to go out towards ; to lead towards（as a door）; to leave the house in order to become an anchorite Buddh. and Jain.

6.3 【梵漢辭典,p607】（動詞）自～出離，為修道而出家的；（經文）出，出家，捨家。

7. गृहा gṛha 名詞　僕人

7.1 【詞尾變化】沒有詞尾變化。

7.2 【摩威梵英,p361】

7.2.1 m. an assistant , servant RV.;（m. sg. and pl. , in later language m. pl. and n. sg.）a house , habitation , home RV. AV.; ifc. with names of gods `a temple', of plants `a bower' ;

7.2.2 m. pl. a house as containing several rooms RV. AV.; the inhabitants of a house , family; a wife;

7.2.3 m. a householder BhP.;

7.2.4 n. a wife ; a sign of the śodiac; an astrological mansion ; N. of the 4th astrological mansion; a square（in chess or in any similar game）; a name , appellation.

7.3 【梵漢辭典,p471】（陽性名詞）（拿取並交付者），僕人，家長〔極爲少用〕，（使含有者），家，住所；建築物〔常爲複數〕，～神的殿堂；屋頂鋪～的園亭〔與植物連用〕；（經文）家，舍，宅，舍宅，室宅，屋室，屋宅，（白衣）舍，宮，宮殿，宮舍，室，房，城，宇，家庭，家屬。

8. वासस्य āvāsasya 名詞 住處

8.1 【詞尾變化】āvāsasya 是 āvāsa 的陽性單數屬格形，所以字典查 āvāsa。

8.2 【摩威梵英,p155】m. abode , residence , dwelling , house MBh.

8.3 【梵漢辭典,p213】（陽性）住處；家；（經文）居，住，住處，止，止住，頓止，家，舍宅，房舍。

9. अष्टौ aṣṭau 數詞 八的

9.1 【詞尾變化】aṣṭau 是 aṣṭa 的陽性雙數主格形，所以字典查 aṣṭa。

9.2 資料前面已有說明。

10. पुत्रा putrā 名詞 兒子們

10.1 【詞尾變化】根據連音規則，putrā 這裡因爲後面的 abhūvan，是省略了一個 ḥ，所以是從 putrāḥ 變化過來，而 putrāḥ 是 putra 的陽性複數主格形，所以字典查 putra。

10.2 資料前面已有說明。

11. अभूवन् abhūvan 動詞 成爲；有

11.1 【詞尾變化】abhūvan 是√bhū 的不定過去式的第三人稱複數形，所以字典查√bhū。

11.2 資料前面已有說明。

【筆者試譯】：而阿逸多，從世尊日月燈明如來，應供，正等正覺最後那一位，還未捨棄僕人與宮室出家（時），有八個王子。

【什公漢譯】：其最後佛未出家時，有八王子。

【英 譯 本】：The aforesaid Lord Kandrasûryapradîpa, the Tathâgata, &c., when a young prince and not yet having feft home（to embrace the ascetic life）, had eight sons,

【信譯研究】：信譯。

【第二句】

tadyathā-Matiś ca nāma rāja-kumāro 'bhūt|

【辭彙研究】

1. तद्यथा tadyathā 代名詞　他們

   1.1 【詞尾變化】tadyathā 是由 tad 與 yathā 組成。所以字典查 tad 與 yathā 兩個字。

   1.2　資料前面已有說明。

2. मतिश् Matiś　名詞　虔誠的心意

   2.1 【詞尾變化】Matiś 根據連音規則是從 Matiḥ 變化過來，而 Matiḥ 是 Mati 的陰性單數主格形，所以字典查 Mati。

   2.2 【摩威梵英,p783】

   2.2.1 f. devotion , prayer , worship , hymn , sacred utterance RV. VS. ; thought , design , intention , resolution , determination , inclination , wish , desire（with loc. dat. or inf.）RV.（*matyā* ind. wittingly , knowingly , purposely ; *matiṃ kṛ* or *dhā* or *dhṛ* or *ā-dhā* or *samā-dhā* or *ā-sthā* or *sam-ā-sthā* , with loc. dat. acc. with *prati* , or *artham* ifc. , to set the heart on , make up one's mind , resolve , determine ; *matim* with Caus. of *ni-vṛt* and abl. of a verbal noun , to give up the idea of ; *āhita-mati* ifc. -having resolved upon ; *vinivṛtta-mati* with abl. = having desisted from）; opinion , notion , idea , belief , conviction , view , creed MBh.; the mind , perception , understanding , intelligence , sense , judgment（in RV. also `that which is sensible' , intelligent , mindful , applied to Aditi , Indra and Agni）; esteem , respect , regard; memory , remembrance; Opinion personified MBh.; a kind of vegetable or pot-herb. ;

   2.3 m. N. of a king Buddh.

   2.4 【梵漢辭典,p720】（陰性）虔誠的思想，祈禱，崇拜；讚美歌，對～的思考，腹案，意圖，目的，決心，性向，欲望；意見，觀念，印象，見解，信念，知覺，思想，知性，理解，意識，機智，感覺，判斷，尊敬，尊重；（經文）意，慧，意慧，智，智慧，智聰，能知，覺知，心。

3. राजकुमारोऽभूत् Rāja-kumāro'bhūt 片段語詞 有位～王子

3.1 【詞尾變化】

3.1.1 根據連音規則Rāja-kumāro'bhūt是從Rāja-kumāraḥ與abhūt變化過來的。

3.1.2 Abhūt 是√bhū 的不定過去式第三人稱單數形，資料前面已有說明。

3.1.3 Rāja-kumāraḥ 是 Rāja-kumāra 的陽性單數主格形，所以字典查 Rāja-kumāra。

3.2 【摩威梵英,p872】

3.2.1 m. a king's son , prince ;

3.2.2 *-rikā* f. princess.

3.3 【梵漢辭典,p1008】（陽性）國王的兒子，王子；（經文）王子。

【筆者試譯】:（第一位）有位名爲馬諦（有心意）的王子。

【什公漢譯】: 一名有意。

【英 譯 本】: viz. the young princes Mati

【信譯研究】: 信譯。不過這幾位王子名號，其編號都是翻譯者自己加上去的，原文並無此編號。事實上，原文並無排行次序的意思。並且這裡名字都用意譯，而非音譯。特此說明。

【第三句】

Sumatiśca nāma rāja-kumāro 'bhūt|

【辭彙研究】

1. सुमतिश्च Sumatiśca 形容詞 好心意的

1.1 【詞尾變化】Sumatiśca 根據連音規則是從 Sumatiḥ ca 結合變化而來。Sumatiḥ 是 Sumati 的陰性單數主格形，所以字典查 Sumati。

1.2 【摩威梵英,p1230】

1.2.1 f. good mind or disposition , benevolence , kindness , favour（acc. with *kṛ*, "to make any one the object of one's favour "）RV. AV. ; devotion , prayer ib. ; the right taste for , pleasure or delight in（loc.）R. ;

1.2.2 mfn. very wise or intelligent ; well versed in（gen.）;

1.2.3 m. N. of a *Daitya* MBh.; of a *Ṛiśi* under *Manu*; of a *Bhārgava*. ; of an *Ātreya*; of a son or disciple of *Sūta* and teacher of the *Purāṇas*; of a son of *Bharata* BhP. ; of a son of *Soma-datta*; of son of *Su-pārśva*; of a son of *Janamejaya*; of a son of *Dṛḍha-sena* BhP. ; of a son of *Nṛga* ib. ; of a son of *Ṛiteyu* ib. ; of a son of *Vidūratha*. ; of the 5th *Arhat* of the present *Avasarpiṇi* or the 13th *Arhat* of the past *Utsarpiṇī* ; of various other men;

1.2.4(also *ī*)f. N. of the wife of *Sagara*(mother of 60 ,000 sons); of a daughter of *Kratu*; of the wife of *Viṣṇu-yaśas* and mother of *Kākin* ;

1.2.5 -*bodha* m. N. of wk. on music ;

1.2.6 -*bhadra* m. N. of a man , Tantr. ;

1.2.7 -*meru-gaṇi*. m. -*ratnārya* m. N. of two preceptors;

1.2.8 -*reṇu* m. N. of a serpent-demon Buddh. ;

1.2.9 -*vijaya* m. N. of an author;

1.2.10 -*śīla* m. N. of a preceptor Buddh. ;

1.2.11 -*svāmin* m. N. of a man;

1.2.12 -*harṣa* m. N. of an author;

1.2.13 -*tīndrajaya-ghoṣaṇa* n. N. of a poem ;

1.2.14 -*tīndra-yati* m. N. of an author;

1.2.15 -*tī-vṛdh* mfn. delighting in prayer or devotion.

1.3 【梵漢辭典,p1233】（陰性）慈悲，恩惠，好意（普通之意）；獻身，祈禱；（經文）善意，慧善。

【筆者試譯】:（第二位）名爲蘇馬諦（好心意）的王子。

【什公漢譯】: 二名善意。

【英 譯 本】: Sumati,

【信譯研究】: 信譯。

【第四句】

Anantamatiś ca nāma, Ratnamatiśca nāma, Viśeṣamatiśca nāma, Vimatisamuddhāṭī ca nāma, Ghoṣamatiśca nāma, Dharmamatiśca nāma rājak-umāro 'bhūt|

【辭彙研究】

1. अनन्तमतिश् Anantamatiś 形容詞　無量的心意

1.1 【詞尾變化】Anantamatiś 根據連音規則是從 Anantamatiḥ ca 結合變化而來。Anantamatiḥ 是 Anantamati 的陰性單數主格形，Anantamati 可以拆成 Ananta—mati，所以字典查 Ananta--mati。

1.2 資料前面已有說明。

2. रत्नमतिश्च Ratnamatiśca 形容詞　寶心意

2.1 【詞尾變化】Ratnamatiśca 根據連音規則是從 Ratnamatiḥ ca 結合變化而來。Ratnamatiḥ 是 Ratnamati 的陰性單數主格形，而 Ratnamati 是 Ratna 與 mati 所組合，所以字典查 Ratna 與 mati。

2.2 資料前面已有說明。

3. विशेषमतिश्च Viśeṣamatiśca 形容詞　優秀的心意

3.1 【詞尾變化】Viśeṣamatiśca 根據連音規則是從 Viśeṣamatiḥ ca 結合變化而來。Viśeṣamatiḥ 是 Viśeṣamati 的陰性單數主格形，而 Viśeṣamati 是 Viśeṣa 與 mati 所組合，所以字典查 Viśeṣa 與 mati。

3.2 資料前面已有說明。

4. विमतिसमुद्घाटी Vimatisamuddhāṭī 形容詞　厭惡施暴的

4.1 【詞尾變化】

4.1.1 Vimatisamuddhāṭī 可拆解成 Vimati 與 samuddhāṭī 兩個字。

4.1.2 samuddhāṭī 可以拆解成 samud 與 dhāṭī 兩個字。

4.1.3 所以字典查 Vimati—samud--dhāṭī 三個字。

4.2 【摩威梵英,p951, Vimati】

4.2.1 mfn. of different opinion;

4.2.2 f. difference of opinion. dissent , disagreement about（loc.）; dislike , aversion; doubt , uncertainty , error ;

4.2.3 -*tā* , *t*, -*man* m.（g. *dṛḍhādi*）, difference of opinion ;

4.2.4 -*vikīraṇa* m. a partic. Samādhi Buddh. ;

4.2.5 -*samudghātin* m. N. of a prince ib.

4.3 【梵漢辭典,p1434, Vimati】（陰性）關於～不同的意見；厭惡；鈍的，愚鈍的；（經文）疑，惑，疑惑，顛倒，疑念，疑網，疑意，二心，猶豫，猶預，愚癡闇。

4.4 【摩威梵英,p1167, samud】mfn. joyful , glad.

4.5 【梵漢辭典,p1115, samud】（形容詞）高興的。

4.6 【摩威梵英,p514, dhāṭī】f. assault.

4.7 【梵漢辭典,p378, dhāṭī】（陰性）襲擊，施暴。

5. घोषमतिश्च Ghoṣamatiśca, 形容詞　音聲響亮的心意

5.1 【詞尾變化】Ghoṣamatiśca 根據連音規則是從 Ghoṣamatiḥ ca 結合變化而來。Ghoṣamatiḥ 是 Ghoṣamati 的陰性單數主格形，而 Ghoṣamati 是 Ghoṣa 與 mati 所組合，mati 前面已有資料說明，所以字典查 Ghoṣa。

5.2 【摩威梵英,p378】

5.2.1 m. indistinct noise , tumult , confused cries of a multitude , battle-cry , cries of victory , cries of woe or distress , any cry or sound , roar of animals RV. AV. ; the sound of a drum , of a conchshell , of the Soma stones , of a carriage , RV. AV. ; the whizzing or whir of a bow-string, crackling of fire 〔MBh〕 , singing in the ear; the roaring of a storm , of thunder , of water , RV. AV.; the sound of the recital of prayers MBh.; the sound of words spoken at a distance; rumour , report（also personified）RV. ; a proclamation SaddhP. ; a sound（of speech）; the soft sound heard in the articulation of the sonant consonants（g , gh, j , jh, ḍ, ḍh, d, dh, b, bh, ṅ, ñ , ṇ , n , m , y , r , l , v , h）, the vowels , and *Anusvāra* which with the *Yamas* of the first 10 of the soft consonants make up altogether 40 sounds; an ornament that makes a tinkling sound BhP.; a station of herdsmen MBh.;（pl.）the inhabitants of a station of herdsmen MBh.; a particular form of a temple ; a musquito ; Luffa foetida or a similar plant ; N. of *Śiva* MBh. ; N. of a man RV.; of an *Asura* ; of a prince of the *Kāṇva* dynasty BhP.; of a son of *Daksha's* daughter ; of an *Arhat* Buddh. ; a common N. for a *Kāya-stha* or one of the writer caste;

5.2.2 m. pl.（g. *dhūmādi*）N. of a people or country;

5.2.3 m. n. brass , bellmetal ;

5.2.4（*ā*）f. Anethum Sowa ; = *karkaṭaśṛṅgī* ; N. of a daughter of *Kakśīvat* RV. ;

5.3 【梵漢辭典,p458】（陽性）喧鬧，噪音，雷音，叫聲，鬨；（海浪的）怒

號；（動物的）鳴聲，吠聲，音，響；傳說（謠言）；宣言；牧人的駐所；牧人；（經文）聲，音聲，音，響，音響，妙音，妙聲；吼；語。

6. धर्ममतिश्च Dharmamatiśca 形容詞　法的心意

6.1 【詞尾變化】Dharmamatiśca 根據連音規則是從 Dharmamatiḥ ca 結合變化而來。Dharmamatiḥ 是 Dharmamati 的陰性單數主格形，而 Dharmamati 是 Dharma 與 mati 所組合，所以字典查 Dharma 與 mati。

6.2 資料前面已有說明。

【筆者試譯】:（第三位）名爲阿南特馬諦（無量的心意），（第四位）名爲拉特納馬諦（寶心意），（第五位）名爲威勝沙馬諦（優秀的心意），（第六位）名爲威瑪蒂薩穆達提（厭惡施暴），（第七位）名爲郭沙馬諦（音聲響亮的心意），（第八位）名爲達摩馬諦（法的心意）的王子。

【什公漢譯】: 三名無量意、四名寶意、五名增意、六名除疑意、七名嚮意、八名法意。

【英譯本】: Anantamati, Ratnamati, viseshamati, Vimatisamudghâtin, Ghoshamati, and Dharmamati.

【信譯研究】: 信譯。從梵本裡可以看出，這八位王子的名字，用字有押韻現象，所以鳩摩羅什就在中譯本裡面保持相同韻律感。

【第五句】

teṣāṁ khalu punar Ajita aṣṭānāṁ rāja-kumārāṇāṁ tasya bhagavataś Candrasūryapradīpasya tathāgatasya putrāṇāṁ vipula-rddhir abhūt|

【辭彙研究】

1. अष्टानां aṣṭānāṁ 數詞　八

1.1 【詞尾變化】aṣṭānāṁ 根據連音規則是從 aṣṭānām 變化過來，而 aṣṭānām 是 aṣṭa 的陽性複數屬格形，所以字典查 aṣṭa。

1.2 資料前面已有說明。

2. राजकुमाराणां rāja-kumārāṇāṁ 名詞　王子們的

2.1 【詞尾變化】rāja-kumārāṇāṁ 根據連音規則是從 rāja-kumārāṇām 變化過

來，而 rāja-kumārāṇām 是 rāja-kumāra 的陽性複數屬格形，所以字典查 rāja-kumāra。

2.2 資料前面已有說明。

3. पुत्राणां putrāṇāṁ 名詞 兒子們的

3.1【詞尾變化】putrāṇāṁ 根據連音規則是從 putrāṇām 變化過來，而 putrāṇām 是 putra 的陽性複數屬格形，所以字典查 putra。

3.2 資料前面已有說明

4. र्द्धिर् rddhir 名詞 威德；超自然的力量，成功的能力

4.1【詞尾變化】rddhir 根據連音規則，由於前面的 vipula 關係，是從 ṛddhiḥ 變化過來，而 ṛddhiḥ 是 ṛddhi 的陰性單數主格形，所以字典查 ṛddhi。

4.2 資料前面已有說明。

【筆者試譯】：又阿逸多！這八個王子是日月燈明如來的兒子們，有非凡能夠成功的能力。

【什公漢譯】：是八王子，威德自在。

【英 譯 本】：These eight young princes, Agita, sons to the Lord Kandrasûryapradîpa, the Tathâgata, had an immense fortune.

【信譯研究】：信譯。vipula-rddhir 鳩摩羅什譯為「威德」，其實 rddhir 原文意思是形容富足，是屬於擅長經營，治理的能力。

【第六句】

ekaikasya catvāro mahā-dvīpāḥ paribhogo 'bhūt|

【辭彙研究】

1. एकैकस्य ekaikasya 數詞 一個（有）屬於一個的

1.1【詞尾變化】ekaikasya 根據連音規則是由 eka 與 ekasya 兩個字結合而成，而 eka 沒有詞尾變化，ekasya 是 eka 的陽性單數屬格形，所以字典查 eka。

1.2 資料前面已有說明。

2. चत्वारो catvāro 數詞 四

2.1【詞尾變化】catvāro 根據連音規則是從 catvāraḥ 變化過來的，而 catvāraḥ

是 catvār 的陽性複數主格形，所以字典查 catvār。

2.2 資料前面有說明。

3. महाद्वीपाः mahā-dvīpāḥ 名詞 大面積的國土

3.1 【詞尾變化】mahā-dvīpāḥ 可以拆解成 mahā 與 dvīpāḥ 兩個字，dvīpāḥ 是 dvīpa 的陽性複數主格形，資料前面已有說明，所以字典查 mahā。

3.2 【摩威梵英,p794,mahā】in comp. for *mahat*.

3.3 【梵漢辭典,p676,mahā】（形容詞）大的；（經文）大，廣大，巨。

4. परिभोगोऽभूत् paribhogo 'bhūt 結合詞 享樂與生活取用

4.1 【詞尾變化】根據連音規則，paribhogo 'bhūt 是由 paribhogaḥ 與 abhūt 連接變化而成，而 abhūt 資料前面已有說明。paribhogaḥ 是 paribhoga 的陽性單數主格形，所以字典查 paribhoga。

4.2 【摩威梵英,p598】m. enjoyment ,（esp.）sexual intercourse MBh.; illegal use of another's goods; means of subsistence or enjoyment MBh.

4.3 【梵漢辭典,p850】（陽性）享樂；性交；享樂或生活的手段；（經文）受，用，受用，所受用；食，取食；樂，資，資具，資財，資用，財用，財物，悉皆用，身所著，什物。

【筆者試譯】：一個有屬於一個的廣大領土，（與富裕的）生活取用。

【什公漢譯】：各領四天下。

【英 譯 本】：Each of them was in possession of four great continents, where they exercised the kingly sway.

【信譯研究】：信譯。

【第七句】

teṣv eva ca rājyaṁ kārayāmāsuḥ|

【辭彙研究】

1. तेष्व् teṣv 代名詞 於他們

1.1 【詞尾變化】teṣv 根據連音規則，是從 teṣu 變化過來，而 teṣu 是 tad 的陽性複數的於格形，所以字典查 tad。

1.2 資料前面已有說明。

2. राज्यं rājyaṁ 形容詞　皇室的；王室的

2.1 【詞尾變化】rājyaṁ 根據連音規則是從 rājyam 變化過來，而 rājyam 是 rājya 的陽性單數對格，所以字典查 rājya。

2.2 資料前面已有說明。

3. कारयामासुः kārayāmāsuḥ 名詞　在正法統治之下

3.1 【詞尾變化】

3.1.1 kārayāmāsuḥ 是由 kāra--yāmāsuḥ 兩個字結合。

3.1.2 而 kāra 資料前面已有說明。

3.1.3 yāmāsuḥ 是佛教混合梵文（BHS）的 yama 的陽性複數於格形，所以字典查 yama。

3.2 【艾格混梵,p444】

3.2.1 n. of a nāga.

3.2.2 M. pl., n. of a class of gods = Yāma.

3.3 【摩威梵英,p846】

3.3.1 m. a rein , curb , bridle RV.; a driver , charioteer; the act of checking or curbing , suppression , restraint（with *vācām* , restraint of words , silence）BhP. ; self-control forbearance , any great moral rule or duty MBh.;（in Yoga）self-restraint（as the first of the eight *Aṅgas* or means of attaining mental concentration）; any rule or observance ;

3.3.2（*yama*）mf（*ā* or *ī*）n. twin-born , twin , forming a pair RV.;

3.3.3 m. a twin , one of a pair or couple , a fellow（du. `the twins' N. of the *Aśvins* and of their twin children by *Mādrī* , called *Nakula* and *Saha-deva* ; a symbolical N. for the number `two'. ; N. of the god who presides over the *Pitṛis*（q.v.）and rules the spirits of the dead RV.;（he is regarded as the first of men and born from Vivasvat , ` the Sun' , and his wife *Saraṇyū* ; while his brother , the seventh *Manu* , another form of the first man , is the son of Vivasvat and *Saṃjñā* , the image of *Saraṇyū* ; his twin-sister is *Yamī* , with whom he resists sexual alliance , but by whom he is mourned after his death , so that the gods , to make her forget her sorrow , create night ; in the *Veda* he is called a king or *saṃgamano janānām*, `the gatherer of men ' , and rules over the departed fathers in heaven , the road to which is guarded by two broad-nosed , four-eyed , spotted dogs , the children of *Śaramā* q.v. ; in Post-vedic mythology he is the appointed Judge and `Restrainer' or `Punisher' of the dead , in which capacity he is also called *dharmarāja* or *dharma* and corresponds to the Greek Pluto and to Minos ; his abode is in some region of the lower world called *Yama-pura* ; thither a soul when it leaves the body , is said to repair , and there , after the recorder , Citra-gupta , has read an account of its actions kept in a book called *Agra-saṃdhānā* , it receives a just sentence ; in MBh. *Yama* is described as dressed in blood-red garments , with a glittering form , a crown on his head , glowing eyes and like *Varuṇa* , holding a noose , with which he binds the spirit after drawing it from the body , in size about the measure of a man's thumb ; he is otherwise represented as grim in aspect , green in colour , clothed in red , riding on a buffalo , and holding a club in one hind and noose in the other ; in the later mythology he is always represented as a terrible deity inflicting tortures , called *yātanā* , on departed spirits; he is also one of the 8 guardians of the world as regent of the South quarter ; he is the regent of the *Nakshatra Apa-bharanī* or *Bharaṇī* , the supposed author of RV. , of a hymn to *Viṣṇu* and of a law-book ; *yamasyārkaḥ* N. of a *Sāman*）; N. of the planet Saturn（regarded as the son of Vivasvat and Cha1ya1）Hariv. BhP. ; of one of Skanda's attendants（mentioned together with Ati-yama）MBh. ; a crow; a bad horse（whose limbs are either too small or too large）;

3.3.4（*ī*）f. N. of Yama's twin-sister（who is identified in Postvedic mythology with the river-goddess *Yamunā*）RV. ;

3.3.5 n. a pair , brace , couple;（in gram.）a twin-letter（the consonant interposed and generally understood , but not written in practice , between a nasal immediately preceded by one of the four other consonants in each class）; pitch of the voice , tone of utterance , key.

3.4 【梵漢辭典,p1502】

3.4.1（陽性）（制止者），將繩（RV）；御者（RV）；壓制，制止；自制；

依班道德的規範，最高義務；慣例，規則。

3.4.2（形容詞）成雙的，成一對的。

3.4.3（陽性）孿生兒〔（雙數）雙胞胎，Aśvin 雙神之名〕；在《吠陀》中，Yama 是統治天界（祖先升天之處）的神；在 Prakrit 當中，則變成統治冥界的死神，其名爲征服者或處罰者之意，他是最初人類，Manu 的弟弟，在這方面除被認爲是南方的統治者外，也被視作讚歌與法典的作者；土星；（經文）獄帝，雙世，雙王，縛，禁，獄主，閻摩。

【筆者試譯】：如此在他們王室的正法統治之下。

【什公漢譯】：缺譯。

【英 譯 本】：本句併入前句翻譯。

【信譯研究】：非信譯。鳩摩羅什缺譯，疑似刪煩。這句話值得我們注意的是那個 kārayāmāsuḥ，梵本用了混合梵文，Prākrit 的變化格，說明這個字的意思是眾所周知的「閻摩王」那種的統治方式。我們都知道閻魔王，也就是後來中國盛傳的閻羅王，是公正不阿的陰間統治者。這日月燈明如來的八個王子因爲個性正直，統領天下，治理的井然有序，就像閻摩王一樣。這段話是用閻摩王來象徵與形容王子的政治清明。

【第八句】

te taṁ bhagavantam abhiniṣkrānta-gṛhā-vāsaṁ viditvā anuttarāṁ ca samyak-saṁbodhim abhisaṁbuddhaṁ śrutvā
sarva-rājya-paribhogān utsṛjya taṁ bhagavantam anu pravrajitāḥ|

【辭彙研究】

1. तं taṁ 代名詞　那

   1.1 【詞尾變化】taṁ 根據連因規則是從 tam 變化過來的，而 tam 爲 tad 的陽性單數受格形，所以字典查 tad。

   1.2 資料前面已有說明。

2. भगवन्तम् bhagavantam 名詞　世尊

   2.1 【詞尾變化】bhagavantam 爲 bhagavat 的陽性單數對格形，所以字典查 bhagavat。

2.2　資料前面已有說明。

3. अभिनिष्क्रान्तगृहावासं abhiniṣkrānta-gṛhā-vāsaṁ 形容詞　捨棄宅舍僕人出離的

3.1　【詞尾變化】

3.1.1 abhiniṣkrānta 爲 abhi--niṣ--√kram 的過去被動分詞，所以字典查 abhi--niṣ--√kram。

3.1.2 gṛhā 與後面 vāsaṁ 連結關係，原來是從 gṛha-avāsaṁ 變化過來。gṛha 沒有詞尾變化。字典查 gṛha。

3.1.3 vāsaṁ 從前面得到一個 a，成爲 avāsaṁ，根據連音規則，是從 avāsam 變化過來，而 avāsam 是 avāsa 的陽性單數對格形，所以字典查 avāsa。

3.2　資料前面已有說明。

4. विदित्वा viditvā 動詞　理解了；明白了

4.1　【詞尾變化】viditvā 是√vid 的絕對格，字典查√vid。

4.2　資料前面已有說明。

5. अनुत्तरां anuttarāṁ 形容詞　無上的，最好的

5.1　【詞尾變化】

5.1.1 anuttarāṁ 根據連音規則，是從 anuttarān 變化過來。

5.1.2 anuttarān 是 anuttara 的陽性複數對格形，所以字典查 anuttara。

5.2　資料前面已有說明。

6. सम्यकसंबोधिम् samyak-saṁbodhim 形容詞　正等正覺

6.1　【詞尾變化】samyak-saṁbodhim 是 samyak-saṁbodhi 的陽性單數對格形，所以字典查 samyak-saṁbodhi。

6.2　資料前面已有說明。

7. अभिसंबुद्धं abhisaṁbuddhaṁ 動詞　完全覺醒；完全醒悟；證悟

7.1　【詞尾變化】

7.1.1 abhisaṁbuddhaṁ 根據連音規則是從 abhisaṁbuddham 變化過來。

7.1.2 abhisaṁbuddham 是 abhisaṁbuddha 的陽性單數對格形，而 abhisaṁbuddha 是 abhi--saṁ--√budh 的過去被動分詞，所以字典查 abhi--saṁ--√budh。

7.2　資料前面已有說明。

8. श्रुत्वा śrutvā 動詞　聽聞；學習

8.1 【詞尾變化】śrutvā 是√śru 的絕對格，所以字典查√śru。

8.2 資料前面已有說明。

9. परिभोगान् paribhogān 形容詞　享樂取用

9.1 【詞尾變化】paribhogān 是 paribhoga 陽性複數對格形，所以字典查 paribhoga。

9.2 資料前面已有說明。

10. उतसृज्य utsṛjya 動詞　放棄

10.1 【詞尾變化】utsṛjya 是從 ut--√sṛj 變化過來，所以字典查 ut--√sṛj。

10.2 資料前面已有說明。

11. अनु anu 副詞　後來

11.1 【詞尾變化】無詞尾變化。

11.2 【摩威梵英,p31】ind.（as a prefix to verbs and nouns , expresses）after , along , alongside , lengthwise , near to , under , subordinate to , with.（When prefixed to nouns , especially in adverbial compounds）, according to , severally , each by each , orderly , methodically , one after another , repeatedly.（As a separable preposition , with accusative）after , along , over , near to , through , to , towards , at , according to , in order , agreeably to , in regard to , inferior to. As a separable adverb）after , afterwards , thereupon , again , further , then , next.

11.3 【梵漢辭典,p107】（副詞）後來，那時，復；（介係詞）沿著；在～的方向，越過，在～之後，跟從，爲了某事，關於～，～後就～；（經文）隨。

12. प्रव्रजिताः pravrajitāḥ 過去被動分詞　出家的

12.1 【詞尾變化】pravrajitāḥ 是 pravrajita 的陽性複數主格形，而 pravrajita 是 pra--√vraj 的過去被動分詞，所以字典查 pra--√vraj。

12.2 【摩威梵英,p694】P. *-vrajati* , to go forth , proceed , depart from（abl.）, set out for , go to（acc. loc. or dat.）MBh.; to leave home and wander forth as an ascetic mendicant MBh.;（with Jainas）to become a monk.: Caus. *-vrājayati*（w.r. *-vraj-*）, to send into exile , banish from（abl.）MBh. ; to compel any one to wander forth as an ascetic mendicant or to become a monk MBh.

12.3 【梵漢辭典,p1472】（動詞）自～前進或出發，外出走向～；（宗教修行者）自～遊行到～；（過去被動分詞）Pravrajita 已離去，向～出發的；出家的；（經文）出家，擯，驅出，爲出家。

【筆者試譯】：而他們聽說世尊（日月燈明如來）捨棄宅舍僕人出離，追求並證悟了無上證等正覺，後來都跟著捨棄一切王室享樂受用，出家（當法師）了。

【什公漢譯】：是諸王子，聞父出家得阿耨多羅三藐三菩提，悉捨王位亦隨出家。

【英 譯 本】：When they saw that the Lord had left his home to become an ascetic, and heard that he had attained supreme, perfect enlightenment, they forsook all of them the pleasures of royalty and followed the example of the Lord by resigning the world;

【信譯研究】：信譯。

【第九句】

sarve ca anuttarāṁ samyak-saṁbodhim abhisaṁprasthitā dharma-bhāṇakāś cābhuvan|

【辭彙研究】

1. अभिसंप्रस्थिता abhisaṁprasthitā 動詞　走向；發（心）

   1.1 【詞尾變化】abhisaṁprasthitā 是 abhi--saṁ--pra--√sthā 的過去被動分詞形，所以字典查 abhi--saṁ--pra--√sthā。

   1.2 【摩威梵英,p1176】Ā *-tiṣṭhate* , to take up a position together（before the altar）; to set out together , depart , proceed , advance , approach , go to（acc. or loc.）MBh.: Caus. *sthāpayati* , to dispatch , send out to（acc.）.

   1.3 【梵漢辭典,p1209】（經文）趣，發趣，趣求；（過去被動分詞）向～走去，出發；（經文）去，作，學，發，往，趣，安住，前行，等趣，所趣，引發。

2. भाणकाश् bhāṇakāś 形容詞　唄匿；讚嘆

   2.1 【詞尾變化】bhāṇakāś 根據連音規則，是從 bhāṇakāḥ 變化過來，而

bhāṇakāḥ 是 bhāṇaka 的陽性複數主格形，所以字典查 bhāṇaka。

2.2 【摩威梵英,p752】

2.2.1 m.（cf. *dharma-bh-*）a proclaimer , declarer , reciter;

2.2.2（*ikā*）f. a kind of dramatic performance.

2.3 【梵漢辭典,p255】（形容詞）（經文）說，讚嘆；唄匿，婆師。

3. चाभुवन् cābhuvan 動詞　成爲

3.1 【詞尾變化】

3.1.1 cābhuvan 是由 ca—abhuvan 兩個字組合而成。

3.1.2 abhuvan 是從√bhū 不定過去式的第三人稱複數形，所以字典查√bhū。

3.2 資料前面已有說明。

【筆者試譯】：都以無上正等正覺爲目的，當了法師。

【什公漢譯】：發大乘意，常修梵行，皆爲法師。

【英 譯 本】：all of them strove to reach superior enlightenment and became preachers of the law.

【信譯研究】：信譯。但原文裡面沒有說「常修梵行」，鳩摩羅什卻譯出。不過按照佛教道理來說，大乘佛教的修行是包含了「梵行」在裡面。這裡還有一個單字，dharma-bhāṇakāś，按照梵文字面翻譯，是講經說法，唱誦經典的人，鳩摩羅什譯成「法師」。

【第十句】

sadā ca brahma-cāriṇo
bahu-buddha-śata-sahasrāvaropita-kuśala-mūlāś ca te rāja-kumārā abhuvan||

【辭彙研究】

1. ब्रह्मचारिणो brahma-cāriṇo 名詞　梵行；清淨戒行

1.1 【詞尾變化】brahma-cāriṇo 根據連音規則是從 brahma-cārin 的陽性複數主格形，brahma 前面已有資料說明，所以字典查 cārin。

1.2 【摩威梵英,p393】

1.2.1 mfn. moving MBh.; ifc. moving , walking or wandering about , living , being; acting , proceeding , doing , practising MBh. ; living on ; `coming near' , resembling see *padma-cāriṇī* ;

1.2.2 m. a foot-soldier MBh. ; a spy ;

1.2.3（*iṇī*）f. the plant.

1.3 【梵漢辭典,p315】(形容詞）能動的；在～之中移動，行動，徘徊，活在或住在～之中的；行動，施行；(經文）行，行者，周行，遊，遊化；修，修行。

2. सहस्रवरोपित sahasrāvaropita 形容詞　數千位種植下的

2.1 【詞尾變化】sahasrāvaropita 根據連音規則是從 sahasra-avaropita 變化過來，sahasra 前面已有資料說明，字典查 avaropita。

2.2　資料前面已有說明。

3. मूलाश्च mūlāś ca 名詞　基礎

3.1 【詞尾變化】mūlāś ca 根據連音規則是從 mūlāḥ ca 變化過來，mūlāḥ 是 mūla 的陽性複數主格形，所以字典查 mūla。

3.2　資料前面已有說明。

4. कुमारा kumārā 名詞　王子；小兒

4.1 【詞尾變化】kumārā 根據連音規則，是從 kumārāḥ 變化過來，而 kumārāḥ 是 kumāra 的陽性複數主格形，所以字典查 kumāra。

4.2　資料前面已有說明。

【筆者試譯】：一直都修清淨的戒行，在過去百千萬無數的佛陀時代成爲王子，並在當時已經種下（奠下）健康良好的（修行方面的）基礎。

【什公漢譯】：已於千萬佛所，殖諸善本。

【英 譯 本】：While constantly leading a holy life, those young princes planted roots of goodness under many thousands of Buddhas.

【信譯研究】：非信譯。因爲從原文裡面看到，這八位王子過去在很多佛陀時代裡都還是當王子，並且出家修道，這個部份，鳩摩羅什沒有明說。另外所謂的「殖諸善本」，就梵文原文來看，即「種下（奠下）健康良好的（修行方面的）基礎」，所以不只是道德上有的良好基礎，實質上也包括了修行的技巧等方面。

【小結】

鳩譯此段有兩句非信譯，大多都是信譯。雖然小部份與原文有些出入，但多半都是刪煩之作。

【第十四段】

तेन खलु पुनरजित समयेन स भगवांश्चन्द्रसूर्यप्रदीपस्तथागतोऽर्हन् सम्यक्संबुद्धो महानिर्देशं नाम धर्मपर्यायं सूत्रान्तं महावैपुल्यं बोधिसत्त्वाववादं सर्वबुद्धपरिग्रहं भाषित्वा तस्मिन्नेव क्षणलवमुहूर्ते तस्मिन्नेव पर्षत्संनिपाते तस्मिन्नेव महाधर्मासने पर्यङ्कमाभुज्य अनन्तनिर्देशप्रतिष्ठानं नाम समाधिं समापन्नोऽभूदनिञ्जमानेन कायेन स्थितेन अनिञ्जमानेन चित्तेन। समनन्तरसमापन्नस्य खलु पुनस्तस्य भगवतो मान्दारवमहामान्दारवाणां मञ्जूषकमहामञ्जूषकाणां च दिव्यानां पुष्पाणां महत्पुष्पवर्षमभिप्रावर्षत्। तं भगवन्तं सपर्षदमभ्यवाकिरत्, सर्वावच्च तद् बुद्धक्षेत्रं षड्विकारं प्रकम्पितमभूत् चलितं संप्रचलितं वेधितं संप्रवेधितं क्षुभितं संप्रक्षुभितम्। तेन खलु पुनरजित समयेन तेन कालेन ये तस्यां पर्षदि भिक्षुभिक्षुण्युपासकोपासिका देवनागयक्षगन्धर्वासुरगरुडकिन्नरमहोरगमनुष्यामनुष्याः संनिपतिता अभूवन् संनिषण्णाः, राजानश्च मण्डलिनो बलचक्रवर्तिनश्चतुर्द्वीपकचक्रवर्तिनश्च, ते सर्वे सपरिवारास्तं भगवन्तं व्यवलोकयन्ति स्म आश्चर्यप्राप्ता अद्भुतप्राप्ता औद्बिल्यप्राप्ताः। अथ खलु तस्यां वेलायां तस्य भगवतश्चन्द्रसूर्यप्रदीपस्य तथागतस्य भ्रूविवरान्तरादूर्णाकोशादेका रश्मिर्निश्चरिता। सा पूर्वस्यां दिशि अष्टादशबुद्धक्षेत्रसहस्राणि प्रसृता। तानि च बुद्धक्षेत्राणि सर्वाणि तस्या रश्मेः प्रभया सुपरिस्फुटानि संदृश्यन्ते स्म, तद्यथापि नाम अजित एतर्ह्येतानि बुद्धक्षेत्राणि संदृश्यन्ते॥

【羅馬譯音】

tena khalu punarajita samayena sa bhagavāṁścandrasūryapradīpastathāgato'rhan samyaksaṁbuddho mahānirdeśaṁ nāma dharmaparyāyaṁ sūtrāntaṁ mahāvaipulyaṁ bodhisattvāvavādaṁ sarvabuddhaparigrahaṁ bhāṣitvā tasminneva kṣaṇalavamuhūrte tasminneva parṣatsaṁnipāte tasminneva mahādharmāsane paryaṅkamābhujya anantanirdeśapratiṣṭhānaṁ nāma samādhiṁ samāpanno'bhūdaniñjamānena kāyena sthitena aniñjamānena cittena| samanantarasamāpannasya khalu punastasya bhagavato māndāravamahāmāndāravāṇāṁ mañjūṣakamahāmañjūṣakāṇāṁ ca divyānāṁ puṣpāṇāṁ mahatpuṣpavarṣamabhiprāvarṣat| taṁ bhagavantaṁ saparṣadamabhyavākirat, sarvāvacca tad buddhakṣetraṁ ṣaḍvikāraṁ prakampitamabhūt calitaṁ saṁpracalitaṁ vedhitaṁ saṁpravedhitaṁ kṣubhitaṁ saṁprakṣubhitam| tena khalu punarajita samayena tena kālena ye tasyāṁ parṣadi bhikṣubhikṣuṇyupāsakopāsikā devanāgayakṣagandharvāsuragaruḍakinnaramahoragamanuṣyāmanuṣyāḥ saṁnipatitā abhūvan saṁniṣaṇṇāḥ, rājānaśca maṇḍalino balacakravartinaścaturdvīpakacakravartinaśca, te sarve saparivārāstaṁ bhagavantaṁ vyavalokayanti sma āścaryaprāptā adbhutaprāptā audbilyaprāptāḥ| atha khalu tasyāṁ velāyāṁ tasya bhagavataścandrasūryapradīpasya tathāgatasya bhrūvivarāntarādūrṇākośādekā raśmirniścaritā| sā pūrvasyāṁ diśi aṣṭādaśabuddhakṣetrasahasrāṇi prasṛtā| tāni ca buddhakṣetrāṇi sarvāṇi tasyā raśmeḥ prabhayā suparisphuṭāni saṁdṛśyante sma, tadyathāpi nāma ajita etarhyetāni buddhakṣetrāṇi saṁdṛśyante||

【第一句】

tena khalu punar Ajita samayena sa bhagavāṁś Candrasūryapradīpas tathāgato 'rhan samyak-saṁbuddho Mahānirdeśaṁ nāma dharma-paryāyaṁ sūtrāntaṁ mahā-vaipulyaṁ bodhisattvāvavādaṁ sarva-buddha-parigrahaṁ bhāṣitvā tasminn eva kṣaṇa-lava-muhūrte tasminn eva parṣat-saṁnipāte tasminn eva mahā-dharmāsane paryaṅkam ābhujya Anantanirdeśapratiṣṭhānaṁ nāma samādhiṁ samāpanno'bhūd aniñjamānena kāyena sthitena aniñjamānena cittena|

【辭彙研究】

1. समयेन samayena 名詞　場合

1.1 【詞尾變化】samayena 是 samaya 的陽性單數工具格形，所以字典查 samaya。

1.2　資料前面已有說明。

2. भगवांश् bhagavāṁś 名詞　世尊

2.1 【詞尾變化】bhagavāṁś 根據連音規則，是從 bhagavān 變化過來，而 bhagavān 是 bhagavat 的陽性單數主格形，字典查 bhagavat。

2.2　資料前面已有說明。

3. तथागतोऽर्हन् tathāgato 'rhan 名詞　如來，應供（阿羅漢）

3.1 【詞尾變化】tathāgato 'rhan 根據連音規則是從 tathāgataḥ arhan 變化而成，而 tathāgataḥ arhan 爲 tathāgata arhat 的陽性單數主格形，所以字典查 tathāgata arhat。

3.2　資料前面已有說明。

4. सम्यकसंबुद्धो samyak-saṁbuddho 名詞　正等正覺

4.1 【詞尾變化】samyak-saṁbuddho 根據連音規則是從 samyak-saṁbuddhaḥ 變化過來，而 samyak-saṁbuddhaḥ 是 samyak-saṁbuddha 的陽性單數主格形，所以字典查 samyak-saṁbuddha。

4.2　資料前面已有說明。

5. महानिर्देशं Mahānirdeśaṁ 名詞　無量義的；大法義

5.1 【詞尾變化】Mahānirdeśaṁ 根據連音規則，是從 Mahānirdeśam 變化過來，Mahānirdeśam 是 Mahānirdeśa 的陽性單數對格形，所以字典查 Mahā--nirdeśa。

5.2　資料前面已有說明。

6. धर्मपर्ययं dharma-paryāyaṁ 名詞　科目；課程

6.1 【詞尾變化】dharma-paryāyaṁ 根據連音規則，是從 dharma-paryāyam 變化過來，而 dharma-paryāyam 是 dharma-paryāya 的陽性單數對格形，所以字典查 dharma-paryāya。

6.2　資料前面已有說明。

7. सूत्रान्तं महावैपुल्यं sūtrāntaṁ mahā-vaipulyaṁ 名詞　教大方廣

7.1 【詞尾變化】sūtrāntaṁ mahā-vaipulyaṁ 根據連音規則，是從 sūtrāntam mahā-vaipulyam 變化過來，而 sūtrāntam mahā-vaipulyam 是 sūtrānta mahā-vaipulya 的陽性單數對格形，所以字典查 sūtrānta mahā-vaipulya。

7.2 資料前面已有說明。

8. बोधिसत्त्वाववादं bodhisattvāvavādaṁ 名詞　菩薩道；菩薩法

8.1【詞尾變化】bodhisattvāvavādaṁ 根據連音規則是從 bodhisattva-avavādam 變化過來，而 bodhisattva 沒有詞尾變化；avavādam 是 avavāda 的陽性單數對格形，所以字典查 bodhisattva-avavāda。

8.2 資料前面已有說明。

9. परिग्रहं parigrahaṁ 形容詞　總結的；精要的

9.1 【詞尾變化】parigrahaṁ 根據連音規則，是從 parigraham 變化過來，而 parigraham 是 parigraha 的陽性單數對格形，所以字典查 parigraha。

9.2 資料前面已有說明。

10. भाषित्वा bhāṣitvā 動詞　說，演說

10.1 【詞尾變化】bhāṣitvā 是√bhāṣ 的絕對格，所以字典查√bhāṣ。

10.2 資料前面已有說明。

11. तस्मिन्न tasminn 代名詞　在那個

11.1 【詞尾變化】tasminn 根據連音規則，是從 tasmin 變化過來，而 tasmin 是 tad 的陽性單數於格形，所以字典查 tad。

11.2 資料前面已有說明。

12. क्षणलवमुहूर्ते kṣaṇa-lava-muhūrte 名詞　在瞬間；很短時間內

12.1 【詞尾變化】kṣaṇa-lava 均無詞尾變化。Muhūrte 是 Muhūrta 的陽性單數於格形，kṣaṇa 前面已有資料說明，所以字典查 lava 與 muhūrta。

12.2 【摩威梵英,p898, lava】

12.2.1 m.（√1. *lū*）the act of cutting , reaping（of corn）, mowing , plucking or gathering（of flowers）; that which is cut or shorn off , a shorn fleece , wool , hair ; anything cut off , a section , fragment , piece , particle , bit , little piece（*am* ind. a little ; *lavam api* , even a little）MBh.; a minute division of time , the 60th of a twinkling , half a second , a moment（accord. to others 1/4000 or 1/5400 or 1/20250 of a *Muhūrta*）ib. ;（in astron.）a degree Gol. ;

12.2.2（in alg.）the numerator of a fraction; the space of 2 Kāṣṭhās; loss , destruction; sport; Perdix Chinensis; N. of a son of *Rāmacandra* and *Sītā*（he and his twin-brother *Kuṣa* were brought up by the sage *Vālmīki* and taught by him to repeat his *Rāmāyaṇa* at assemblies ; cf. *kuśī-lava*）; of a king of *Kaśmīra*（father of *Kuṣa*）;

12.2.3 n. nutmeg ; cloves ; the root of *Andropogon Muricatus* ; a little（cf. m.）.

12.3 【梵漢辭典,p655, lava】（陽性）〔Lū〕（小麥的）收割，（花）的摘或採；羊毛；牛毛；部分，斷片，片，小片，碎片，顆粒，少量；（一秒的）少部份，瞬間，分子；（經文）頃，頃刻，限，瞬息。

12.4 【摩威梵英,p825, muhūrta】

12.4.1 m. n. a moment , instant , any short space of time RV.（ibc. , in a moment ; *ena* ind , after an instant , presently）; a partic. division of time , the 3oth part of a day , a period of 48 minutes（in pl. personified as the children of *Muhūrta*）;

12.4.2（*ā*）f. N. of a daughter of *Dakṣa*（wife of *Dharma* or *Manu* and mother of the Muhu1rtas）.

12.5 【梵漢辭典,p745, muhūrta】（陽性）（中性）〔（動名詞）muhur 的（過去被動分詞）忽然或立即經過的〕，瞬時，即時，四十八分之間（一日的卅分之一）；（經文）須臾，瞬息須，少時，時，暫時，分。

13. पर्षत् parṣat 動詞　給予

13.1 【詞尾變化】parṣat 爲√pṛṣ 的過去被動分詞，所以字典查√pṛṣ。

13.2 【摩威梵英,p647】

13.2.1 cl. 1. P. *parṣati* , to sprinkle ; to weary ; to vex or hurt ; to give Dha1tup.;

13.2.2 cl. 1. Ā. *parṣate*（v.l. for *varṣ*）, to become wet.（Perhaps akin to *pruṣ* ; cf. also pṛśni.）

13.3 【梵漢辭典】無此字。

14. संनिपाते saṁnipāte 形容詞　集會

14.1 【詞尾變化】saṁnipāte 是 saṁnipāta 的陽性單數於格形，所以字典查 saṁnipāta。

14.2 【摩威梵英,p1147】

14.2.1 m. falling in or down together , collapse , meeting , encounter , contact or collision with（instr.）MBh.; conjunction , aggregation , combination , mixture MBh.;（also with maithune）sexual intercourse with（loc.）MBh. ; a complicated derangement of the three humours or an illness produced by it; a partic. manner of wrestling; falling down , descent（see *lakṣaṇa-s-*）; utter collapse , death , destruction MBh. ;（in astron）. a partic. conjunction of planets;（in music）a kind of measure;

14.2.2 *–kalikā* f. *-kalikā-ṭīkā* f. *-candrikā* f. *-cikitsā* f. N. of wks. ;

14.2.3 *-jvara* m. a dangerous fever resulting from morbid condition of the three humours（one of the 8 kinds of fever）;

14.2.4 *-nāḍīlakṣaṇa* n. N. of wk. ;

14.2.5 *-nidrā* f. a swoon , trance;

14.2.6 *-nud* m. `removing the above fever' , a species of Nimba tree;

14.2.7 *-paṭa* m. or n.（?）, *-mañjarī* f. N. of wks.

14.3 【梵漢辭典,p1102】（陽性）與～之間的接觸，衝突或遭遇；接續，結合，集合，混合，混雜，降落，降下，衰弱，死；（經文）生，和，合，集，眾，會，集會，會集，同集，總集，相對，雜病，雜症，大會。

15. महाधर्मासने mahā-dharmāsane 名詞　於大法座

15.1 【詞尾變化】mahā-dharmāsane 根據連音規則是由 mahā-dharma-āsane 所結合而成，而 mahā-dharma 前面均有資料說明，āsane 爲 āsana 的陽性單數於格形，所以字典查 āsana。

15.2 【摩威梵英,p159】

15.2.1（but *āsaná*）n. sitting , sitting down; sitting in peculiar posture according to the custom of devotees ,（five or , in other places , even eighty-four postures are enumerated ; see *padmāsana* , *bhadrāsana* , *vajrāsana* , *vīrāsana* , *svastikāsana*: the manner of sitting forming part of the eightfold observances of ascetics）; halting , stopping , encamping ; abiding , dwelling AV. ; seat , place , stool; the withers of an elephant , the part where the driver sits ; maintaining a post against an enemy ;

15.2.2（*ā*）f. stay , abiding ;

15.2.3（ī）f. stay , abiding , sitting ; a shop , a stall ; a small seat , a stool.

15.3 【梵漢辭典,p170】（中性）坐；端坐的姿勢；修只，紮營（駐紮）；居住；座，席；位置，（王）位；（經文）住處；座，踞座；座處，床座，坐具。

16. पर्यङ्कम् paryaṅkam 名詞　高座

16.1 【詞尾變化】paryaṅkam 是 paryaṅka 的陽性單數對格形，所以字典查 paryaṅka。

16.2 資料前面已有說明。

17. आभुज्य ābhujya　動詞　打坐（彎腿姿勢盤坐）

17.1 【詞尾變化】ābhujya 是從 ā--√bhuj 變化過來，字典查 ā--√bhuj。

17.2 資料前面已有說明

18. अनन्तनिर्देशप्रतिष्ठानं Anantanirdeśapratiṣṭhānaṁ 形容詞　熟練無量義；安住無量義

18.1 【詞尾變化】Anantanirdeśapratiṣṭhānaṁ 根據連音規則是從 Anantanirdeśapratiṣṭhānam 變化過來，而 Anantanirdeśapratiṣṭhānam 是 Ananta—nirdeśa--pratiṣṭhānam 三個字構成。pratiṣṭhānam 是 pratiṣṭhāna 的陽性單數對格形，所以字典查 Ananta—nirdeśa--pratiṣṭhāna。

18.2 資料前面已有說明。

19. समाधिं samādhiṁ 名詞　三昧

19.1 【詞尾變化】samādhiṁ 根據連音規則是從 samādhim 變化過來，而 samādhim 是 samādhi 的陽性單數對格形，所以字典查 samādhi。

19.2 資料前面已有說明。

20. समापन्नोऽभूद् samāpanno'bhūd 過去被動分詞　進入

20.1 【詞尾變化】

20.1.1 根據連音規則，samāpanno'bhūd 是從 samāpannaḥ abhūt 變化過來。

20.1.2 而 samāpannaḥ 是 samāpanna 的陽性單數主格形，所以字典查 samāpanna。

20.1.3 abhūt 是從√bhū 的過去被動分詞形，所以字典查√bhū。

20.2 資料前面已有說明。

21. अनिञ्जमानेन aniñjamānena 形容詞　不動的

21.1 【詞尾變化】ani"jamānena 是 ani"jamāna 的陽性單數工具格形，所以字典查 ani"jamāna。(BHS)

21.2 資料前面已有說明。

22. कायेन स्थितेन kāyena sthitena 形容詞　多數站立的；定住的

22.1 【詞尾變化】kāyena sthitena 是 kāya sthita 的陽性單數工具格形，所以字典查 kāya sthita。

22.2 資料前面已有說明。

23. चित्तेन cittena 形容詞　心；意識

23.1 【詞尾變化】cittena 是 citta 的陽性單數工具格形，所以字典查 citta。

23.2 資料前面已有說明。

【筆者試譯】：又，阿逸多！當時世尊日月燈明如來，應供（阿羅漢），正等正覺，教導一種名爲「無量義」（佛法主題）的課程，演說廣大的菩薩道，這是所有佛陀們精要的心法。在很短時間內，在大眾集會時，他在大法座上打坐，進入了稱爲「無量義」的三昧，身體與意識定住而不動的。

【什公漢譯】：是時日月燈明佛，說大乘經，名：無量義教菩薩法佛所護念。說是經已，即於大眾中結加趺坐，入於無量義處三昧，身心不動。

【英 譯 本】：It was at that time, Agita, that the Lord kandrasûryapradîpa, the Tathâgata, &c., after expounding the Dharmaparyâya called 'the Great Exposition,' a text of great extension, serving to instruct Bodhisattvas and proper to all Buddhas, at the same moment and instant, at the same gathering of the classes of hearers, sat cross-legged on the same seat of the law, and entered upon the meditation termed 'the Station of the exposition of Infinity;' his body was motionless, and his mind had reached perfect tranquility.

【信譯研究】：信譯。

【第二句】

samanantara-samāpannasya khalu punas tasya bhagavato māndārava-mahā-māndāravāṇāṁ mañjūṣaka-mahā-mañjūṣakāṇāṁ ca divyānāṁ puṣpāṇāṁ mahat puṣpa-varṣam abhiprāvarṣat|

【詞彙研究】：這句與 4.2.2 句相同，所以詞彙部分請參考前面 4.2.2【詞彙研究】。

【筆者試譯】：緊接著下來，天上的曼陀羅花與大曼陀羅花、曼殊沙花與大曼殊沙花，天上的花，像下雨一樣，（很多很多）花朵（紛紛）普遍地落下來。

【什公漢譯】：是時天雨曼陀羅華，摩訶曼陀羅華，曼殊沙華，摩訶曼殊沙華。

【英 譯 本】：And as soon as the Lord had entered upon meditation, there fell a great rain of divine flowers, Mandâravas and great Mandâravas, Mañgûshakas and great Mañgûshakas,

【信譯研究】：信譯。

【第三句】

taṁ bhagavantaṁ sa-parṣadam abhyavākirat, sarvāvac ca tad Buddha-kṣetraṁ ṣaḍ-vikāraṁ prakampitam abhūt calitaṁ saṁpracalitaṁ vedhitaṁ saṁpravedhitaṁ kṣubhitaṁ saṁprakṣubhitam|

【詞彙研究】：請參考 4.4.3 句【詞彙研究】。

【筆者試譯】：（花）向著佛陀與（現場的）四眾們散落下來。緊鄰一切諸佛的國土發生了六種不同的震動，（這六種震動的名稱是）：calita 方式震動、saṁpracalita 方式的振動、vedhita 方式的振動、saṁpravedhita 方式的振動、kṣubhita 方式的振動以及 saṁprakṣubhita 方式的震動。

【什公漢譯】：而散佛上及諸大眾，普佛世界六種震動。

【英 譯 本】：covering the Lord and the four classes of hearers, while the whole Buddha-field shook in six ways; it moved, removed, trembled, trembled from one end to the other, tossed, tossed along.

【信譯研究】：信譯。

【第四句】

tena khalu punar Ajita samayena tena kālena ye tasyāṁ parṣadi bhikṣu-bhikṣuṇy-upāsakopāsikā-deva-nāga-yakṣa-gandharvāsura-garuḍa-kinnara-mahoraga-manuṣyāmanuṣyāḥ saṁnipatitā abhūvan saṁniṣaṇṇāḥ, rājānaś ca maṇḍalino bala-cakra-vartinaś catur-dvīpaka-cakra-vartinaś ca, *te sarve saparivārās taṁ bhagavantaṁ vyavalokayanti sma āścaryaprāptā adbhuta-prāptā audbilya-prāptāḥ|

【辭彙研究】

1. सपरिवारास् saparivārās 形容詞　有隨行者的

1.1 【詞尾變化】saparivārās 根據連音規則是從 saparivārāḥ 變化過來的，而 saparivārāḥ 是 saparivāra 的陽性複數主格形，所以字典查 saparivāra。

1.2 資料前面已有說明。

2. भगवन्तं bhagavantaṁ 名詞　世尊

2.1 【詞尾變化】bhagavantaṁ 根據連音規則是從 bhagavantam 變化過來，而 bhagavantam 是 bhagavat 的陽性單數對格形，所以字典查 bhagavat。

2.2 資料前面已有說明。

3. व्यवलोकयन्ति vyavalokayanti 動詞　凝視；觀看

3.1 【詞尾變化】vyavalokayanti 是 vya—va--√lok 的使役動詞現在式第三人稱複數形，所以字典查 vya—va--√lok。

3.2 資料前面已有說明。

4. प्रापता prāptā 動詞　獲得

4.1 【詞尾變化】prāptā 根據連音規則是從 prāptāḥ 變化過來，而 prāptāḥ 則是 prāpta 陽性複數主格形，是 pra--√āp 的過去分詞，所以字典查 pra--√āp。

4.2 資料前面已有說明。

【筆者試譯】：阿逸多！在此刻，前來集會的大眾，有比丘，比丘尼，在家居士的男女，還有天人、龍（蛇）、夜叉、乾闥婆、阿修羅、金翅鳥、緊那羅、摩睺羅、人類與非人類，還有國王們，包含了統治小國的國王，與統治四（大部）洲的轉輪聖王。所有曾經注目凝視世尊（這樣景象）的隨行者們都感到不可思議，覺得很歡喜雀躍。

【什公漢譯】：爾時會中比丘，比丘尼，優婆塞，優婆夷，天龍，夜叉，乾闥婆，阿修羅，迦樓羅，緊那羅，摩睺羅伽，人，非人，及諸小王，轉輪聖王等，是諸大眾得未曾有，歡喜合掌一心觀佛。

【英 譯 本】：Then did those who were assembled and sitting together at that congregation, monks, nun, male and female lay devotees, gods, Nâgas, goblins, Gandharvas, demons, Garudas, Kinnaras, great serpents, men and beings not human, as well as governors of a region, rulers of armies and rulers of four continents, all of them with their followers gaze on the Lord in astonishment, in amazement, in ecstasy.

【信譯研究】：信譯。不過梵本原文中並未有鳩摩羅什所譯之「合掌」相關字詞，可能是自己加上去的。

【第五句】

atha khalu tasyāṁ velāyāṁ tasya bhagavataś Candrasūryapradīpasya tathāgatasya bhrū-vivarāntarād ūrṇā-kośād ekā raśmir niścaritā|

【筆者試譯】：就在此時，（在禪定狀況下）從世尊日月燈明如來的兩眉旋毛中間放射一道光束來。

【什公漢譯】：爾時如來放眉間白毫相光。

【英 譯 本】：And at that moment there issued a ray from within the circle of hair between the eyebrows of the Lord.

【信譯研究】：信譯。本句單字與結構與本章前面 4.5.1 句內容大致相同。唯一差別的是，第五段敘述的是釋迦牟尼佛本人，這裡則是說明釋迦牟尼佛以前的日月燈明如來的故事。

【第六句】

sā pūrvasyāṁ diśi aṣṭādaśa-buddha-kṣetra-sahasrāṇi prasṛtā|

【筆者試譯】：那（佛光）照明了東方（或是「前方」）一萬八千個佛國淨土。

【什公漢譯】：照東方萬八千佛土，靡不周遍。

【英 譯 本】：It extended over eighteen hundred thousand Buddha-fields in the eastern quarter,

【信譯研究】：信譯。本句單字與結構與本章前面 4.5.2 句內容完全相同。但是鳩摩羅什為避免重複，在譯文上略有增添修飾。

【第七句】

tāni ca Buddha-kṣetrāṇi sarvāṇi tasyā raśmeḥ prabhayā suparisphuṭāni saṁdṛśyante sma, tad-yathāpi nāma Ajita etarhy-etāni Buddha-kṣetrāṇi saṁdṛśyante||

【辭彙研究】

1. तानि tāni 代名詞　那
   1.1 【詞尾變化】tāni 是 tad 的陽性複數對格形，所以字典查 tad。
   1.2 資料前面已有說明。
2. तद्यथाऽपि tad-yathāpi 關係代名詞+副詞　今天（現在）也是
   2.1 【詞尾變化】tad-yathā ‘pi 根據連音規則是從 tad-yathā-api 變化過來，所以字典查 tad-yathā-api。
   2.2 資料前面已有說明。
3. एतर्ह्य् etarhy 副詞　當前；現在
   3.1 【詞尾變化】etarhy 根據連音規則，是從 etarhi 變化過來，字典查 etarhi。
   3.2 【摩威梵英,p231】
      3.2.1 ind. now , at this time , at present , now-a-days ; then（correlating to *yarhi*）ib. ;
      3.2.2（*i*）n. a measure of time（fifteen *Idānis* , or the fifteenth part of a *Kshipra*）.
   3.3 【梵漢辭典,p436】（副詞）現在，此刻；當前；（經文）今，而今，今時，如今，今故，今世，於今時，於今世，現，今現。

4. एतानि etāni 代名詞　這個

4.1 【詞尾變化】etāni 是 etad 的中性複數對格形，所以字典查 etad。

4.2 資料前面已有說明。

【筆者試譯】：那所有的佛國淨土讓那道光照亮了，完全顯現出來，阿逸多，今天此刻佛國淨土顯現（情景），也是同樣的（情況）。

【什公漢譯】：如今所見是諸佛土。

【英 譯 本】： so that all those Buddha-fields appeared wholly illuminated by its radiance, just like the Buddha-fields do now, O Agita.

【信譯研究】：信譯。

【小結】

這一段內容完全信譯。

【第十五段】

तेन खलु पुनरजित समयेन तस्य भगवतो विंशतिबोधिसत्त्वकोट्यः समनुबद्धा अभुवन्। ये तस्यां पर्षदि धर्मश्रवणिकाः, ते आश्चर्यप्राप्ता अभूवन् अद्भुतप्राप्ता औद्बिल्यप्राप्ताः कौतूहलसमुत्पन्ना एतेन महारश्म्यवभासेनावभासितं लोकं दृष्ट्वा॥

【羅馬譯音】

tena khalu punarajita samayena tasya bhagavato viṁśatibodhisattvakoṭyaḥ samanubaddhā abhuvan| ye tasyāṁ parṣadi dharmaśravaṇikāḥ, te āścaryaprāptā abhūvan adbhutaprāptā audbilyaprāptāḥ kautūhalasamutpannā etena mahāraśmyavabhāsenāvabhāsitaṁ lokaṁ dṛṣṭvā||

【第一句】

tena khalu punar Ajita samayena tasya bhagavato viṁśati-bodhisattva-koṭyaḥ samanubaddhā abhuvan|

【辭彙研究】

1. समनुबद्धा samanubaddhā 形容詞　與～結合；在一起

1.1【詞尾變化】samanubaddhā 根據連音規則，是從 samanubaddhāḥ 變化過來，而 samanubaddhāḥ 是 samanubaddha 的陽性複數主格形，而 samanubaddha 是 sam—anubaddha 組成，而 sam 前面已有資料說明，所以字典查 anubaddha。

1.2【摩威梵英,p36】mfn. bound to , obliged to , connected with , related to , belonging to ; followed by.

1.3【梵漢辭典,p245, anubaddha】(過去被動分詞) 被綁的，被固定的，被擁抱的，被迷惑的；與～結合。

1.4【梵漢辭典,p1077, sam--anubaddha】(過去被動分詞)(經文) 隨，隨侍，奉侍。

【筆者試譯】：而阿逸多（彌勒菩薩）！那時世尊和廿億（非常多）的菩薩在一起。

【什公漢譯】：彌勒當知，爾時會中有二十億菩薩。

【英 譯 本】：At that juncture, Agita, there were twenty kotis of Bodhisattvas following the Lord.

【信譯研究】：信譯。

【第二句】

ye tasyāṁ parṣadi dharmaśravaṇikāḥ, te āścarya-prāptā abhūvan adbhuta-prāptā audbilya-prāptāḥ kautūhala-samutpannā etena mahā-raśmy-avabhāsenāvabhāsitaṁ lokaṁ dṛṣṭvā||

【辭彙研究】

1. पर्षदि parṣadi 名詞　大眾；會眾

1.1【詞尾變化】parṣadi 是 parṣad 的陰性單數於格形，所以字典查 parṣad。

1.2　資料前面已有說明。

2. धर्मश्रवणिकाः dharmaśravaṇikāḥ 過去被動分詞　值得聽聞的；樂於聽聞

2.1【詞尾變化】

2.1.1 dharmaśravaṇikāḥ 可區分成 dharma--śravaṇikāḥ 兩個字。

2.1.2 dharma 無字尾變化。

2.1.3 śravaṇikāḥ 梵文辭典與混合梵文辭典均查無此字，對照什譯，疑似 धर्मश्रवणीया: śravaṇīyāḥ 俗語化寫法。

2.1.4 śravaṇīyāḥ 爲 śravaṇīya 的陰性複數主格形，字典查 śravaṇīya。

2.2 【摩威梵英,p1096】mfn. to be heard , worth hearing MBh.; to be celebrated , praise worthy.

2.3 【梵漢辭典,p1197】（過去被動分詞）可聽聞的，值得聽聞的；（經聞）樂聞，樂聞聲，堪敬；所聞通達。

3. समुत्पन्ना samutpannā 過去被動分詞　由～而生

3.1 【詞尾變化】samutpannā 是 sam—ut--√pad 的過去分詞陰性單數主格形，所以字典查 sam—ut--√pad。

3.2 【摩威梵英,p1166】Ā. *-padyate*（ep. also *-ti*）, to spring up together , be brought forth or born of（loc.）, arise , appear , occur , take place , happen MBh.: Caus. *-pādayati* , to cause to arise , produce , effect , cause MBh.

3.3 【梵漢辭典,p823】（過去被動分詞）由～而生，已生的，已發的，已到來的時刻。

4. एतेन etena 代名詞　那

4.1 【詞尾變化】etena 是 etad 的中性單數工具格形，所以字典查 etad。

4.2 資料前面已有說明。

5. रश्म्य् raśmy 名詞　光線

5.1 【詞尾變化】raśmy 根據連音規則，是從 raśmi 變化過來，字典查 raśmi。

5.2 資料前面已有說名。

6. अवभासेनावभासितं avabhāsenāvabhāsitaṁ 複合詞　光照顯現

6.1 【詞尾變化】

6.1.1 avabhāsenāvabhāsitaṁ 根據連音規則是從 avabhāsenāvabhāsitam 變化過來的。

6.1.2 avabhāsenāvabhāsitam 可拆解成 avabhāsena-avabhāsitam 兩個字。

6.1.3 avabhāsena 是 ava—bhāsa 的陽性單數工具格形，所以字典查 avabhāsa。

6.1.4 avabhāsitam 是 ava--√bhās 的過去被動分詞的陽性單數對格，所以字典查 ava--√ bhās。

6.2　資料前面已有說明。

7. लोकं lokaṁ 形容詞　國界

7.1【詞尾變化】lokaṁ 根據連音規則是從 lokam 變化過來，而 lokam 是 loka 的陽性單數對格形，所以字典查 loka。

7.2　資料前面已有說明。

【筆者試譯】：這些會眾都喜歡聽聞佛法，因爲有這樣奇怪的，不可思議的情形產生了歡欣喜悅，看見那道大光束照亮了（一切），讓整個國界顯現了！

【什公漢譯】：樂欲聽法，是諸菩薩見此光明普照佛土，得未曾有，欲知此光所爲因緣。

【英 譯 本】：All hearers of the law in that assembly, on seeing how the world was illuminated by the luster of that ray, felt astonishment, amazement, ecstasy, and curiosity.

【信譯研究】：信譯。

【小結】

這段鳩譯亦忠實原文。

【第十六段】

तेन खलु पुनरजित समयेन तस्य भगवतः शासने वरप्रभो नाम बोधिसत्त्वोऽभूत्। तस्याष्टौ शतान्यन्तेवासिनामभूवन्। स च भगवांस्ततः समाधेर्व्युत्थाय तं वरप्रभं बोधिसत्त्वमारभ्य सद्धर्मपुण्डरीकं नाम धर्मपर्यायं संप्रकाशयामास। यावत् परिपूर्णान् षष्ट्यन्तरकल्पान् भाषितवान् एकासने निषण्णोऽसंप्रवेधमानेन कायेन अनिञ्जमानेन चित्तेन। सा च सर्वावती पर्षदेकासने निषण्णा तान् षष्ट्यन्तरकल्पांस्तस्य भगवतोऽन्तिकाद्धर्मं शृणोति स्म। न च तस्यां पर्षदि एकसत्त्वस्यापि कायक्लमथोऽभूत्, न च चित्तक्लमथः॥

【羅馬譯音】

tena khalu punarajita samayena tasya bhagavataḥ śāsane varaprabho nāma bodhisattvo'bhūt| tasyāṣṭau śatānyantevāsināmabhūvan| sa ca bhagavāṁstataḥ samādhervyutthāya taṁ varaprabhaṁ bodhisattvamārabhya saddharmapuṇḍarīkaṁ nāma dharmaparyāyaṁ saṁprakāśayāmāsa| yāvat paripūrṇān ṣaṣṭyantarakalpān bhāṣitavān ekāsane niṣaṇṇo'saṁpravedhamānena kāyena aniñjamānena cittena| sā ca sarvāvatī parṣadekāsane niṣaṇṇā tān ṣaṣṭyantarakalpāṁstasya bhagavato'ntikāddharmaṁ śṛṇoti sma| na ca tasyāṁ parṣadi ekasattvasyāpi kāyaklamatho'bhūt, na ca cittaklamathaḥ||

【第一句】

tena khalu punar Ajita samayena tasya bhagavataḥ śāsane Varaprabho nāma bodhisattvo 'bhūt|

【辭彙研究】

1. शासने śāsane 名詞　教化
   - 1.1. 【詞尾變化】śāsane 是 śāsana 的陽性單數於格形，所以字典查 śāsana。
   - 1.2. 資料前面已有說明。
2. वरप्रभो Varaprabho 形容詞　妙光
   - 2.1. 【詞尾變化】Varaprabho 根據連音規則是 Varaprabhaḥ 變化過來，而 Varaprabhaḥ 是 Varaprabha 的陽性單數主格形，所以字典查 Varaprabha。
   - 2.2. 【摩威梵英,p922】
     - 2.2.1. mf（ā）n. having excellent brightness ;
     - 2.2.2. m. N. of a Bodhisattva Buddh.
   - 2.3. 【梵漢辭典,p1389】（形容詞）有美妙光輝的；（經文）〔菩薩名〕妙光。

【筆者試譯】：又阿逸多，在那尊佛教化的時候，有位菩薩名叫妙光。

【什公漢譯】：時有菩薩，名曰妙光。

【英 譯 本】：Now it happened, Agita, that under the rule of the aforesaid Lord there was a Bodhisattva called Varaprabha,

【信譯研究】：信譯。

【第二句】

tasyāṣṭau śatāny ante-vāsinām abhūvan|

【辭彙研究】

1. तस्याष्टौ tasyāṣṭau 代名詞+數詞　那個的八--

  1.1 【詞尾變化】

    1.1.1 tasyāṣṭau 根據連音規則是由 tasya--aṣṭau 兩個字組成。

    1.1.2 tasya 是 tad 的中性單數屬格形，所以字典查 tad。

    1.1.3 aṣṭau 是 aṣṭa 中性雙數主格形，所以字典查 aṣṭa。

  1.2 資料前面已有說明。

2. शतान्य् śatāny 數詞　百

  2.1 【詞尾變化】

    2.1.1 Śatāny 根據連音規則是從 śatāni 變化過來。

    2.1.2 Śatāni 是 śata 的中性複數主格形，所以字典查 śata。

  2.2 資料前面已有說明。

3. अन्ते ante 名詞　將近；不超過；達到

  3.1 【詞尾變化】ante 是 anta 的中性雙數主格形，所以字典查 anta。

  3.2 資料前面已有說明。

4. वासिनाम् vāsinām 形容詞　居住；弟子眾

  4.1 【詞尾變化】vāsinām 是 vāsin 的中性複數屬格形，所以字典查 vāsin。

  4.2【摩威梵英,p947】mfn. staying , abiding , dwelling , living , inhabiting（often ifc. = living in or among or in a partic. manner or condition）

  4.3 【梵漢辭典,p1398】（形容詞）（在～之內，在～之間）逗留的，停留的，住宿的；（經文）居住，居在。

【筆者試譯】：他有將近八百位常住弟子眾（有男有女）。

【什公漢譯】：有八百弟子。

【英 譯 本】：who had eight hundred pupils.

【信譯研究】：信譯。其次，「弟子」這個單字在梵文本裡面用雙數的格，意思就是這群人有男有女，而且這些是追隨那位菩薩，住在一起學習佛法的人們。這是印度的傳統宗教習慣，印度普遍都有這種專屬宗教的「社區」（community），這種社區是提供給一群相同信仰宗教的人士來居住，形成一個教團。在宗教人士的領導下，過著宗教的生活，在佛教來說，就是僧團。這種習俗，在印度目前仍然存在。

【第三句】

sa ca bhagavāṁs tataḥ samādher vyutthāya taṁ Varaprabhaṁ bodhisattvam ārabhya Saddharmapuṇḍarīkaṁ nāma dharm-aparyāyaṁ saṁprakāśayāmāsa|

【辭彙研究】

1. भगवांस् bhagavāṁs 名詞　世尊

   1.1 【詞尾變化】bhagavāṁs 根據連音規則是從 bhagavān 變化過來，而 bhagavān 是 bhagavat 的陽性單數主格形，所以字典查 bhagavat。

   1.2 資料前面已有說明。

2. ततः tataḥ 代名詞　從他

   2.1 【詞尾變化】tataḥ 是 tad 的陽性單數從格形，所以字典查 tad。

   2.2 資料前面已有說明。

3. समाधेर् samādher 名詞　從三昧

   3.1 【詞尾變化】samādher 根據連音規則是從 samādheḥ 變化過來，而 samādheḥ 是 samādhi 的陽性單數從格形，所以字典查

4. व्युत्ताय vyutthāya 動詞　從～而離開

   4.1 【詞尾變化】vyutthāya 是從 vi-ud-√sthā 變化過來，字典查 vi-ud-√sthā。〔註 73〕

   4.2 【摩威梵英,p1040】（*-ud-√sthā*）P. Ā. *-tiṣṭhati* , *-te* , to rise in different directions（as light）RV. ; to turn away from（abl.）, give up , abandon; to swerve from duty , forget one's self. MBh.; to come back（from sea cf. *vy-ut-√pad*）: Caus. *-thāpayati* , to cause to rise up ; to call in question , disagree about（acc.）MBh. ; to seduce , win over ib. ; to set aside , remove , depose

〔註 73〕請見江島惠教編《梵藏漢法華經原典總索引》，日本東京：靈友會，1992 年出版，頁 1122。

（from a place）; to abandon treacherously ib.

4.3 【梵漢辭典,p1210】（動詞）捨棄或背離～（從格）;（經文）生；出；起。

5. वरप्रभं Varaprabhaṁ 名詞　妙光（菩薩名）

5.1 【詞尾變化】Varaprabhaṁ 根據連音規則是從 Varaprabham 變化過來，而 Varaprabham 是 Varaprabha 的陽性單數對格形，所以字典查 Varaprabha。

5.2 資料前面已有說明。

6. आरभ्य ārabhya 動名詞　開始；最初

6.1 【詞尾變化】ārabhya 是√rabh 的動名詞形，所以字典查√rabh。或直接查 ārabhya。

6.2 資料前面已有說明。

7. सद्धर्मपुण्डरीकं Saddharmapuṇḍarīkaṁ 名詞　法華經

7.1 【詞尾變化】Saddharmapuṇḍarīkaṁ 根據連音規則是從 Saddharmapuṇḍarīkam 變化過來，而 Saddharmapuṇḍarīkam 是 Saddharmapuṇḍarīka 的陽性單數對格形，所以字典查 Saddharmapuṇḍarīka。

7.2 資料前面已有說明。

8. पर्यायं paryāyaṁ 名詞　科目；名目

8.1 【詞尾變化】paryāyaṁ 根據連音規則是從 paryāyam 變化過來，而 paryāyam 是 paryāya 的陽性單數對格形，所以字典查 paryāya。

8.2 資料前面已有說明。

9. संप्रकाशयामास saṁprakāśayāmāsa 動詞　開示；顯露

9.1 【詞尾變化】saṁprakāśayāmāsa 是從 saṁ-pra-√kāś 變化過來，所以字典查 saṁ-pra-√kāś。

9.2 資料前面已有說明。

【筆者試譯】：那時世尊從他的三昧離開出來，向當時妙光菩薩開始講授開示名爲妙法蓮華經的科目的佛法。

【什公漢譯】：是時日月燈明佛從三昧起，因妙光菩薩說大乘經，名妙法蓮華教菩薩法佛所護念。

【英 譯 本】：It was to this Bodhisattva Varaprabha that the Lord, on rising from his meditation, revealed the Dharmaparyâya called 'the Lotus of the True Law.'

【信譯研究】：信譯。不過鳩摩羅什的「教菩薩法佛所護念」，都是本段梵本裡面所沒有的。

【第四句】

yāvat paripūrṇān ṣaṣṭy-antara-kalpān bhāṣitavān ek'āsane niṣaṇṇo 'saṁpravedhamānena kāyena aniñjamānena cittena|

【辭彙研究】

1. परिपूर्णान् paripūrṇān 形容詞　充滿的；足足

   1.1 【詞尾變化】paripūrṇān 是 paripūrṇa 的陽性複數對格形，所以字典查 paripūrṇa。

   1.2 資料前面已有說明。

2. षष्ट्य् ṣaṣṭy 數詞　六十

   2.1 【詞尾變化】ṣaṣṭy 根據連音規則是從 ṣaṣṭi 變化過來。

   2.2 【摩威梵英,p1109】f. sixty（m. c. also -ṭī ; with the counted object in apposition , or in gen. pl. or comp. ; -*ṭi-tas* = abl.）RV.

   2.3 【梵漢辭典,p1149】（陰性）六十；（經文）六十。

3. अन्तर antara 形容詞　內部的

   3.1 【詞尾變化】沒有詞尾變化。

   3.2 【摩威梵英,p43】

   3.2.1 mf（*ā*）n. being in the interior , interior ; near , proximate , related , intimate ; lying adjacent to ; distant ; different from ; exterior ;

   3.2.2（*am*）n. the interior ; a hole , opening ; the interior part of a thing , the contents ; soul , heart , supreme soul ; interval , intermediate space or time ; period ; term ; opportunity , occasion ; place ; distance , absence ; difference , remainder ; property , peculiarity ; weakness , weak side ; representation ; surety , guaranty ; respect , regard ;（ifc.）, different , other , another e.g. *deśāntaram* , another country ;

   3.2.3（*am*）, or *-tas* ind. in the interior , within.

3.3 【梵漢辭典,p104】(形容詞)接近的，親近的，內部的，其他的；(經文)中，別，異，餘，不共，殊異。

4. कल्पान् kalpān 名詞 劫(時間單位)

4.1 【詞尾變化】kalpān 是 kalpa 的陽性複數對格形，所以字典查 kalpa。

4.2 資料前面已有說明。

5. भाषितवान् bhāṣitavān 動詞 說話；宣講

5.1 【詞尾變化】bhāṣitavān 是 bhāṣitavat 的陽性單數主格形，而 bhāṣitava 則是√bhāṣ 的過去主動分詞形，所以字典查√bhāṣ。

5.2 資料前面已說明。

6. एकऽआसने ek'āsane 形容詞+名詞 一坐(一次的禪坐)

6.1 【詞尾變化】ek'āsane 根據連音規則是從 eka āsane 所連結而成，

6.2 資料前面已有說明。

7. निषण्णो niṣaṇṇo 動詞 坐在～之上

7.1 【詞尾變化】niṣaṇṇo 根據連音規則是從 niṣaṇṇaḥ 變化過來，而 niṣaṇṇaḥ 是 niṣaṇṇa 的陽性單數主格形，而 niṣaṇṇa 是 ni-√sad 的過去分詞形，所以字典查 ni-√sad。

7.2 【摩威梵英,p561】mfn. sitting. seated , sitting or lying or resting or leaning upon(loc. or comp.); performed by sitting(as a Sattra); sat upon(as a seat); sunk down , afflicted , distressed.

7.3 【梵漢辭典,p1045】(動詞)已坐在或臥在～之上，被放置於或由～所支撐的。(經文)坐，安坐，住，居，處。

8. ऽसंप्रवेधमानेन 'saṁpravedhamānena 動詞 穿過，橫越

8.1 【詞尾變化】

8.1.1 'saṁpravedhamānena 根據連音規則，是跟著前面 niṣaṇṇo 一起從 saṁpravedhamānena 變化過來；

8.1.2 而 saṁpravedhamānena 是 saṁpravedhamāna 的陽性單數工具格形。

8.1.3 saṁpravedhamāna 是 saṁ-pra-√vyadh 的過去被動分詞形(史詩寫法)，所以字典查 saṁ-pra-√vyadh。

8.2 資料前面已有說明。

9. कायेन kāyena 名詞 集團；團體

9.1 【詞尾變化】kāyena 是 kāya 的陽性單數工具格形，所以字典查 kāya。

9.2 資料前面已有說明。

10. आनिञ्जमानेन aniñjamānena 動詞 不動搖；不動

10.1 【詞尾變化】

10.1.1 Aniñjamānena 是 aniñjamāna 的陽性單數工具格形。

10.1.2 Aniñjamāna 是 an-√iṅg 的現在分詞形，所以字典查 an-√iṅg。

10.2 資料前面已有說明。

11. चित्तेन cittena 名詞 心；意識

11.1 【詞尾變化】cittena 是 citta 的陽性單數工具格形，所以字典查 citta。

11.2 資料前面已有說明。

【筆者試譯】：與大眾用打坐方式，一心一意，不為所動，在六十劫以內都是這樣講著（妙法蓮華經）。

【什公漢譯】：六十小劫不起于座，時會聽者亦坐一處。

【英 譯 本】：He spoke during fully sixty intermediate kalpas, always sitting on the same seat, with immovable body and tranquil mind.

【信譯研究】：信譯。

【第五句】

sā ca sarvāvatī parṣad ek'āsane niṣaṇṇā tān ṣaṣṭy-antara-kalpāṁs tasya bhagavato 'ntikād dharmaṁ śṛṇoti sma|

【辭彙研究】

1. सर्वावती sarvāvatī 形容詞 一切照顧保護的

1.1 【詞尾變化】

1.1.1 sarvāvatī 是由 sarva-avatī 兩個字結合而成；

1.1.2 sarva 沒有詞尾變化。

1.1.3 avatī 是√av 的過去主動分詞的中性雙數主格形，所以字典查 av。

1.2 資料前面已有說明。

2. पर्षद् parṣad 名詞 大眾；多數

3. कल्पांस् kalpāṁs 名詞　劫（時間單位）

3.1 【詞尾變化】kalpāṁs 根據連音規則是從 kalpān 變化過來的，而 kalpān 是 kalpa 的陽性複數對格形，所以字典查 kalpa。

3.2 資料前面已有說明。

4. भगवतोऽन्तिकाद् bhagavato 'ntikād 形容詞　從佛陀那裡

4.1 【詞尾變化】

4.1.1 bhagavato 'ntikād 根據連音規則是從 bhagavataḥ antikād 結合變化而成。

4.1.2 bhagavataḥ 是 bhagavat 的陽性單數屬格形。

4.1.3 antikād 根據連音規則，是從 antikāt 變化過來，而 antikāt 是 antika 的陽性單數從格形，所以字典查 antika。

4.2 【摩威梵英,p44】

4.2.1 mfn.（with gen. or abl.）near , proximate L.（compar. *nedīyas* , superl. *nediṣṭha*）;

4.2.2（*am*）n. vicinity , proximity , near e.g. *antikastha* , remaining near ;

4.2.3（*am*）ind.（with gen. or ifc.）until , near to , into the presence of ;

4.2.4（*āt*）ind. from the proximity ; near , close by ; within the presence of ;

4.2.5（*e*）ind.（with gen. or ifc.）near , close by , in the proximity or presence of ;

4.2.6（*ena*）ind.（with gen.）near.

4.2.7 mfn.（fr. *anta*）, only ifc. reaching to the end of , reaching to（e.g. *nāsāntika* , reaching to the nose）, lasting till , until.

4.3 【梵漢辭典,p107】（形容詞）接近的；（經文）近，所，處。

5. शृणोति śṛṇoti 動詞　聽聞；學習

5.1 【詞尾變化】śṛṇoti 是√śru 的現在式第三人稱單數形，所以字典查√śru。

5.2 資料前面已有說明。

【筆者試譯】：而這些會眾受到一切的照顧保護，在六十劫內一心打坐在佛陀面前，聽聞佛法。

【什公漢譯】：六十小劫身心不動，聽佛所說謂如食頃。

【英 譯 本】：And the whole assembly continued sitting on the same seats, listening to the preaching of the Lord for sixty intermediate kalpas,

【信譯研究】：信譯。鳩摩羅什的翻譯「聽佛所說謂如食頃」是用來形容此會眾聽法的專心，但梵本並未有這段話。

【第六句】

na ca tasyāṁ parṣadi eka-sattvasyāpi kāya-klamatho 'bhūt, na ca citta-klamathaḥ||

【辭彙研究】

1. एकसत्त्वस्यापि eka-sattvasyāpi 形容詞　又一個生命
   1.1 【詞尾變化】eka-sattvasyāpi 是從這三個字 eka-sattvasya-api 結合而成。而 sattvasya 是 sattva 的陽性單數屬格形，所以字典查 sattva。
   1.2 資料前面已有說明。
2. काय kāya 形容詞　團體
3. क्लमथोऽभूत् klamatho 'bhūt 動詞+形容詞　成爲疲勞的
   3.1 【詞尾變化】
      3.1.1 klamatho 'bhūt 是從 klamathaḥ abhūt 結合而成。
      3.1.2 abhūt 是√bhū 的過去被動分詞形，所以字典查√bhū。資料前面已有說明。
      3.1.3 klamathaḥ 是 klamatha 的陽性單數主格形，所以字典查 klamatha。
   3.2 【摩威梵英,p323】m. fatigue , exhaustion
   3.3 【梵漢辭典,p600】（陽性）疲勞，疲憊，倦怠；（經文）疲勞，疲懈，疲極，疲困，倦，疲倦，懈倦，休懈，苦；乏，懶，劬，苦行。

【筆者試譯】：在那時會眾裡沒有一個人或團體感到疲累，也沒有心理上的疲勞。

【什公漢譯】：是時眾中，無有一人若身若心而生懈惓。

【英 譯 本】：there being not a single creature in that assembly who felt fatigue of body or mind.

【信譯研究】：信譯。

【小結】

鳩摩羅什此段亦忠實原文，只是偶會穿插一些梵本沒有的句子。但亦無違背梵本意思太多。

【第十七段】

अथ स भगवांश्चन्द्रसूर्यप्रदीपस्तथागतोऽर्हन् सम्यक्संबुद्धः षष्टयन्तरकल्पानामत्ययात् तं सद्धर्मपुण्डरीकं धर्मपर्यायं सूत्रान्तं महावैपुल्यं बोधिसत्त्वाववादं सर्वबुद्धपरिग्रहं निर्दिश्य तस्मिन्नेव क्षणलवमुहूर्ते परिनिर्वाणमारोचितवान् सदेवकस्य लोकस्य समारकस्य सब्रह्मकस्य सश्रमणब्राह्मणिकायाः प्रजायाः सदेवमानुषासुरायाः पुरस्तात्-अद्य भिक्षवोऽस्यामेव रात्र्यां मध्यमे यामे तथागतोऽनुपधिशेषे निर्वाणधातौ परिनिर्वास्यतीति॥

【羅馬譯音】

atha sa bhagavāṁścandrasūryapradīpastathāgato'rhan samyaksaṁbuddhaḥ ṣaṣṭayantarakalpānāmatyayāt taṁ saddharmapuṇḍarīkaṁ dharmaparyāyaṁ sūtrāntaṁ mahāvaipulyaṁ bodhisattvāvavādaṁ sarvabuddhaparigrahaṁ nirdiśya tasminneva kṣaṇalavamuhūrte parinirvāṇamārocitavān sadevakasya lokasya samārakasya sabrahmakasya saśramaṇabrāhmaṇikāyāḥ prajāyāḥ sadevamānuṣāsurāyāḥ purastāt-adya bhikṣavo'syāmeva rātryāṁ madhyame yāme tathāgato'nupadhiśeṣe nirvāṇadhātau parinirvāsyatīti||

【第一句】

atha sa bhagavāṁś Candrasūryapradīpas tathāgato 'rhan samyak-saṁbuddhaḥ ṣaṣṭay-antara-kalpānām atyayāt taṁ Saddharmapuṇḍarīkaṁ dharma-paryāyaṁ sūtrāntaṁ mahā-vaipulyaṁ bodhisattvāvavādaṁ sarva-buddha-parigrahaṁ nirdiśya tasminn eva kṣaṇa-lava-muhūrte parinirvāṇam ārocitavān sadevakasya lokasya samārakasya sabrahmakasya saśramaṇa-brāhmaṇikāyāḥ prajāyāḥ sa-deva-mānuṣāsurāyāḥ purastāt-adya bhikṣavo 'syām eva rātryāṁ madhyame yāme tathāgato 'nupadhiśeṣe nirvāṇa-dhātau parinirvāsyatīti||

【辭彙研究】

1. अत्ययात् atyayāt 動詞　經過；通過

1.1. 【詞尾變化】atyayāt 爲 ati-a-√yā 的現在主動分詞形，字典查 ati-a-√yā。

1.2. 【摩威梵英,p17】m.（fr. √*i* with *ati* see *atī*）, passing , lapse , passage ; passing away , perishing , death ; danger , risk , evil , suffering ; transgression , guilt , vice ; getting at , attacking; overcoming , mastering（mentally）; a class.

1.3. 【梵漢辭典,p1496】（動詞）經過（某地方），通過，戰勝，超越，違犯。

2. सूत्रान्तं sūtrāntaṁ 形容詞　教誨；經教

2.1. 【詞尾變化】sūtrāntaṁ 根據連音規則是從 sūtrāntam 變化過來，而 sūtrāntam 是 sūtrānta 的陽性單數對格形，所以字典查 sūtrānta。

2.2. 資料前面已有說明。

3. परिग्रहं parigrahaṁ 形容詞　護念；守護

3.1. 【詞尾變化】parigrahaṁ 根據連音規則是從 parigraham 變化過來，而 parigraham 是 parigraha 的陽性單數對格形，所以字典查 parigraha。

3.2. 資料前面已有說明。

4. निर्दिश्य nirdiśya 動詞　解說

4.1. 【詞尾變化】nirdiśya 是 nir-√diś 所變化而來，所以字典查 nir-√diś。

4.2. 資料前面已有說明。

5. आरोचितवान् ārocitavān 動詞　演說

5.1. 【詞尾變化】

5.1.1. ārocitavān 是 ārocitavat 的陽性單數主格形。

5.1.2. ārocitavat 是 ā-√ruc 變化過來（可能是從巴利文，請見【艾格混梵,p457】）。所以字典查 ā-√ruc。

5.2. 【摩威梵英,p150】（Subj. 3. pl. ārucayanta RV）to shine near or towards.

5.3. 【梵漢辭典,p1034】（動詞）演說，講述；告知，宣說；（經文）告，言，報，說，白。

6. सदेवकस्य sadevakasya 形容詞　天人們的；天眾的

6.1. 【詞尾變化】sadevakasya 是 sadevaka 的陽性單數屬格形，所以字典查 sadevaka。

6.2. 【摩威梵英,p1139】mfn. together with the gods MBh.

6.3. 【梵漢辭典,p1047】（形容詞）（經文）有天。

7. लोकस्य lokasya 名詞　世界的

7.1. 【詞尾變化】lokasya 是 loka 的陽性單數屬格形，所以字典查 loka。

7.2. 資料前面已有說明。

8. समारकस्य samārakasya 形容詞　魔眾的

8.1. 【詞尾變化】samārakasya 是 samāraka 的陽性單數屬格形，所以字典查 samāraka。

8.2. 【摩威梵英,p1161】mfn. including the world of Māra Buddh.

8.3. 【梵漢辭典,p1079】（形容詞）（經文）諸魔，具諸魔，魔，魔眾。

9. सब्रह्मकस्य sabrahmakasya 形容詞　淨梵天眾的

9.1. 【詞尾變化】sabrahmakasya 是 sabrahmaka 的陽性單數屬格形，所以字典查 sabrahmaka。

9.1.1. 【摩威梵英,p1151】mfn. together with（the priest called）Brahman; together with（the god）Brahmā MBh. ; together with the world of Brahmā Buddh.

9.2. 【梵漢辭典,p1044】（形容詞）（經文）有梵，諸淨梵，見淨梵。

10. सश्रमण saśramaṇa 形容詞　沙門眾，苦行僧眾

10.1. 【詞尾變化】saśramaṇa 是由 sa-śramaṇa 兩個字所形成。Sa 前面已有說明，所以字典查 śramaṇa。

10.2. 【摩威梵英,p1096】

10.2.1. mf（*ā* or *ī*）n. making effort or exertion , toiling , labouring ,（esp.）following a toilsome or menial business ; base , vile , bad ib. ; naked L.;

10.2.2. m. one who performs acts of mortification or austerity , an ascetic , monk , devotee , religious mendicant; a Buddhist monk or mendicant（also applied to Buddha himself; also applied to a Jain ascetic now commonly called Yati）MBh.; N. of a serpent-demon Buddh. ;

10.2.3（*ā* or *ī*）, a female mendicant or nun; a hard-working woman ;

10.2.4（*ā*）f. a handsome woman; = *śabarī-bhid* , *māṃsī* , *muṇḍirī* ;

10.2.5 n. toil , labour , exertion.

10.3. 【梵漢辭典,p1195】（陽性）（折磨肉體的），苦行者，遊行僧，尤其指佛教徒或是耆那教的修行者，偶爾也用來形容佛陀本身。（經文）功，修善，功勞，勤勞，勤策，息心，靜志，沙門。

11. ब्राह्मणिकायाः brāhmaṇikāyāḥ 形容詞　婆羅門眾

11.1. 【詞尾變化】

11.1.1. brāhmaṇikāyāḥ 是由 brāhman-nikāyāḥ 兩個字組成。

11.1.2. brāhman 沒有詞尾變化，資料前面已有說明。

11.1.3. nikāyāḥ 是 nikāya 的陽性複數主格形，所以字典查 nikāya。

11.2. 【摩威梵英,p544】（√1. ci）a heap , an assemblage , a group , class , association（esp. of persons who perform the same duties）MBh. ; congregation , school Buddh. ; collection（of Buddh. *Sūtras* , there are 5）; habitation , dwelling , hiding-place ; the body; the air , wind（Mahidh.）; aim , mark ; the Supreme Being.

11.3. 【梵漢辭典,p784】（陽性）會眾，組，群，類，會；眾多；集合，身體；住居，避難所；佛教經典部集；佛教部派；（經文）眾，聚，眾會，部，類，部類，種類，身，種類身。

12. प्रजायाः prajāyāḥ 動詞　自～而生的；有

12.1. 【詞尾變化】prajāyāḥ 是 pra-√jan 變化過來，所以字典查 pra-√jan。

12.2. 資料前面已有說明。

13. मानुषासुरायाः mānuṣāsurāyāḥ 形容詞　人類的

13.1. 【詞尾變化】

13.1.1. mānuṣāsurāyāḥ 是 mānuṣa-asurāyāḥ 所組成。

13.1.2. mānuṣa 沒有詞尾變化，字典查 mānuṣa。

13.1.3. asurāyāḥ 是 asura 的陽性複數主格形，資料前面已有說明。

13.2. 【摩威梵英,p810】

13.2.1. or *mānuṣa* mf（*ī*）n.（fr. *manus*）belonging to mankind , human RV.; favourable or propitious to men , humane RV. AV. ;

13.2.2. m.（ifc. f. *ā*）a man , human being（pl. the races of men , 5 in number）

RV. ; N. of the signs of the zodiac Gemini , Virgo , and Libra;

13.2.3.（*ī*）f. a woman MBh.;（scil. *cikitsā*）, human medicine "' , a branch of medñmedicine , the administering of drugs（opp. to *āsurī* and *daivīcik-*）.;

13.2.4. n. the condition or manner or action of men , humanity , manhood RV. ; N. of a place.

13.3. 【梵漢辭典,p710】

13.3.1.（形容詞）人的，人類的；親切的。

13.3.2.（陽性）人，男子。

13.3.3.（複數）人種。

13.3.4.（經文）人。

14. पुरस्तत् purastāt 副詞　在～面前，在前

14.1. 【詞尾變化】沒有詞尾變化。

14.2. 【摩威梵英,p634】ind. before , forward , in or from the front , in the first place , in the beginning RV.; in or from the east , eastward ib. ; in the preceding part（of a book）, above;（but also）further on i.e. below Sus3r. ;（as prep.）before（of place or time）, in front or in presence or before the eyes of（gen. abl. acc. or comp.）RV. ; in comparison with（gen.）.

14.3. 【梵漢辭典,p990】（副詞）在前方；在前，在先，在（某人）前面；在東方，自東方；（書籍中的）上述或下述；在最初，在第一；以前，往時；（經文）現前，在前，於前，向前，對面。

15. भिक्षवोऽस्याम् bhikṣavo 'syām 動詞+代名詞　獲得那個

15.1. 【詞尾變化】

15.1.1. bhikṣavo 'syām 根據連音規則是從 bhikṣavaḥ asyām 變化過來。

15.1.2. bhikṣavaḥ 是 bhikṣava 的陽性單數主格形，是從√bhaj 願望形變化過來，所以字典查√bhaj。

15.1.3. asyām 是 idam 的陰性單數於格形，資料前面已有說明。

15.2. 【摩威梵英,p743】cl. I. P.Ā. to divide , distribute , allot or apportion to（dat. or gen.）, share with（instr.）RV.;（Ā）to grant , bestow , furnish , supply ib. ; Ā.（rarely P.）to obtain as one's share , receive as（two acc.）, partake of, enjoy (also carnally), possess, have (acc., Ved. also gen.) ib.; (Ā., rarely P.) to turn or resort to, engage in, assume (as a form), put on (garments), experience, incur, undergo, feel, go or fall into (with acc., esp. of abstract noun e.g. *bhītim*, to feel terror; *nidrām*, to fall asleep; *maunam*, to become silent) MBh.; to pursue, practise, cultivate; to fall to the lot or share of (acc.) MBh.; to declare for, prefer, choose (e.g. as a servant) MBh.; to serve, honour, revere, love, adore MBh.: Caus. *bhājayate*, *-te* (aor. *abībhajuḥ*, *ababhājat*), to divide; to deal out, distribute; to cause any one (acc.) to partake of or enjoy (acc. or gen.) RV.; to put to flight, pursue, chase, drive into (acc.); to cook, dress (food): Desid. bibhakṣati, -te MBh.: Intens. bābhajyate, bābhakti.

15.3. 【梵漢辭典,p252】(動詞)分配，分享，分擔；分配給～；分派給～；與～分享；授與，贈與，賦予，獲得(自己)應得之份，將～納作，接受分配；享受，經驗，蒙受，體驗，獲得，陷入；(經文)親近，能事，承事，恭敬，生恭敬，崇習，修習。

16. रात्र्यां rātryāṁ 名詞　夜晚

16.1. 【詞尾變化】

16.1.1. rātryāṁ 根據連音規則是從 rātryām 變化過來。

16.1.2. rātryām 是 rātri 的陰性單數於格形，所以字典查 rātri。

16.2. 【摩威梵英,p876】

16.2.1. or (older) *rātrī* f. (prob. ` bestower', fr. √*rā*; or `season of rest', fr. √*ram*) night, the darkness or stillness of night (often personified) RV. (*rātrau* or *-tryām* ind. at night, by night; *rātrau śayanam*, a festival on the 11th day of the first half of the month *Āshāḍha*, regarded as the night of the gods, beginning with the summer solstice, when Vishṇu reposes for four months on the serpent *Śesha*); = *ati-rātra*; = *rātri-paryāya* ib.; = *rātri-sāman*; (only *rātri*) one of the 4 bodies of Brahmā; = *haridrā*, turmeric MBh.; (with the patr. *bhāradvājī*) N. of the authoress of RV.

16.3. 【梵漢辭典,p1024】(陰性)夜，晚；(經文)夜。

17. यामे yāme 名詞　更；指半夜

17.1. 【詞尾變化】yāme 是 yāma 的陽性單數於格形，所以字典查 yāma。

17.2. 【摩威梵英,p850】

17.2.1. m. motion , course , going , progress RV. AV.; a road , way , path ib. ; a carriage , chariot RV. ;

17.2.2. （ifc. f. *ā*）a night-watch , period or watch of 3 hours , the 8th part of a day MBh. ;

17.2.3. pl. N. of a partic. class of gods MBh.;

17.2.4. (*ī*) f. N. of a daughter of Daksha (wife of Dbarma or Manu ; sometimes written *yāmi*）; of an Apsaras.

17.2.5. m.（*yam*）cessation , end; restraint , forbearance（= *yama* , *saṃyama*）; （*yāmā*）mf（*ī*）n.（fr. *yama* , of which it is also the *Vṛiddhi* form in comp.）relating to or derived from or destined for *Yama* ;

17.2.6. n. N. of various *Sāmans*.

17.3. 【梵漢辭典,p1503】(陽性)去，進路，道路；守夜員，時間的交替(更)，三小時；(經文) 分，更。

18. तथागतोऽनुपधिशेषे tathāgato 'nupadhiśeṣe 形容詞　無餘的；沒有可剩下的

18.1. 【詞尾變化】

18.1.1. tathāgato 'nupadhiśeṣe 根據連音規則是從 tathāgataḥ　anupadhiśeṣe 兩個字結合而成。

18.1.2. tathāgataḥ 是 tathāgata 的陽性單數主格形。

18.1.3. anupadhiśeṣe 是 anupadhiśeṣa 的陽性單數於格形，所以字典查 anupadhiśeṣa。

18.2. 【摩威梵英,p34】mfn. in whom there is no longer a condition of individuality Buddh.

18.3. 【梵漢辭典,p113】(形容詞) 其人無最早的個體要素；(經文) 無餘，無餘依，無受餘。

19. परिनिर्वास्यतीति parinirvāsyatīti 未來主動分詞+副詞　如此這般的大涅槃

19.1. 【詞尾變化】

19.1.1. parinirvāsyatīti 是由 parinirvāsyati-iti 所組成。

19.1.2. iti 沒有詞尾變化。資料前面已有說明。

19.1.3. parinirvāsyati 是 pari-nir-√vā 的未來分詞陽性單數於格形，所以字

典查 pari-nir-√vā。

19.2. 【摩威梵英,p596】√2. P. -vāti , to be completely extinguished or emancipated（from individual existence）, attain absolute rest: Caus. -vāpayati , to emancipate completely by causing extinction of all re-births Vajracch.

19.3. 【梵漢辭典,p1364】（未來主動分詞）（個人）生命完全滅盡或解脫的，到達寂滅的；（經文）涅槃，滅渡，般涅槃，正般涅槃，入涅槃，入般涅槃，得般涅槃，證圓寂。

【筆者試譯】：而日月燈明如來，應供（阿羅漢），正等正覺，經過六十劫，解說了這部是廣大的菩薩們與一切佛陀們所守護，名爲法華經的科目。就在那一刻，他向天人們，世人們，魔界眾生，淨梵天眾，沙門眾，還有阿修羅眾與人類們，宣告在今天之前，半夜中將要獲得完全而滅盡，不再投生，屬於如來的無餘涅槃（大涅槃）。

【什公漢譯】：日月燈明佛，於六十小劫說是經已。即於梵魔沙門婆羅門及天人阿修羅眾中，而宣此言：如來於今日中夜當入無餘涅槃。

【英 譯 本】：As the Lord Kandrasûryapradîpa, the Tathâgata, &c., during sixty intermediate kalpas had been expounding the Dharmaparyâya called 'the Lotus of the True Law', a text of great development, serving to instruct Bodhisattvas and proper to all Buddhas, he instantly announced his complete Nirvâna to the world, including the gods, Mâras and Brahmas, to all creatures, including ascetics, Brahmans, gods, men and demons, saying: To-day, O monks, this very night, in the middle watch, will the Tathâgata, by entering the element of absolute Nirvâna, become wholly extinct.

【信譯研究】：信譯。不過鳩摩羅什是將梵本部分內容刪略不譯，但並未損及梵本意思。

【小結】

本段完全信譯。從譯文與筆者的現代漢譯與英譯文比較，可以了解，鳩摩羅什的翻譯對於中文凝鍊要求相當高，幾乎在譯文裡面找不到贅詞。

【第十八段】

अथ खल्वजित स भगवांश्चन्द्रसूर्यप्रदीपस्तथागतोऽर्हन् सम्यक्संबुद्धः श्रीगर्भं नाम बोधिसत्त्वं महासत्त्वमनुत्तरायां सम्यक्संबोधौ व्याकृत्य तां सर्वावतीं पर्षदमामन्त्रयते स्म-अयं भिक्षवः श्रीगर्भो बोधिसत्त्वो ममानन्तरमनुत्तरां सम्यक्संबोधिमभिसंभोत्स्यते। विमलनेत्रो नाम तथोगतोऽर्हन् सम्यक्संबुद्धो भविष्यति॥

【羅馬譯音】

atha khalvajita sa bhagavāṁścandrasūryapradīpastathāgato'rhan samyaksaṁbuddhaḥ śrīgarbhaṁ nāma bodhisattvaṁ mahāsattvamanuttarāyāṁ samyaksaṁbodhau vyākṛtya tāṁ sarvāvatīṁ parṣadamāmantrayate sma-ayaṁ bhikṣavaḥ śrīgarbho bodhisattvo mamānantaramanuttarāṁ samyaksaṁbodhimabhisaṁbhotsyate| vimalanetro nāma tathogato'rhan samyaksaṁbuddho bhaviṣyati||

【第一句】

atha khalv Ajita sa bhagavāṁś Candrasūryapradīpas tathāgato 'rhan samyak-saṁbuddhaḥ Śrīgarbhaṁ nāma bodhisattvaṁ mahāsattvam anuttarāyāṁ samyak-saṁbodhau vyākṛtya tāṁ sarvāvatīṁ parṣadam āmantrayate sma-ayaṁ bhikṣavaḥ Śrīgarbho bodhisattvo mamānantaram anuttarāṁ samyak-saṁbodhim abhisaṁbhotsyate|

【辭彙研究】

1. खल्व khalv 質詞　確實地

1.1 【詞尾變化】khalv 根據連音規則是從 khalu 變化過來，字典查 khalu。

1.2 資料前面已有說明。

2. श्रीगर्भं Śrīgarbhaṁ 名詞　德藏〔菩薩名〕

2.1 【詞尾變化】Śrīgarbhaṁ 根據連音規則是從 Śrīgarbham 變化過來，而 Śrīgarbham 是 Śrīgarbha 的陽性單數對格形，所以字典查 Śrīgarbha。

2.2 【摩威梵英,p1099】

2.2.1 mfn. having welfare for its inner nature（applied to the sword and punishment）MBh. ;

2.2.2 m. N. of *Viṣṇu*; of a Bodhi-sattva Buddh. ; of a merchant; of a contemporary of *Maṅkha*;（with *kavīndra*）of a poet ib. ;

2.2.3（*ā*）f. N. of a *Rādhā.* ;

2.2.4 *-ratna* n. a kind of gem.

2.3 【梵漢辭典,p1200】（陽性）〔Viṣṇu 神號〕;〔某商人之名〕;（經文）德藏，功德藏〔菩薩名〕。

3. व्याकृत्य vyākṛtya 動詞　對～作決定性的預言；授記

3.1 【詞尾變化】vyākṛtya 是 vi-ā-√kṛ 的未來被動分詞形，所以字典查 vi-ā-√kṛ。

3.2 資料前面已有說明。

4. सर्वावतीं sarvāvatīṁ 形容詞　包含一切；如一切；完全整個

4.1 【詞尾變化】sarvāvatīṁ 不純粹梵文，是 Prakrit 的 sarvāvant 異寫，所以字典查 sarvāvant。

4.2 【艾格混梵,p586】adj.（=Pali sabbāvant; not identical with sarvāvant, containing everything, Bṛh U 4.3.10; Kern, SBE 21 p.xvii, is wrong）, entire: SP 6.1（°vac ca, v.l. °vantaṃ, M Indic n. sg. Nt., buddhakṣetraṁ; prose）;72.7（°vantaṁ, n. sg. Nt., niveśanaṃ; prose）;315.1（°vantaṁ bodhisattvagaṇam）, etc.; LV 4.14（°vantaṁ Jetavanaṃ）; 36.10;67.2;291.9; read（yaṃ jñeyaṁ......）;314.14（°vatīṁ）......。

5. पर्शदम् parṣadam 形容詞　會眾

5.1 【詞尾變化】parṣadam 是 parṣada 的陽性單數對格形，所以字典查 parṣada。

5.2 資料前面已有說明。

6. आमन्त्रयते āmantrayate 動詞　召集

6.1 【詞尾變化】āmantrayate 是 ā-√mantr 的現在式第三人稱單數形，所以字典查 ā-√mantr。

6.2 【摩威梵英,p146】Ā *-mantrayate*（pf. *-mantrayām-āsa*）to address , speak to ; to summon; to call , ask , invite MBh. BhP.; to salute , welcome MBh. ; to bid farewell , take leave MBh. BhP.

6.3 【梵漢辭典,p710】（動詞）（歸入 mantraya）搭話，呼叫，召集，招呼；請（某人）；問候，向～告辭；（經文）告，告言，告～言，普告，語，語言，白，白言，讚曰，讚言，記，告白授記，議，命～言；喚，集。

7. भिक्षवः bhikṣavaḥ 動詞　獲得

7.1 【詞尾變化】bhikṣavaḥ 是√bhaj 的願望法陽性單數主格形，所以字典查√bhaj。

7.2 資料前面已有說明。

8. श्रीगर्भो Śrīgarbho 名詞　德藏〔菩薩名〕

8.1 【詞尾變化】Śrīgarbho 根據連音規則是從 Śrīgarbhaḥ 變化過來，而 Śrīgarbhaḥ 是 Śrīgarbha 的陽性單數主格形，所以字典查 Śrīgarbha。

8.2 資料前面已有說明。

9. ममानन्तरम् mamānantaram 代名詞+副詞　我後面

9.1 【詞尾變化】

9.1.1 mamānantaram 是 mama-anantaram 所組成。

9.1.2 mama 是 aham 的陽性單數屬格形，aham 資料前面已有說明。

9.1.3 anantaram 沒有詞尾變化，所以字典查 anantaram。

9.2 【摩威梵英,p25】

9.2.1 mf（ā）n. having no interior ; having no interstice or interval or pause ; uninterrupted , unbroken ; continuous ; immediately adjoining , contiguous ; next of kin; compact , close ; m. a neighbouring rival , a rival neighbour ;

9.2.2（*am*）n. contiguousness ; Brahma or the supreme soul（as being of one entire essence）,（*am*）ind. immediately after ; after ; afterwards.

9.3 【梵漢辭典,p86】（副詞）立即的，不久，其時，其後，在～之後不遠，於此近處；（經文）次第。

10. अभिसंभोत्स्यते abhisaṁbhotsyate 動詞　證得了佛果

10.1 【詞尾變化】abhisaṁbhotsyate 是 abhi-saṁ-√budh 的未來式第三人稱單數形，所以字典查 abhi-saṁ-√budh。

10.2 【摩威梵英,p73】mfn. deeply versed in MBh.；having attained the Bodhi Buddh.

10.3 【梵漢辭典,p302】（動詞）完全覺醒，充分掌握（知識）；充分被了解或認識；（經文）覺，覺了，當現等覺，現滿成佛，得大菩提，證菩提，證佛菩提；證，能證，證得，證覺，現證，速證，得，阿惟三佛法得。

【筆者試譯】：又阿逸多（彌勒菩薩）！日月燈明如來，應供（阿羅漢），正等正覺曾經授記這位名叫的德藏大菩薩得到無上正等正覺，並向所有會眾宣告：德藏大菩薩將會在我之後成佛。

【什公漢譯】：時有菩薩，名曰德藏。日月燈明佛，即授其記，告諸比丘：是德藏菩薩，次當作佛。

【英 譯 本】：Thereupon, Agita, the Lord Kandrasûryapradîpa, the Tathâgata, &c., predestinated the Bodhisattva called Srîgarbha to supreme, perfect enlightenment, and then spoke thus to the whole assembly: O monks, this Bodhisattva Srîgarbha here shall immediately after me attain supreme, perfect enlightenment,

【信譯研究】：信譯。

【第二句】

Vimalanetro nāma tathogato 'rhan samyak-saṁbuddho bhaviṣyati||

【辭彙研究】

1. विमलनेत्रो vimalanetro 名詞　淨眼；離垢目

1.1 【詞尾變化】Vimalanetro 根據連音規則是從 Vimalanetraḥ 變化過來，Vimalanetraḥ 則是 Vimalanetra 的陽性單數主格形，所以字典查 Vimalanetra。或是 Vimala--netra

1.2 【摩威梵英,p980,vimala】

1.2.1 mf（*ā*）n. stainless , spotless , clean , bright , pure（lit. and fig.）MBh.（*e* ind. at daybreak MBh.）; clear , transparent; white ;

1.2.2 m. a magical formula recited over weapons ; a partic. Samādhi Buddh. ; a partic. world ; a lunar year ; N. of an Asura Kathās. ; of a Deva-putra and *Bodhimaṇḍa-pratipāla*; of a *Bhikshu*; of a brother of *Yaṣas* Buddh. ;（with Jainas）N. of the 5th *Arhat* in the past *Utsarpiṇi* and of the 13th in the present *Avasarpiṇī* ; of a son of *Su-dyumna* BhP. ; of the father of *Padma-pāda*; of various authors（also with *saracvatī*）ib. ;

1.2.3（*ā*）f. a species of *Opuntia* ; a partic. *Śakti* ; N. of *Dākṣāyaṇī* in *Purushottama* ; of a *Yogini*; of a daughter of *Gandharvī* MBh. ;（with Buddhists）N. of one of the 10 *Bhūmis* or stages of perfection Dharmas.;

1.2.4 n. silver gilt; N. of a town ; of a Tantra ;

1.2.5 -*kirīṭa-hāra-vat* mfn. having a bright crest and pearl-necklace ;

1.2.6 -*kīrti* m. `of spotless fame'N. of a Buddhist scholar ;

1.2.7 -*nirdeśa* m. N. of a *Mahāyāna-su1tra* ;

1.2.8 -*garbha* m. a partic. *Samādhi* , Buddb. ; of a Bodhi-sattva and a prince ib. ;

1.2.9 -*candra* m. N. of a king Buddh. ;

1.2.10 -*tā* f. -*tva* n. stainlessness , cleanliness , brightness , clearness , purity MBh. ;

1.2.11 -*datta* m. a partic. *Samādhi* Buddh. ; N. of a prince ib. ;

1.2.12（*ā*）f. N. of a princess ib. ;

1.2.13 -*dāna* n. a gift or offering to a deity ;

1.2.14 -*nātha-purāṇa* n. N. of a Jaina wk. ;

1.2.15 -*nirbhāsa* m. a partic. *Samādhi* SaddhP. ;

1.2.16 <u>-*netra* m. N. of a Buddha ib. ; of a prince ib. ;</u>

1.2.17 -*piṇḍaka* m. N. of a serpent-demon MBh. ;

1.2.18 -*pura* n. N. of a city;

1.2.19 -*pradīpa* m. a partic. Samādhi Buddh.

1.2.20 -*prabha* m. a partic. Samādhi Buddh.（also *ā* f. Dharmas）; N. of a Buddha ib. ; of a Devaputra ib.（v.l. *a-vimala-p-*）;

1.2.21（*ā*）f. N. of a princess Ra1jat. ;

1.2.22 -*prabhāsa-śrī-tejo-rāja-garbha* m. N. of a Bodhi-sattva Buddh. ;

1.2.23 -*praśnottara-mālā* f. N. of wk. ;

1.2.24 -*buddhi* m. N. of a man;

1.2.25 -*bodha* m. N. of a Commentator;

1.2.26 -*brahma-varya* m. N. of an author ib. ;

1.2.27 -*bhadra* m. N. of a man Buddh. ;

1.2.28 -*bhāsa* m. a partic. *Samādhi* ib. ;

1.2.29 -*bhūdhara* m. N. of a Commentator Cat. ;

1.2.30 -*maṇi* m. crystal ;

1.2.31 -*ṇi-kara* m. N. of a Buddhist deity. ;

1.2.32 -*mati* mfn. pure-minded , pure in heart ;

1.2.33 -*mitra* m. N. of a scholar Buddh. ;

1.2.34 -*vāhana* m. N. of two princes ;

1.2.35 -*vega-śrī* m. N. of a prince of the Gandharvas Buddh. ;

1.2.36 -*vyūha* m. N. of a garden ib. ;

1.2.37 -*śrī-garbha* m. N. of a Bodhisattva ib. ;

1.2.38 -*svambhāva* m. N. of a mountain ib. ;

1.2.39 --*svabhāva* m. N. of a mountain ib. ;

1.2.40 -*lākara* m. N. of a prince ;

1.2.41 -*lāgra-netra* m. N. of a future Buddha SaddhP. ;

1.2.42 -*lātmaka* mfn. pureminded , clean , pure ;

1.2.43 -*lātman* , 1 mfn. id. R. ;

1.2.44 -*lāditya* m. a partic. form of the sun;

1.2.45 -*lādri* m. N. of the mountain Vimala or *Girnar* in *Gujarāt*（celebrated for its inscriptions ; it is also called *Śatruṁjaya*）;

1.2.46 -*lānana* mfn. bright-faced;

1.2.47 -*lānanda*（with *yogīndra*）m. N. of a teacher（-*da-natha* m. N. of an author ; -*da-bhāṣya* n. N. of wk.）;

1.2.48 -*lāpa* mfn. having pure water Laghuk. ;

1.2.49 -*lārthaka* mfn.（said to be）= *vimalātmaka* ;

1.2.50 -*lāśoka* m. or n.（?）N. of a place of pilgrimage MBh. ;

1.2.51 -*lāśvā* f. N. of a village; %

1.2.52 -*leśvaratīrtha* n. and -*leśvara-puṣkariṇī-saṃgama-tīrtha* n. N. of two *Tīrthas*;

1.2.53 -*lodakā* , or -*lodā* f. N. of a river MBh. ;

1.2.54 -*lorja* or -*logya*（?）n. N. of a Tantra.

1.3 【摩威梵英,p568,netra】

1.3.1 m. a leader , guide（mostly ifc. e.g. *tvaṃ-netra* , `having you for guide' MBh.）MBh. BhP. ; N. of a son of Dharma and father of *Kuntī* BhP. ; of a son of *Su-mati*;

1.3.2（*-tra*）n.（and m. Siddh.）leading , guiding , conducting AV. ;（itc f. *ā*）, the eye（as the guiding organ , also *-ka*; cf. *nayana*）; the numeral 2. ; the string by which a churning-stick is whirled round MBh. ; a pipe-tube ; an injection pipe; the root of a tree; a kind of cloth ; a veil R. Ragh. ; a carriage ; a river.

1.4 【梵漢辭典,p1433】（陽性）〔佛陀名〕;〔王名〕（經文）淨眼，離垢目。

2. भविश्यति bhaviṣyati 動詞　成爲

2.1 【詞尾變化】bhaviṣyati 是√bhū 的未來主動分詞陽性單數於格形，所以字典查√bhū。

2.2　資料前面已有說明。

【筆者試譯】: 將會成爲名叫 Vimlanetra（清淨的領導者）的如來，應供（阿羅漢），正等正覺。

【什公漢譯】: 號曰「淨身」多陀阿伽度、阿羅訶、三藐三佛陀。

【英 譯 本】: and become Vimalanetra, the Tathâgata, &c.

【信譯研究】: 信譯。這裡「Vimalanetra」鳩摩羅什翻譯爲「淨身」，而梵文意思「清淨的領導者」，兩者意思有點落差。値得注意的是：鳩摩羅什這裡翻譯的「多陀阿伽度阿羅訶三藐三佛陀」是音譯。有強調這位菩薩成就的佛果和現在授記給他的那位日月燈明如來的成就是相同的意味。

【小結】

這段也都是信譯。

【第十九段】

अथ खल्वजित स भगवांश्चन्द्रसूर्यप्रदीपस्तथागतोऽर्हन् सम्यक्संबुद्धस्तस्यामेव रात्र्यां मध्यमे यामेऽनुपधिशेषे निर्वाणधातौ परिनिर्वृतः। तं च सद्धर्मपुण्डरीकं

धर्मपर्यायं स वरप्रभो बोधिसत्त्वो महासत्त्वो धारितवान्। अशीतिं चान्तरकल्पांस्तस्य भगवतः परिनिर्वृतस्य शासनं स वरप्रभो बोधिसत्त्वो महासत्त्वो धारितवान् संप्रकाशितवान्। तत्र अजित ये तस्य भगवतोऽष्टौ पुत्रा अभूवन्, मतिप्रमुखाः, ते तस्यैव वरप्रभस्य बोधिसत्त्वस्यान्तेवासिनोऽभूवन्। ते तेनैव परिपाचिता अभूवन्ननुत्तरायां सम्यक्संबोधौ। तैश्च ततः पश्चाद्बहूनि बुद्धकोटीनयुतशतसहस्राणि दृष्टानि सत्कृतानि च। सर्वे च तेऽनुत्तरां सम्यक्संबोधिमभिसंबुद्धाः। पश्चिमकश्च तेषां दीपंकरोऽभूत्तथागतोऽर्हन् सम्यक्संबुद्धः॥

【羅馬譯音】

atha khalvajita sa bhagavāṁścandrasūryapradīpastathāgato'rhan samyaksaṁbuddhastasyāmeva rātryāṁ madhyame yāme'nupadhiśeṣe nirvāṇadhātau parinirvṛtaḥ| taṁ ca saddharmapuṇḍarīkaṁ dharmaparyāyaṁ sa varaprabho bodhisattvo mahāsattvo dhāritavān| aśītiṁ cāntarakalpāṁstasya bhagavataḥ parinirvṛtasya śāsanaṁ sa varaprabho bodhisattvo mahāsattvo dhāritavān saṁprakāśitavān| tatra ajita ye tasya bhagavato'ṣṭau putrā abhūvan, matipramukhāḥ, te tasyaiva varaprabhasya bodhisattvasyāntevāsino'bhūvan| te tenaiva paripācitā abhūvannanuttarāyāṁ samyaksaṁbodhau| taiśca tataḥ paścādbahūni buddhakoṭīnayutaśatasahasrāṇi dṛṣṭāni satkṛtāni ca| sarve ca te'nuttarāṁ samyaksaṁbodhimabhisaṁbuddhāḥ| paścimakaśca teṣāṁ dīpaṁkaro'bhūttathāgato'rhan samyaksaṁbuddhaḥ||

【第一句】

atha khalv Ajita sa bhagavāṁś Candrasūryapradīpas tathāgato 'rhan samyak-saṁbuddhas tasyām eva rātryāṁ madhyame yāme 'nupadhiśeṣe nirvāṇa-dhātau parinirvṛtaḥ|

【筆者試譯】：又阿逸多，世尊日月燈明如來，應供（阿羅漢），正等正覺就在半夜進入了無餘涅槃。

【什公漢譯】：佛授記已，便於中夜入無餘涅槃。

【英 譯 本】：Thereafter, Agita, that very night, at that very watch, the Lord Kandrasûryapradîpa, the Tathâgata, &c., became extinct by entering the element of absolute Nirvâna.

【信譯研究】：信譯。

【第二句】

tam̐ ca Saddharmapuṇḍarīkam̐ dharma-paryāyam̐ sa Varaprabho bodhisattvo mahāsattvo dhāritavān|

【辭彙研究】

1. धारितवान् dhāritavān 動詞　保持

1.1 【詞尾變化】dhāritavān 是 dhāritavat 的陽性單數主格形，dhāritavat 是從 √dhṛ 的過去被動分詞形，所以字典查√dhṛ。

1.2 資料前面已有說明。

【筆者試譯】：而妙光大菩薩保持著名爲「妙法蓮華經」的佛法科目。

【什公漢譯】：佛滅度後，妙光菩薩，持「妙法蓮華經」。

【英 譯 本】：And the afore-mentioned Dharmaparyâya, termed 'the Lotus of the True Law', was kept in memory by the Bodhisattva Mahâsattva Varaprabha;

【信譯研究】：信譯。

【第三句】

aśītim̐ cāntara-kalpām̐s tasya bhagavataḥ parinirvṛtasya śāsanam̐ sa Varaprabho bodhisattvo mahāsattvo dhāritavān sam̐prakāśitavān|

【辭彙研究】

1. अशीतिं aśītim̐ 形容詞　八十

1.1. 【詞尾變化】根據連音規則，aśītim̐ 是從 aśītim 變化過來，而 aśītim 是

aśīti 的陽性單數對格形，所以字典查 aśīti。

1.2. 資料前面已有說明。

2. चान्तर cāntara 形容詞　時間的

2.1. 【詞尾變化】cāntara 根據連音規則是由 ca antara 所組成，字典查 antara。

2.2. 資料前面已有說明。

3. शासनं śāsanaṁ 名詞　教導

3.1. 【詞尾變化】根據連音規則，śāsanaṁ 是從 śāsanam 變化過來，而 śāsanam 是 śāsana 的陽性單數對格形，所以字典查 śāsana。

3.2. 資料前面已有說明。

4. संप्रकाशितवान् saṁprakāśitavān 動詞　演說；開示

4.1. 【詞尾變化】

4.1.1. saṁprakāśitavān 是由 saṁ-pra-kāśitavat 的陽性單數主格形。

4.1.2. saṁ-pra-kāśitavat 是 saṁ-pra-√kāś 的過去主動分詞，所以字典查 saṁ-pra-√kāś。

4.2. 資料前面已有說明。

【筆者試譯】：佛涅槃後的八十劫時間，妙光大菩薩持續不斷地講。

【什公漢譯】：滿八十小劫爲人演說。

【英 譯 本】：during eighty intermediate kalpas did the Bodhisattva Varaprabha keep and reveal the commandment of the Lord who had entered Nirvâna.

【信譯研究】：信譯。

【第四句】

tatra Ajita ye tasya bhagavato 'ṣṭau putrā abhūvan, mati-pramukhāḥ, te tasyaiva Varaprabhasya bodhisattvasyānte-vāsino 'bhūvan|

【辭彙研究】

1. भगवतोऽष्टौ bhagavato 'ṣṭau 名詞+形容詞　世尊八個

1.1 【詞尾變化】

1.1.1 bhagavato 'ṣṭau 根據連音規則是從 bhagavataḥ aṣṭau 變過來。

1.1.2 bhagavataḥ 是 bhagavat 的陽性單數主格形。

1.1.3 aṣṭau 是 aṣṭa 的陽性雙數主格形。

1.1.4 字典查 bhagavat 與 aṣṭa。

1.2　資料前面已有說明。

2. मतिप्रमुखाः mati-pramukhāḥ 形容詞　虔誠地在～之前

2.1 【詞尾變化】

2.1.1 Mati 沒有詞尾變化。

2.1.2 pramukhāḥ 是 pramukha 的陽性複數主格形，所字典查 pramukha。

2.2　資料前面已有說明。

3. तस्यैव tasyaiva 代名詞+形容詞　那一個

3.1 【詞尾變化】tasyaiva 根據連音規則是 tasya eva 所組合而成。

3.2　資料前面已有說明。

4. वरप्रभस्य varaprabhasya 形容詞　妙光菩薩的

4.1 【詞尾變化】varaprabhasya 是 varaprabha 的陽性單數屬格形，所以字典查 varaprabha。

4.2　資料前面已有說明。

5. बोधिसत्त्वस्यान्ते bodhisattvasyānte 形容詞　於菩薩的邊際

5.1 【詞尾變化】

5.1.1 bodhisattvasyānte 根據連音規則是 bodhisattvasya-ante 所組成。

5.1.2 bodhisattvasya 是 bodhisattva 的陽性單數屬格形。

5.1.3 ante 是 anta 的陽性單數於格形。

5.2　資料前面已有說明。

6. वासिनोऽभूवन् vāsino 'bhūvan 形容詞+動詞　成爲常駐的

6.1 【詞尾變化】

6.1.1 vāsino 'bhūvan 根據連音規則是 vāsinaḥ abhūvan 組合而成。

6.1.2 vāsinaḥ 是 vāsin 的陽性複數主格形，所以字典查 vāsin。

6.1.3 abhūvan 是√bhū 變化過來的，所以字典查√bhū。

6.2　資料前面已有說明。

【筆者試譯】: 阿逸多！在那裡世尊的八個兒子一心一意地追隨著妙光菩薩。

【什公漢譯】: 日月燈明佛八子，皆師妙光。

【英 譯 本】：Now it so happened, Agita, that the eight sons of the Lord Kandrasûryapradîpa, Mati and the rest, were pupils to that very Bodhisattva Varaprabha.

【信譯研究】：信譯。

【第五句】

te tenaiva paripācitā abhūvann anuttarāyāṁ samyak-saṁbodhau|

【辭彙研究】

1. परिपाचिता paripācitā 形容詞　被煮的；成熟的
   1.1 【詞尾變化】
      1.1.1 paripācitā 根據連音規則是從 paripācitāḥ 變化過來的，
      1.1.2 而 paripācitāḥ 是 paripācita 的陽性主格複數形，字典查 paripācita。
   1.2 【摩威梵英,p596】mfn. cooked , roasted.
   1.3 【梵漢辭典,p860】（過去被動分詞）（使役）（形容詞）被煮的，被燒烤的；（經文）應化，教化，開化，化度，度；所成熟，成就。

【筆者試譯】：一起被教導下成就無上正等正覺。

【什公漢譯】：妙光教化，令其堅固阿耨多羅三藐三菩提。

【英 譯 本】：They were by him made ripe for supreme, perfect enlightenment,

【信譯研究】：信譯。

【第六句】

taiś ca tataḥ paścād bahūni Buddha-koṭī-nayuta-śata-sahasrāṇi dṛṣṭāni satkṛtāni ca|

【辭彙研究】

1. पश्चाद् paścād 副詞　然後
   1.1 【詞尾變化】paścād 根據連音規則是從 paścāt 變化過來，所以字典查 Paścāt。
   1.2 【摩威梵英,p612】ind.（abl. of *paśca*）from behind , behind , in the rear ,

backwards RV.; from or in the west , westwards AV.; afterwards , hereafter , later , at last（pleonast. after *tatas* or an ind. p. ; with *tap* , to feel pain after , regret , repent）Mn. MBh. ;（as a prep. with abl. or gen.）after , behind ib. ; to the west.

1.3 【梵漢辭典,p875】

1.3.1（副詞）在背後，在後方，在後面，向後方；從西方，在西方，向西方；後日，今後，其後。

1.3.2（介係詞）在後面，向西方。

1.3.3（經文）後，後時，於後時，於後，然後，已，隨。

2. बहूनि bahūni 形容詞　許多

2.1 【詞尾變化】bahūni 是 bahu 的中性複數對格形，所以字典查 bahu。

2.2　資料前面已有說明。

3. दृष्टानि dṛṣṭāni 過去被動分詞　看見

3.1 【詞尾變化】dṛṣṭāni 是 dṛṣṭa 的中性複數對格形，所以字典查 dṛṣṭa。

3.2　資料前面已有說明。

4. सत्कृतानि satkṛtāni 過去被動分詞　所供養的

4.1 【詞尾變化】satkṛtāni 是 satkṛta 的中性複數對格形，所以字典查 satkṛta。

4.2　資料前面已有說明。

【筆者試譯】：隨後見過了與供養過許多的（百千萬億）尊的佛陀。

【什公漢譯】：是諸王子，供養無量百千萬億佛已。

【英 譯 本】：and in after times they saw and worshipped many hundred thousand myriads of kotis of Buddhas,

【信譯研究】：信譯。

【第七句】

sarve ca te 'nuttarāṁ samyak-saṁbodhim abhisaṁbuddhāḥ|

【筆者試譯】：後來全部都證到了佛果。

【什公漢譯】：皆成佛道。

【英 譯 本】：all of whom had attained supreme, perfect enlightenment,

【信譯研究】：信譯。

【第八句】

paścimakaś ca teṣāṁ Dīpaṁkaro 'bhūt tathāgato 'rhan samyak-saṁbuddhaḥ||

【辭彙研究】

1. पश्चिमकश् paścimakaś 形容詞 最後的

1.1 【詞尾變化】paścimakaś 根據連音規則是從 paścimakaḥ 變化過來，而 paścimakaḥ 是 paścimaka 陽性單數主格形，所以字典查 paścimaka。

1.2 資料前面已有說明。

2. दीपंकरोऽभूत् Dīpaṁkaro 'bhūt 名詞+動詞 是燃燈佛

2.1 【詞尾變化】Dīpaṁkaro 'bhūt 根據連音規則是從 Dīpaṁkaraḥ abhūt 結合而成，後者資料前面已有說明，Dīpaṁkaraḥ 是 Dīpaṁkara 的陽性單數主格形，而所以字典查 Dīpaṁkara。

2.2 【摩威梵英,p481】

2.2.1 m. `light-causer' N. of a mythical Buddha;

2.2.2 *-jñāna* m. having the knowledge of a Buddha N. of a man Buddh.

2.3 【梵漢辭典,p390】（陽性）（經文）〔佛名〕然燈，燃燈，燈作，錠光，定光，然燈（佛）。

【筆者試譯】：最後的那一位如來，應供（阿羅漢），正等正覺，就是燃燈佛。

【什公漢譯】：其最後成佛者，名曰燃燈。

【英 譯 本】：the last of them being Dîpaṅkara, the Tathâgata, &c.

【信譯研究】：信譯。

【小結】

這段全部都是信譯。

【第二十段】

तेषां च अष्टानामन्तेवासिशतानामेको बोधिसत्त्वोऽधिमात्रं लाभगुरुकोऽभूत् सत्कारगुरुको ज्ञातगुरुको यशस्कामः। तस्योद्दिष्टोद्दिष्टानि पदव्यञ्जनान्यन्तर्धीयन्ते न संतिष्ठन्ते स्म। तस्य यशस्काम इत्येव संज्ञाभूत्। तेनापि तेन कुशलमूलेन बहूनि बुद्धकोटीनयुतशतसहस्राण्यारागितान्यभूवन्। आरागयित्वा च सत्कृतानि गुरुकृतानि मानितानि पूजितान्यर्चितान्यपचायितानि। स्यात्खलु पुनस्ते अजित काङ्क्षा वा विमतिर्वा विचिकित्सा वा-अन्यः स तेन कालेन तेन समयेन वरप्रभो नाम बोधिसत्त्वो महासत्त्वोऽभूद्धर्मभाणकः। न खलु पुनरेवं द्रष्टव्यम्। तत्कस्य हेतोः ? अहं स तेन कालेन तेन समयेन वरप्रभो नाम बोधिसत्त्वो महासत्त्वोऽभूद्धर्मभाणकः। यश्चासौ यशस्कामो नाम बोधिसत्त्वोऽभूत् कौसीद्यप्राप्तः, त्वमेव अजित स तेन कालेन तेन समयेन यशस्कामो नाम बोधिसत्त्वोऽभूत् कौसीद्यप्राप्तः। इति हि अजित अहमनेन पर्यायेणेदं भगवतः पूर्वनिमित्तं दृष्ट्वा एवंरूपां रश्मिमुत्सृष्टामेवं परिमीमांसे, यथा भगवानपि तं सद्धर्मपुण्डरीकं धर्मपर्यायं सूत्रान्तं महावैपुल्यं बोधिसत्त्वाववादं सर्वबुद्धपरिग्रहं भाषितुकामः॥

【羅馬譯音】

teṣāṁ ca aṣṭānāmantevāsiśatānāmeko bodhisattvo'dhimātraṁ lābhaguruko'bhūt satkāraguruko jñātaguruko yaśaskāmaḥ| tasyoddiṣṭoddiṣṭāni padavyañjanānyantardhīyante na saṁtiṣṭhante sma| tasya yaśaskāma ityeva saṁjñābhūt| tenāpi tena kuśalamūlena bahūni buddhakoṭīnayutaśatasahasrāṇyārāgitānyabhūvan| ārāgayitvā ca satkṛtāni gurukṛtāni mānitāni pūjitānyarcitānyapacāyitāni| syātkhalu punaste ajita kāṅkṣā vā vimatirvā vicikitsā vā-anyaḥ sa tena kālena tena samayena varaprabho nāma bodhisattvo mahāsattvo'bhūddharmabhāṇakaḥ| na khalu punarevaṁ draṣṭavyam| tatkasya hetoḥ ? ahaṁ sa tena kālena tena samayena varaprabho nāma bodhisattvo mahāsattvo'bhūddharmabhāṇakaḥ| yaścāsau yaśaskāmo nāma bodhisattvo'bhūt kausīdyaprāptaḥ, tvameva ajita sa tena kālena tena samayena yaśaskāmo nāma bodhisattvo'bhūt kausīdyaprāptaḥ| iti hi ajita ahamanena paryāyeṇedaṁ bhagavataḥ pūrvanimittaṁ dṛṣṭvā evaṁrūpāṁ raśmimutsṛṣṭāmevaṁ parimīmāṁse, yathā bhagavānapi taṁ saddharmapuṇḍarīkaṁ dharmaparyāyaṁ sūtrāntaṁ mahāvaipulyaṁ bodhisattvāvavādaṁ sarvabuddhaparigrahaṁ bhāṣitukāmaḥ||

【第一句】

teṣāṁ ca aṣṭānām antevāsi-śatānām eko bodhisattvo 'dhimātraṁ lābha-guruko 'bhūt satkāra-guruko jñāta-guruko yaśas-kāmaḥ|

【辭彙研究】

1. तेषां teṣāṁ 代名詞　這些的

1.1 【詞尾變化】根據連音規則 teṣāṁ 是從 teṣām 變化過來的，而 teṣām 是 tad 的中性複數屬格形，所以字典查 tad。

1.2 資料前面已有說明。

2. अष्टानाम् aṣṭānām 形容詞　八

2.1 【詞尾變化】aṣṭānām 是 aṣṭa 的陽性複數屬格形，所以字典查 aṣṭa。

2.2 資料前面已有說明。

3. अन्तेवासि antevāsi 形容詞　弟子

3.1 【詞尾變化】antevāsi 是 antevāsin 的中性單數主格形，字典查 antevāsin。

3.2 【摩威梵英,p43】

3.2.1 mfn. dwelling near the boundaries , dwelling close by;

3.2.2（*ī*）m. a pupil who dwells near or in the house of his teacher; = *ante-'vasāyin*;

3.2.3（i）ind. in statu pupillari ,（g. *dvidaṇḍy-ādi* q.v.）

3.3 【梵漢辭典,p107】（形容詞）住在邊界，毗鄰而居的。（陽性）住在附近，弟子（住在師家附近或住其家）（經文）弟子，近住弟子；徒，侍者。

4. शतानाम् śatānām 形容詞　百

4.1 【詞尾變化】śatānām 是 śata 的陽性複數屬格形，所以字典查 śata。

4.2 資料前面已有說明。

5. एको eko 形容詞　一

5.1 【詞尾變化】eko 根據連音規則是從 ekaḥ 變化過來的，ekaḥ 則是 eka 的陽性單數主格形，所以字典查 eka。

5.2 資料前面已有說明。

6. बोधिसत्त्वोऽधिमात्रं bodhisattvo 'dhimātraṁ 形容詞 超過

6.1 【詞尾變化】

6.1.1 bodhisattvo 'dhimātraṁ 根據連音規則是從 bodhisattvaḥ adhimātram 變化過來。

6.1.2 bodhisattvaḥ 是 bodhisattva 的陽性單數主格形，資料前面已有說明。

6.1.3 adhimātram 是 adhimātra 的陽性單數對格形，字典查 adhimātra。

6.2 【摩威梵英,p21】

6.2.1 mfn. above measure , excessive ;

6.2.2（*am*）ind. on the subject of prosody.

6.3 【梵漢辭典,p32】（形容詞）多餘的；（經文）過量；上，最上，勝，極，大極；多；利；增上，上品，最上品，大甚上，慇懃；上。

7. लाभ lābha 形容詞 所得，利得

7.1 【詞尾變化】沒有詞尾變化。

7.2 【摩威梵英,p897】m. meeting with , finding; obtaining , getting , attaining , acquisition , gain , profit MBh. ; capture , conquest; apprehension , perception , knowledge BhP. ; enjoying MW. ; N. of the 11th astrological house or lunar mansion.

7.3 【梵漢辭典,p647】（陽性）發現，會合；～的獲得，取得，所得，立德，利益；所得之物，所得，捕獲；理解，知識；（經文）得，獲，獲德，利，善利，財利，財物，物，利養，養，利益。

8. गुरुकोऽभूत् guruko 'bhūt 形容詞 貪求

8.1 【詞尾變化】

8.1.1 guruko 'bhūt 根據連音規則是從 gurukaḥ abhūt 變化過來的；

8.1.2 gurukaḥ 是 guruka 的陽性單數主格形，所以字典查 guruka。

8.1.3 abhūt 是√bhū 變化過來，資料前面已有說明。

8.2 【摩威梵英,p360】mfn. a little heavy MBh ;（said of limbs slightly affected with sickness）;（in prosody）long.

8.3 【梵漢辭典,p478】（形容詞）稍重的；尊重～；（經文）重，深重，尊重，

愛重，恭敬愛重，好，貴；愛，樂，愛樂；師尊，貪。

9. सत्कार satkāra 形容詞　禮遇

9.1 【詞尾變化】沒有詞尾變化。

9.2 【摩威梵英,p1134】

9.2.1 m.（sg. or pl.）kind treatment , honour , favour , reverence（with *paścima* = *-karaṇa*; *rāja-sat-k-* , `the favour of a king'）MBh.; hospitable treatment , hospitality ib. ; feasting（or = `a meal'）, festival , religious observance MW. ; care , attention , consideration of or regard for a thing Yogas. ; w.r. for *saṃskāra* ;

9.2.2 *-rārha* mfn. worthy of hospitable treatment.

9.3 【梵漢辭典,p1154】（陽性）（單／複）親切對待，禮遇；（國王的）恩惠，好意；（經文）敬，恭敬；養，供養；愛事，尊重，名譽，名聞，讚嘆。

10. ज्ञात jñāta 形容詞　知識的

10.1 【詞尾變化】jñāta 是√jñā 的過去被動分詞形，所以字典查√jñā。

10.2 資料前面已有說明。

11. यशस् yaśas 形容詞　好名聲

11.2 【摩威梵英,p848】

11.2.1 n. beautiful appearance , beauty , splendour , worth RV. AV.; honour , glory , fame , renown AV.（also personified as a son of Kāma and Rati ; or of Dharma and Kīrti）; an object of honour , a person of respectability; favour , graciousness , partiality RV. ; N. of various *Sāmans* ; = *udaka* , water , or *anna* , food , or *dhana* , wealth Naigh. ;

11.2.2（*yaśas*）mfn. beautiful , splendid , worthy , excellent RV. AV. ; honoured , respected , venerated ib. ; pleasant , agreeable , estimable ib.

11.3 【梵漢辭典,p1506】（中性）美麗，威嚴，壯麗，華麗；生育，稱讚，名聲，榮譽，著名；尊敬的對象；（經文）名，名稱，名聞，名譽，好名，大名稱，稱，美稱，美稱名，稱讚，譽，美譽。

12. कामः kāmaḥ 形容詞　對～的願望

12.1 【詞尾變化】kāmaḥ 是 kāma 的陽性單數主格形，所以字典查 kāma。

12.2 資料前面已有說明。

【筆者試譯】：這八百弟子當中，一個菩薩是非常的貪求金錢，貪求禮遇，貪求知識，以搏取好名聲爲願望。

【什公漢譯】：八百弟子中有一人，號曰求名，貪著利養。

【英 譯 本】：Amongst those eight pupils there was one Bodhisattva who attached an extreme value to gain, honour and praise, and was fond of glory,

【信譯研究】：信譯。不過，這裡要注意，羅什的翻譯可能令人誤會有個菩薩名叫做「求名」。事實上「求名」不是他的名字，只是他的個性而已，梵本並沒有指出他的姓名來。

【第二句】

tasyoddiṣṭoddiṣṭāni pada-vyañjanāny antardhīyante na saṁtiṣṭhante sma|

【辭彙研究】

1. तस्योद्दिष्टोद्दिष्टानि tasyoddiṣṭoddiṣṭāni 代名詞+形容詞 他反覆誦的
   1.1 【詞尾變化】
      1.1.1 tasyoddiṣṭoddiṣṭāni 根據連音規則是從 tasya-uddiṣṭa-uddiṣṭāni 所變化過來。
      1.1.2 tasya 是 tad 中性屬格單數形，資料前面已有說明。
      1.1.3 uddiṣṭāni 是 uddiṣṭa 的中性複數主格形，所以字典查 uddiṣṭa。
   1.2 【摩威梵英,p188】
      1.2.1 mfn. mentioned , particularized ; described ; promised ;
      1.2.2 （*am*） n. a kind of time（in music）.
   1.3 【梵漢辭典,p1320】（過去被動分詞）（經文）說，所說，誦，名；所受。
2. पद pada 名詞 四句偈的一句
   2.1 【詞尾變化】沒有詞尾變化。
   2.2 【摩威梵英,p583】n.（rarely m.）a step , pace , stride ; a footstep , trace , vestige , mark , the foot itself. RV.; a sign , token , characteristic MBh.; a footing , standpoint ; position rank station , site , abode , home RV.; a

business affair , matter , object or cause of（gen. or comp.）; a pretext ; a part , portion , division; a square on a chess-board; a plot of ground; the foot as a measure of length（= 12 or 15 fingers ' breadth , or 1/2 or 1/3 or 3/7 of a *Prakrama*）; a ray of light（m.）; a portion of a verse , quarter or line of a stanza RV.; a word or an inflected word or the stem of a noun in the middle cases and before some Taddhitas ; = *pada-pāṭha*; common N. of the P. and Ā; any one in a set of numbers the sum of which is required ; a period in an arithmetical progression; a square root; a quadrant ib. ; protection.

2.3 【梵漢辭典,p823】（陽性）（中性）一步；大步走；步調；足跡；記號，目標；立足點，場所，住所，住家；立場，位置，部署；品味，地位；對象；原因，誘因；足；四半偈（韻律的單位）；語；（經文）步，道，跡；足跡，妙跡，蹄跡，腳，處，句，文句，章句，言。

3. व्यञ्जनान्य् vyañjanāny 名詞　文字；符號

3.1 【詞尾變化】

3.1.1 根據連音規則，vyañjanāny 是從 vyañjanāni 變化過來。

3.1.2 Vyañjanāni 是 Vyañjana 中性複數主格形，所以字典查 Vyañjana。

3.2 【摩威梵英,p1029】

3.2.1 mfn. manifesting , indicating（v.l. *vyañcana*）;

3.2.2 m.（once for n. ; cf. below）a consonant; Pandanus Odoratissimus; = *vāditra-karman*;

3.2.3（ā）f.（in rhet.）implied indication , allusion , suggestion; a figurative expression（*-nā-vṛtti* f. figurative style）;

3.2.4 n. decoration , ornament RV.; manifestation , indication; allusion , suggestion（=*ā* f.）; figurative expression , irony , sarcasm; specification ; a mark , badge , spot , sign , token ; insignia , paraphernalia ; symptom（of a disease）; mark of sex or gender（as the beard , breasts）, the private organs（male or female）MBh. ; anything used in cooking or preparing food , seasoning , sauce , condiment MBh. ; a consonant; a syllable; the letter; a limb , member , part ; a day ; purification of a sacrificial animal（also m. and *ā* f.）L. ; a fan（w.r. for *vyajana*）;

3.2.5 -*kāra* m. the preparer of a sauce or condiment MBh. ;

3.2.6 -*guṇa*（?）m. N. of wk. on condiments in cookery ;

3.2.7 -*saṃgama* m. a collection or group of consonants MW. ;

3.2.8 -*saṃdhi* m.（in gram.）the junction of consonants ib. , ;

3.2.9 -*saṃnipāta* m. a falling together or conjunction of consonants ib. ;

3.2.10 -*sthāne* ind. in the place of sauce or seasoning ib. ;

3.2.11 -*hārīkā* f. N. of a female demon supposed to remove the hair of a woman's pudenda;

3.2.12 -*nodaya* mfn. followed by a consonant;

3.2.13 -*nopadha* mfn. preceded by a consonant ib.

3.3 【梵漢辭典,p1486】（中性）飾；顯示，只是，間接或象徵性的表現，暗示；符號，記號，徽章；國王的標誌；思春期的症侯（鬍子，乳房等）；醬汁，調味料；子音；（經文）嚴飾，文飾，令明，形，好，栾，形相，相好，身分，根，陽物，隱處，味，名句味，助味，語，文，字，文字，言詞，文辭，文詞。

4. आन्तर्धीयन्ते antardhīyante 動詞　不見了

4.1 【詞尾變化】antardhīyante 是 antar-√dhā 的現在式第三人稱複數形，所以字典查 antar-√dhā。

4.2 【摩威梵英,p44】

4.2.1 Ā. -dhatte , to place within , deposit ; to receive within ; to hide , conceal , obscure ; to hide one's self: Pass. -dhīyate to be received within , to be absorbed ; to be rendered invisible ; to disappear , vanish ; to cease: Caus. -dhāpayati ; to render invisible , to cause to disappear.

4.2.2 f. concealment , covering.

4.3 【梵漢辭典,p363】（他／自）（動詞）至於～之內，至於～之間；分開；搬移，覆蓋，隱藏，使消失，使不見；收於自身中，包含；（經文）入；（還）入，沒，隱，隱沒，息滅，滅沒，隱藏，銷滅，滅，捨。

5. सणतुष्टन्ते saṁtiṣṭhante 動詞　留下

5.1 【詞尾變化】saṁtiṣṭhante 是 saṁ-√sthā 的現在式第三人稱複數形，所以字典查 saṁ-√sthā。

5.2 【摩威梵英,p1121】Ā. -*tiṣṭhate* , to stand together , hold together RV. ; to come or stay near(loc.)ib. ; to meet(as enemies), come into conflict RV. ; to stand still , remain , stay , abide MBh. ; to be accomplished or completed (esp. applied to rites) MBh. BhP. ; to prosper , succeed , get on well MBh. ; to come to an end , perish , be lost , die MBh. BhP. ; to become , be turned into or assume the form of (acc.) Lalit.: Caus -*sthāpayati* (subj. aor. *tiṣṭipaḥ*) , to cause to stand up or firm , raise on their legs again (fallen horses) MBh. ; to raise up , restore (dethroned kings) ib. ; to confirm , encourage , comfort ; to fix or place upon or in (loc.) MBh.; to put or add to (*uparī*) ; to build (a town) ; to heap , store up (goods) ; to found , establish , fix , settle , introduce , set a foot MBh.; to cause to stand still , stop , restrain , suppress (breath , semen) ; to accomplish , conclude , complete (esp. a rite) MBh. ; to put to death , kill MBh. ; to perform the last office for i.e. to burn , cremate (a dead body) ; to put to subjection , subject: Desid. of Caus. -*sthāpayiṣati* , to wish to finish or conclude.

5.3 【梵漢辭典,p1208】(動詞)(他／自)齊來相聚；留在或來到～的附近；競爭；使境指，留下或停留；安住於～，遵從或保護；結束，死亡；結束（儀式）;(經文)住；生，起，居。

【筆者試譯】:過去他反覆誦持(經文裡的)的章句，詩文，都留不住(心中)。

【什公漢譯】:雖復讀誦眾經而不通利，多所忘失。

【英 譯 本】: but all the words and letters one taught him faded (form his memory) , did not stick.

【信譯研究】:信譯。

【第三句】

tasya Yaśaskāma ity eva saṁjñā 'bhūt|

【辭彙研究】

1. संज्ञाऽभूत् saṁjñā 'bhūt 形容詞+動詞　變得有智慧

1.1 【詞尾變化】

1.1.1 saṁjñā 'bhūt 根據連音規則是從 saṁjñā abhūt 變過來的。

1.1.2 abhūt 是從√bhū 變化過來，資料前面已有說明。

1.1.3 saṁjñā 沒有詞尾變化，字典查 saṁjñā。

1.2 【摩威梵英,p1133】f.（ifc. f. *ā*）agreement , mutual understanding , harmony ; consciousness , clear knowledge or understanding or notion or conception; a sign , token , signal , gesture（with the hand , eyes; *saṁjñām-kṛ* or *dā* , `to give a signal '）MBh.; direction（in *a-kṛtas-* , `one who has received no dñdirection'）MBh. ; a track , footstep BhP. ; a name , appellation , title , technical term（ifc. = `called , named'）MBh. ;（in gram.）the name of anything thought of as standing by itself , any noun having a special meaning（*saṁjñāyām* therefore denotes `〔used〕 in some peculiar sense rather than in its strictly etymological meaning' e.g. as a proper name）; a technical expression in grammar ;（with Buddhists）perception（one of the 5 Skandhas q.v.）Dharmas.; N. of the *Gāyatrī*（q.v.）; of a partic. high number Buddh. ; N. of a daughter of Tvashṭṛi or *Viśva-karman*（the wife of the Sun and mother of Manu , Yama and Yamī）.

1.3 【摩威梵英,p1095】（陰性）一致，理解，意識，知事，清晰的概念；～的姿勢，信號，命名，名字，術語；（經文）號，名號，名，名，名想，想，想陰，邪想，憶想，相，少相；思，心，意，智見，悟，蘇；選擇塵差。

【筆者試譯】：這個名叫「求名」的，就變得有知識。

【什公漢譯】：故號「求名」，是人亦以種諸善根因緣故。

【英 譯 本】：So he got the appellation of Yasakâma. He had propitiated many hundred thousand myriads of kotis of Buddhas by that root of goodness,

【信譯研究】：信譯。從原文來看，就是因為求取好名聲，所以也變得有知識。但鳩摩羅什有意要說明他的動機不是正確，雖然行為正確，所以「種下善根」，即使求得智慧，終究這並不是佛法眞正的智慧。這個地方鳩摩羅什的翻譯確實很高明。

【第四句】

tenāpi tena kuśala-mūlena bahūni
Buddha-koṭī-nayuta-śata-sahasrāṇy ārāgitāny abhūvan|

【辭彙研究】

1. मूलेन mūlena 名詞 基礎
   1.1 【詞尾變化】mūlena 是 mūla 的陽性單數工具格形，所以字典查 mūla。
   1.2 資料前面已有說明
2. आरागितान्य् ārāgitāny 過去被動分詞 讓～喜悅高興
   2.1 【詞尾變化】這個字是 BHS，不是純粹梵文。ārāgitāny 根據連音規則是從 ārāgitāni 變化過來，而 ārāgitāni 是 ārāgita 的中性複數主格形，所以字典查 ārāgita。
   2.2 【艾格混梵,p103】propiliates, gratifies, pleases; object（or subject of passive forms）almost always Buddha（s）.
   2.3 【梵漢辭典,p148】（過去被動分詞）可喜的；（經文）見，奉覲；值，得值，值見，值遇，常遇，供養，承事，親近，承事供養，親近供養，令歡喜，得值。

【筆者試譯】：這樣他也從（莫）好的基礎，親近供養過百千萬億無量尊的佛陀。

【什公漢譯】：得值無量，百千萬億諸佛。

【英 譯 本】：併入上句翻譯。

【信譯研究】：信譯。不過用「值」來翻譯這個 ārāgita，想必花了一番心思。鳩摩羅什爲了突顯這個菩薩雖然能夠做到供養許多佛陀，也有好的福德因緣。但畢竟因爲動機不對，這是他想要強調的部份，所以 ārāgita 的本意就是讓某人高興，所以是可以翻譯成「供養」，「承事」，但是這裡鳩摩羅什故意譯成比較沒有那個意思的「值」，「遇到」說明他是因爲運氣較好，並非他的動機是正確的。

【第五句】

ārāgayitvā ca sat-kṛtāni guru-kṛtāni mānitāni pūjitāny arcitāny apacāyitāni|

【辭彙研究】

1. आरागित्वा ārāgayitvā 動詞　讓～喜悅高興

1.1 【詞尾變化】ārāgayitvā 也是 BHS，是過去分詞形，字典查 ārāgayitvā。

1.2 資料前面已有說明。

2. कृतानि kṛtāni 過去被動分詞　所做的

2.1 【詞尾變化】kṛtāni 是 kṛta 的中性複數主格形，所以字典查 kṛta。

2.2 資料前面已有說明。

3. गुरु guru 形容詞　尊敬的

3.1 【詞尾變化】沒有詞尾變化。

3.2 【摩威梵英,p359】

3.2.1 mf（vī）n. heavy , weighty RV. AV.; heavy in the stomach（food）, difficult to digest MBh.; great , large , extended , long ;（in prosody）long by nature or position（a vowel）（a vowel long both by nature and by position is called *garīyas*）; high in degree , vehement , violent , excessive , difficult , hard RV. MBh.; grievous ; important , serious , momentous MBh.; valuable , highly prized（*guru* = *garīyas*）; haughty , proud（speech）; venerable , respectable ;

3.2.2 m. any venerable or respectable person（father , mother , or any relative older than one's self）; a spiritual parent or preceptor（from whom a youth receives the initiatory Mantra or prayer , who instructs him in the *Śāstras* and conducts the necessary ceremonies up to that of investiture which is performed by the *Ācārya*）; the chief of（gen. or in comp.）;（with *Śāktas*）author of a Mantra ; ` preceptor of the gods ' ;（hence）the planet Jupiter; ` *Pāṇḍu*-teacher' ; Prabhā-kara（celebrated teacher of the *Mīmāṃsā* , usually mentioned with *Kumārila*）;（= *dharma*）` venerable' , the 9th astrological mansion ; Mucuna pruritus ; N. of a son of *Saṁkṛti* BhP. du. parents MBh. ;

3.2.3 m. pl. parents and other venerable persons; a honorific appellation of a preceptor（whose N. is also put in the pl.）, Jain;

3.2.4（*vī*）f. `venerable woman' , a mother; `great（with child）' , pregnant , a pregnant woman ; the wife of a teacher ;

3.3 【梵漢辭典,p477】

3.3.1（形容詞）重的，比～重；胃部沉重的，不易消化的，大的，廣大的，激烈的，嚴峻的，嚴酷的困難的，令人厭煩的，嚴重的（日子）；重大的，重要的，貴重的，令人尊敬的；（韻律上的）長（音節）；（經文）尊，重，尊重，所尊重，沉重，敬，敬重，珍敬。

3.3.2（陽性）值得尊敬之人，大受尊敬之人，父，母，年長的親屬，師；（經文）尊，尊者，所尊，尊長，尊重，師，長，師長，本師，法師，德，師長夙有德之人。

4. मानितानि mānitāni 過去被動分詞　瞻禮尊敬

4.1 【詞尾變化】mānitāni 是 mānita 的中性複數主格形，所以字典查 mānita。

4.2　資料前面已有說明。

5. पूजितान्य् pūjitāny 過去被動分詞　恭敬供養

5.1 【詞尾變化】根據連音規則 pūjitāny 是從 pūjitāni 變化過來的，而 pūjitāni 是 pūjita 的中性複數主格形，所以

6. अर्चितान्य् arcitāny 過去被動分詞　讚歎恭敬

6.1 【詞尾變化】根據連音規則 arcitāny 是從 arcitāni 變化過來的，而 arcitāni 是 arcita 的中性複數主格形，所以字典查 arcita。

6.2　資料前面已有說明。

7. अपचायितानि apacāyitāni 過去被動分詞　令人尊敬的

7.1 【詞尾變化】apacāyitāni 是 apacāyita 的中性複數主格形，所以字典查 apacāyita。

7.2　資料前面已有說明。

【筆者試譯】：禮遇供養，讚嘆，並當作師長那樣來恭敬，瞻禮，讚頌與奉獻。

【什公漢譯】：供養、恭敬、尊重、讚歎。

【英 譯 本】：and afterwards esteemed, honoured, respected, revered, vereated, worshipped them.

【信譯研究】：信譯。

【第六句】

syāt khalu punas te Ajita kāṅkṣā vā vimatir vā vicikitsā vā-anyaḥ sa tena kālena tena samayena Varaprabho nāma bodhisattvo mahāsattvo 'bhūd dharma-bhāṇakaḥ|

【辭彙研究】

1. स्यात् syāt 動詞　希望有

1.1 【詞尾變化】syāt 是√as 的願望法，所以字典查√as。

1.2 資料前面已有說明。

2. पुनस् punas 形容詞　純淨的，清淨的

2.1 【詞尾變化】punas 根據連音規則是從 punaḥ 變化過來，punaḥ 是 puna 的陽性單數主格形，所以字典查 puna。

2.2 【摩威梵英,p633】mfn.（1. √*pū*）purifying , cleansing（only ifc. cf. *kim-p-* , *kulam-p-*.）

2.3 【梵漢辭典】無此詞彙。

3. विमतिर् vimatir 形容詞　愚鈍的

3.1 【詞尾變化】vimatir 根據連音規則是從 vimatiḥ 變化過來，而 vimatiḥ 是 vimati 的陰性單數主格形，所以字典查 vimati。

3.2 資料前面已有說明。

4. विचिकिसा vicikitsā 形容詞　狐疑

4.1 【詞尾變化】沒有詞尾變化。

4.2 【摩威梵英,p959】

4.2.1 f. doubt , uncertainty , question , inquiry. BhP. ; error , mistake W. ;

4.2.2 *-sārthīya* mfn. expressing doubt or uncertainty.

4.3 【梵漢辭典,p1414】（陰性）關於～的疑惑，不確實；（經文）疑，滯，狐疑，疑惑，疑悔，猶豫，狐疑惑。

5. अन्यः anyaḥ 形容詞　其他的

5.1 【詞尾變化】anyaḥ 是 anya 的陽性單數主格形，所以字典查 anya。

5.2 資料前面已有說明。

6. कालेन kālena 名詞　成佛的機會；未來佛

6.1 【詞尾變化】kālena 是 kāla 的陽性單數工具格形，所以字典查 kāla。
6.2 資料前面已有說明。

【筆者試譯】：阿逸多！希望求得清淨，（因爲自己）既愚鈍也狐疑，更有成佛的機會，那時妙光大菩薩當了法師。

【什公漢譯】：缺譯。

【英 譯 本】：Perhaps, Agita, thou feelest some doubt, perplexity or misgiving that in those days, at that time, there was another Bodhisattva Mahâsattva Varaprbha, preacher of the law.

【信譯研究】：非信譯。因爲缺譯。

【第七句】

na khalu punar evaṁ draṣṭavyam|

【辭彙研究】

1. दरष्टव्यम् draṣṭavyam 動詞 看；觀察
   1.1 【詞尾變化】draṣṭavyam 是√dṛś 的未來被動分詞的陽性單數對格形，所以字典查√dṛś。
   1.2 資料前面已有說明。

【筆者試譯】：但別這樣看（想）！

【什公漢譯】：缺譯。

【英 譯 版】：But do not think so.

【信譯研究】：非信譯。因爲沒有譯出。這句話是照字面翻譯。是說話者文殊菩薩提醒彌勒菩薩的轉折語，意在告訴彌勒菩薩這並不是陳年往事，而是攸關著因果報應的道理。這兩句第六與第七句都是鳩摩羅什所未譯出。然而不論是在土田勝彌的版本（土田勝彌等編《改訂梵文法華經》，日本東京山喜房 1994 年出版，頁 20），本論文所用的版本，還有最重要的是尼泊爾國立公文書館所藏的八世紀寫本（户田宏文編《ネパ-ル国立公文書館所蔵梵文法華経写本（No.4-21）ロ-マ字版》，日本東京創價學會 2001 年出版，頁 24）裡面等三種版本都有第六與第七句這兩句經文。

【第八句】

tat kasya hetoḥ ? ahaṁ sa tena kālena tena samayena Varaprabho nāma bodhisattvo mahāsattvo 'bhūd dharma-bhāṇakaḥ|

【辭彙研究】

1. हेतोः hetoḥ 名詞　因緣
   1.1 【詞尾變化】hetoḥ 是 hetu 的陽性單數從格形，所以字典查 hetu。
   1.2 資料前面已有說明。

【筆者試譯】：那是什麼因緣？我就是當時那個做了法師的妙光大菩薩。

【什公漢譯】：彌勒當知，爾時妙光菩薩，豈異人乎？我身是也。

【英 譯 本】：Why? because it is myself who in those days, at that time, was the Bodhisattva Mahâsattva Varaprabha, preacher of the law;

【信譯研究】：信譯。

【第九句】

yaś cāsau Yaśaskāmo nāma bodhisattvo 'bhūt kausīdya-prāptaḥ, tvam eva Ajita sa tena kālena tena samayena Yaśaskāmo nāma bodhisattvo 'bhūt kausīdya-prāptaḥ|

【辭彙研究】

1. यश्चासौ yaś cāsau 形容詞　那麼最近的
   1.1 【詞尾變化】yaś cāsau 根據連音規則爲 yaḥ ca āsau 三個字所組成，而 yaḥ ca 部分前面均有資料說明。āsa 爲 asau 的陽性雙數主格形，所以字典查 āsa。
   1.2 【摩威梵英,p159】m. seat RV. ; the lower part of the body behind , posteriors.
   1.3 【梵漢辭典,p163】（陽性）座，接近。
2. यशस्कामो Yaśaskāmo 名詞　求名（某人名號）
   2.1 【詞尾變化】Yaśaskāmo 根據連音規則是從 Yaśaskāmaḥ 變化過來，而 Yaśaskāmaḥ 是 Yaśaskāma 的陽性單數主格形，所以字典查 Yaśaskāma。

2.2 資料前面已有說明。

3. कौसीद्य Kausīdya 形容詞 懶惰的

3.1 【詞尾變化】沒有詞尾變化。

3.2 【摩威梵英,p318】n. sloth , indolence（printed ed. *kauṣ-*）; the practice of usury.

3.3 【梵漢辭典,p584】（中性）怠惰，弛緩；（經文）怠，懈怠，懶惰，懈倦，懈怠懶惰，退屈。

4. प्राप्तः prāptaḥ 過去被動分詞 所得；證得

4.1 【詞尾變化】prāptaḥ 是 prāpta 的陽性單數主格形，所以字典查 prāpta。

4.2 資料前面已有說明。

【筆者試譯】：那麼那位怠惰的「求名菩薩」現在呢？就是你，阿逸多！你就是當時那個怠惰的「求名菩薩」。

【什公漢譯】：求名菩薩，汝身是也。

【英 譯 本】：and that Bodhisattva named Yasaskâma, the lazy one, it is thyself, Agita, who in those days at that time, wert the Bodhisattva named Yasaskâma, the lazy one.

【信譯研究】：信譯。鳩摩羅什這裡的翻譯，也有「爲菩薩隱諱」作用，淡化了文殊菩薩的責備語氣。

【第十句】

iti hi Ajita aham anena paryāyeṇedaṁ bhagavataḥ pūrva-nimittaṁ dṛṣṭvā evaṁ-rūpāṁ raśmim utsṛṣṭām evaṁ parimīmāṁse, yathā bhagavān api taṁ Saddharmapuṇḍarīkaṁ dharma-paryāyaṁ sūtrāntaṁ mahā-vaipulyaṁ bodhisattvāvavādaṁ sarva-buddha-parigrahaṁ bhāṣitu-kāmaḥ||

【辭彙研究】

1. पर्यायेणेदं paryāyeṇedaṁ 名詞+代名詞 從這個因緣

1.1 【詞尾變化】

1.1.1 paryāyeṇedaṁ 根據連音規則是從 paryāyeṇedam 變化過來的。

1.1.2 paryāyeṇedam 根據連音規則是 paryāyeṇa-idam 兩個字結合而成。字典查 paryāyeṇa-idam。

1.2 資料前面已有說明。

2. उत्सृष्टताम् utsṛṣṭām 動詞 放出

2.1 【詞尾變化】utsṛṣṭām 是 ut-sṛṣṭa 的陰性單數對格形。而 utsṛṣṭa 是 ut-√sṛj 的過去被動分詞形，所以字典查 ut-√sṛj。

2.2 資料前面已有說明。

3. परिमीमांसे parimīmāṁse 形容詞 完全深度的觀察與思惟

3.1 【詞尾變化】parimīmāṁse 是 parimīmāṁsā 的陰性雙數主格形，而 parimīmāṁsā 是 pari--mīmāṁsā 所組合，pari 前面已有資料說明，所以字典查 mīmāṁsā。

3.2 【摩威梵英,p818】f. profound thought or reflection or Consideration , investigation , examination , discussion; theory ; `examination of the Vedic text'N. of one of the 3 great divisions of orthodox *Hindū* philosophy（divided into 2 systems , viz. the Pūrva-mīmāṇsā or Karma-mīmāṇsā by Jamini , concerning itself chiefly with the correct incalled the Mimāṇsā ; and the Uttara-mimāṇsā or Brahma-mimāṇsā or Śārīraka-mimāṇsā by Bādarāyaṇa , commonly styled the Vedānta and dealing chiefly with the nature of Brahmā or the one universal Spirit）.

3.3 【梵漢辭典,p729】（陰性）深度反省，深思熟慮，調查，研究，探討；見解；經典的考究，（經文）思惟，思量，思惟諮問，諮問，觀，觀察。

4. भाषितु bhāṣitu 過去被動分詞 所說

4.1 【詞尾變化】bhāṣitu 疑爲 bhāṣito 的異寫（Prākrit 的寫法），bhāṣito 是由 bhāṣitaḥ 變化過來，而 bhāṣitaḥ 是 bhāṣita 的陽性單數主格形，所以字典查 bhāṣita。

4.2 資料前面已有說明。

5. कामः kāmaḥ 名詞 願望

5.1 【詞尾變化】kāmaḥ 是 kāma 的陽性單數主格形，所以字典查 kāma。

5.2 資料前面已有說明。

【筆者試譯】：因此，阿逸多，我因此就從眼前見到這個放光的景象，做了深度的考察與思惟，今天世尊為眾多的菩薩們將要講授這部妙法蓮華經，這個佛法科目是為一切佛陀世尊們所守護的。

【什公漢譯】：今見此瑞與本無異，是故惟忖，今日如來當說大乘經，名妙法蓮華教菩薩法，佛所護念。

【英 譯 本】：And so, Agita, having once seen a similar foretoken of the Lord, I infer from a similar ray being emitted just now, that the Lord is about to expound the Dharmaparyâya called 'the Lotus of the True Law'.

【信譯研究】：信譯。

【小結】

鳩摩羅什所譯者，除了那兩句沒有譯出的部份以外，大多都是信譯。惟我們注意到，鳩摩羅什在翻譯的小地方都很仔細，特別是第八句開始，如果照字面翻譯，必然變成文殊菩薩與彌勒菩薩在算舊帳，菩薩有似凡人那樣譏諷的口吻。鳩摩羅什很巧妙地將這段對話翻譯成文殊在對彌勒說因緣法。由此可見，鳩摩羅什的譯筆，「雅」譯的講究也是相當高的。

【第廿一段】

अथ खलु मञ्जुश्रीः कुमारभूत एतमेवार्थं भूयस्या मात्रया प्रदर्शयमानस्तस्यां वेलायामिमा गाथा अभाषत-

【羅馬譯音】

atha khalu mañjuśrīḥ kumārabhūta etamevārthaṁ bhūyasyā mātrayā pradarśayamānastasyāṁ velāyāmimā gāthā abhāṣata-

【第一句】

atha khalu Mañjuśrīḥ kumāra-bhūta etam evārthaṁ bhūyasyā mātrayā pradarśayamānas tasyāṁ velāyām imā gāthā abhāṣata-

【辭彙研究】

1. एवार्थं evārthaṁ 副詞+名詞 如此地因緣

1.1. 【詞尾變化】

1.1.1. evārthaṁ 根據連音規則是從 eva arthaṁ 兩個字結合而成。

1.1.2. eva 沒有詞尾變化。

1.1.3. arthaṁ 根據連音規則是從 artham 變化過來，而 artham 是 artha 的陽性單數對格形。

1.2. 資料前面已有說明。

2. भूयस्या bhūyasyā 形容詞 更多的

2.1. 【詞尾變化】

2.1.1. bhūyasyā 根據連音規則是從 bhūyasyaḥ 變化過來。

2.1.2. bhūyasyaḥ 是 bhūyas-yaḥ 結合而成。

2.1.3. yaḥ 是 ya 的陽性單數主格形，資料前面已有說明。字典查 bhūyas。

2.2. 【摩威梵英,p763】

2.2.1. mfn. becoming（n. the act of becoming ; see *brahma-bh-*）; ` becoming in a greater degree 'i.e. more , more numerous or abundant , greater , larger , mightier（also ` much or many , very numerous or abundant'）RV. ; abounding in , abundantly furnished with（instr. or comp.）.;

2.2.2.（*as*）ind.（g. *svar-ādi*）more , most , very much , exceedingly RV. ; still more , moreover , besides , further on ; once more , again , anew MBh. ;

2.2.3.（*asā*）ind. exceedingly , in a high degree ; mostly , generally , as a rule.

2.3. 【梵漢辭典,p286】（比較級）在～之上，或彼～更多或更豐富的；比～更重要的，比～更重要的或更偉大的；多數的，多的；很多的，甚大的，劇烈的；擁有豐富或很多的；（經文）更，增，多，增多，多分，上，益加，倍。

3. मात्रया Mātrayā 名詞 時間

3.1. 【詞尾變化】Mātrayā 是 Mātrā 的陰性單數於格形，所以字典查 Mātrā。

3.2. 【摩威梵英,p804】

3.2.1. f. measure（of any kind）, quantity , size , duration , number , degree RV.; unit of measure , foot; unit of time , moment.; metrical unit , a mora or prosodial instant i.e. the length of time required to pronounce a short vowel（a long vowel contains 2 *Mātrās* , and a prolated vowel 3）; musical unit of time（3 in number）;（only once ifc.）the full measure of anything（= *mātra*）; right or correct measure , order RV.; a minute portion , particle , atom , trifle（*ayā* , ind. in small portions , in slight measure , moderately ;

3.2.2. *āyām* ind. a little; an element（5 in number）BhP. ; matter , the material world MBh. BhP. ; materials , property , goods , household , furniture , money , wealth , substance , livelihood（alsopl.）MBh.; a mirror ; an ear-ring , jewel , ornament; the upper or horizontal limb of the *Nāgarī* characters.

3.3. 【梵漢辭典,p720】（陰性）尺度，測量，寬度，分量；時間，受命；尺度的單位，瞬間，韻律的單位；音樂上的時間單位，正確的量，順序，小部份，微粒子，些少，少量，重要性，價値，重大性，要素，物質，物質世界，財產，貨幣；家具；耳環，裝飾品；（經文）量，分量，極限，暫，心量。

4. प्रदर्शयमानस् pradarśayamānas 動詞　注目

4.1. 【詞尾變化】

4.1.1. pradarśayamānas 根據連音規則是從 pradarśayamānaḥ 變化過來，而 pradarśayamānaḥ 是 pradarśayamāna 的陽性單數主格形。

4.1.2. pradarśayamāna 是 pra-√dṛś 的使役動詞現在中間分詞形，所以字典查 pra-√dṛś。

4.2. 【摩威梵英,p680】Pass. *-dṛśyate*, to become visible , be seen , appear RV.: Caus. *-darśayati* , to make visible , show , indicate , explain , teach , describe MBh. : Desid. *-didṛkṣate* , to wish to see.

4.3. 【梵漢辭典,p401】（動詞）預見 注目；（經文）見，觀見，觀察，現。

5. वेलायाम् velāyām 形容詞　機會；時間

5.1. 【詞尾變化】velāyām 是 velā 陰性單數於格形，所以字典查 velā。

5.2. 資料前面已有說明。

6. अभाषत abhāṣata 動詞　說

6.1. 【詞尾變化】abhāṣata 是√bhāṣ 的不完全過去式第三人稱單數形，所以字典查√bhāṣ。

6.2. 資料前面已有說明。

【筆者試譯】：而文殊師利法王子在此刻，看（向）著這些大眾，以詩歌方式說出這個因緣：

【什公漢譯】：爾時文殊師利，於大眾中，欲重宣此義，而說偈言：

【英 譯 本】：And on that occasion, in order to treat the subject more copiously, Mañgusrî, the prince royal, uttered the following stanzas:

【信譯研究】：信譯。

【第五十七頌】

अतीतमध्वानमनुस्मरामि
अचिन्तिये अपरिमितस्मि कल्पे।
यदा जिनो आसि प्रजान उत्तम-
श्चन्द्रस्य सूर्यस्य प्रदीप नाम॥५७॥

【羅馬譯音】

atītamadhvānamanusmarāmi
acintiye aparimitasmi kalpe|
yadā jino āsi prajāna uttama-
ścandrasya sūryasya pradīpa nāma||57||

【句義解析】

Atītam adhvānam anusmarāmi
acintiye aparimitasmi kalpe|
yadā jino āsi prajāna uttamaś
Candrasya sūryasya pradīpa nāma||57||

【辭彙研究】

1. अतीतम् Atītam 形容詞／過去被動分詞　過去的
   1.1 【詞尾變化】Atītam 是 Atīta 的陽性單數對格形，所以字典查 Atīta。
   1.2 資料前面已有說明。
2. अध्वानम् adhvānam 名詞　時候

2.1 【詞尾變化】

2.1.1 adhvānam 是 adhvāna 的陽性單數對格形，所以字典查 adhvāna。

2.1.2 adhvāna 即 adhvan。

2.2 資料前面已有說明。

3. अनुस्मरामि anusmarāmi 動詞 回憶

3.1 【詞尾變化】anusmarāmi 就是 anu-√smṛ 的現在式第一人稱單數形，字典查 anu-√smṛ。

3.2 前面已有資料說明。

4. अचिन्तिये acintiye 形容詞／未來被動分詞 不可思議；無法想像

4.1 【詞尾變化】acintiye 是 acintiya 的陽性單數於格形，所以字典查 acintiya。

4.2 資料前面已有說明。

5. अपरिमितस्मि aparimitasmi 形容詞+動詞 有不可數

5.1 【詞尾變化】

5.1.1 aparimitasmi 是 aparimit-asmi 兩個字的結合。

5.1.2 aparimit 即 aparimita。

5.1.3 asmi 爲√as 的現在式第一人稱單數形。

5.2 資料前面已有說明。

6. कल्पे kalpe 名詞 在～劫

6.1 【詞尾變化】kalpe 是 kalpa 的陽性單數於格形，所以字典查 kalpa。

6.2 資料前面已以說明。

7. यदा yadā 連接詞 在～之時

7.1 【詞尾變化】沒有詞尾變化。

7.2 【摩威梵英,p844】

7.2.1 ind.（fr. 3. *ya*）when , at what time , whenever（generally followed by the correlatives *tadā* , *tatas* , *tarhi* , in Veda also by *āt* , *ād īt*, *ātha* , *ādha* and *tād*）RV.（*yadā yadā* , followed by *tadā* or *tadā tadā* , `as often as - so often ' , ` whenever' ; *yadā- tadā* id. , with repeated verbs e.g. ;

7.3 【梵漢辭典,p1497】（連接詞）在或做～之時（與 tadā 連用，但有時被省略）；（經文）爾時，是時，若，若時；何時。

8. जनो jino 名詞 聖者；勝者

8.1 【詞尾變化】jino 根據連音規則是從 jinaḥ 變化過來，而 jinaḥ 是 jina 的陽性單數主格形，所以字典查 jina。

8.2 資料前面已有說明。

9. आसि āsi 動詞　綁在一起，結合在一起

9.1 【詞尾變化】āsi 這裡就是 ā-√si 所構成，所以字典查 ā-√si。

9.2 【摩威梵英,p160】P.（pf. *ā-siṣāya* RV.）to wrap or pack up.

9.3 【梵漢辭典,p1167】（動詞）縛，綁。

10. उत्तमश् uttamaś 形容詞　最好的

10.1 【詞尾變化】uttamaś 根據連音規則就是從 uttamaḥ 變化過來，而 uttamaḥ 是 uttama 的陽性單數主格形，所以字典查 uttama。

10.2 【摩威梵英,p177】

10.2.1 mfn.（superlative fr. 1. *ud* ; opposed to *avama* , *adhama* ; cf. *an-uttama*）, uppermost , highest , chief ; most elevated , principal ; best , excellent RV. AV.（often ifc. , e.g. *dvijottama* , best of the twice-born i.e. a Brāhman）; first , greatest ; the highest（tone）; the most removed or last in place or order or time RV. MBh. ;

10.2.2（*am*）ind. most , in the highest degree; at last , lastly ;

10.2.3 m. the last person（= in European grammars the first person）; N. of a brother of Dhruva（son of *Uttāna-pāda* and nephew of Priya-vrata）; of a son of Priya-vrata and third Manu ; of the twenty-first Vya1sa;

10.2.4（*ās*）m. pl.N. of people MBh. ;

10.2.5（*ā*）f. a kind of *Piḍakā* or pustule ; the plant Oxystelma Esculentum（Asclepias Rosea Roxb.）; an excellent woman（one who is handsome , healthy , and affectionate）.

10.3 【梵漢辭典,p1359】（形容詞）（最高級）最高的，至上的，最優秀或出眾的，最好的，在～中第一的；比～傑出的。比～更高，更好的，最後的；（經文）上，無上，上者，最上，勝，最勝，至，尊，第一，賢妙。

11. चन्दरस्य Candrasya 名詞　月亮

11.1 【詞尾變化】Candrasya 是 Candra 的陽性單數屬格形，所以字典查 Candra。

11.2 資料前面已有說明。

12. सूर्यस्य sūryasya 名詞 太陽

12.1 【詞尾變化】sūryasya 是 sūrya 的陽性單數屬格形，所以字典查 sūrya。

12.2 資料前面已有說明。

13. प्रदीप pradīpa 名詞 燈火

13.1 【詞尾變化】沒有詞尾變化。

13.2 資料前面已有說明。

【筆者試譯】：我回憶過去的時候，
在不可思議，不可數的劫（前），
當時（有）位勝（聖）者，最有智慧的，
名叫日月燈明（如來）。

【什公漢譯】：我念過去世，無量無數劫，有佛人中尊，號日月燈明。

【英 譯 本】：I remember a past period, inconceivable,
illimited kalpas ago, when the highest of beings,
the Gina of the name of Kandrasûryapradîpa, was
in existence.

【信譯研究】：信譯。

【第五十八頌】

सद्धर्म देशेति प्रजान नायको
विनेति सत्त्वान अनन्तकोट्यः।
समादपेती बहुबोधिसत्त्वा-
नचिन्तियानुत्तमि बुद्धज्ञाने॥५८॥

【羅馬譯音】

saddharma deśeti prajāna nāyako
vineti sattvāna anantakoṭyaḥ|
samādapetī bahubodhisattvā-
nacintiyānuttami buddhajñāne||58||

【句義解析】

saddharma deśeti prajāna nāyako
vineti sattvāna ananta-koṭyaḥ|
samādapetī bahu-bodhisattvān
acintiyān uttami Buddha-jñāne||58||

【辭彙研究】

1. देशेति deśeti 動詞 宣說

1.1 【詞尾變化】deśeti 從√ diś 變化過來，所以字典查√ diś。

1.2 資料前面已有說明。

2. नायको nāyako 名詞 導師

2.1 【詞尾變化】nāyako 根據連音規則是從 nāyakaḥ 變化過來，而 nāyakaḥ 是 nāyaka 的陽性單數主格形，所以字典查 nāyaka。

2.2 資料前面已有說明。

3. विनेति vineti 動詞 教化

3.1 【詞尾變化】vineti 根據學者研究）是 vi-√ nī 變化過來，字典查 vi-√ nī。

3.2 【摩威梵英,p565】

3.2.1（for 1. see p. 543 , col. 3） cl. 1. P. Ā. *nayati -te* ; to lead ,towards or to; to lead or keep away , exclude from（abl.）；（Ā）to carry off for one's self （as a victor , owner）AV. MBh. ;（Ā. , rarely P.）to lead home i.e. marry MBh.; to bring into any state or condition ; to draw（a line）; to pass or spend（time）;

3.2.2（with *daṇḍam*）to bear the rod i.e. inflict punishment. to conduct a process;

3.2.3（with *kriyām*）to conduct a ceremony , preside over a religious act MBh. ; to trace , track , find out , ascertain , settle , decide（with *anyathā* , `wrongly'）MBh.;（Ā）to be foremost or chief: Caus. *nāyayati* , *-te* , to cause to lead; to cause to be led by（instr.）: Desid. *ninīṣati* , *te*, to wish to lead or bring or carry to or into（acc. or dat.）AV. MBh. ; to wish to carry away; to wish to spend or pass（time）; to wish to exclude from（abl.）; to wish to find out or ascertain , investigate MBh.: Intens. *nenīyate* to lead as a captive , have in one's power , rule , govern MBh.

3.2.4 mfn. leading , guiding , a leader or guide.

3.2.5 P. *ny-eti* to go into, enter , come or fall into , incur(acc.)RV. AV.; to under go the nature of i.e. to be changed into（*-bhāvam*）.

3.3 【梵漢辭典,p1436】（動詞）取去，搬移，放逐，驅逐；分開（頭髮）；引領，管教，使馴服，調伏；教育；度過（時光）；履行；（經文）調，伏，調伏，化，開化，教化，教，教導，度，度脫，開誘，利益。

4. सत्त्वान sattvāna 名詞　有情眾生

4.1 【詞尾變化】sattvāna 爲 sattva-āna 兩個字的結合，sattva 前面已有資料說明，字典查 āna

4.2 【摩威梵英,p139】m.（fr. √an）, face; mouth ; nose RV.; exhaling the breath through the nose ; inhalation , breath inspired , breathing , blowing.

4.3 【梵漢辭典,p80】（陽性）（呼吸者），顏（臉）；（經文）入息，吸氣。

5. कोट्यः koṭyaḥ 形容詞　千萬

5.1 【詞尾變化】koṭyaḥ 是 koṭī 的陰性複數主格形，所以字典查 koṭī。

5.2 資料前面已有說明。

6. समादपेती samādapetī 動詞　勸導；教授

6.1 【詞尾變化】按照漢文對照意思，samādapetī 應爲 samādāpayati，samādāpayati 爲 samā-√dā 之使役動詞形。

6.2 資料前面已有說明。

7. अचिन्तियान् acintiyān 形容詞　不可思議

7.1 【詞尾變化】acintiyān 是 acintiya 的陽性複數對格形，所以字典查 acintiya。

7.2 資料前面已有說明。

8. उत्तमि uttami 形容詞　至高無上的

8.1 【詞尾變化】根據學者研究）uttami 同 uttama，所以字典查 uttama。

8.2 資料前面已有說明。

9. ज्ञाने jñāne 名詞　知識

9.1 【詞尾變化】jñāne 是 jñāna 的陽性單數於格形，所以字典查 jñāna。

9.2 資料前面已有說明。

【筆者試譯】：導師宣說正法智慧，

度化有情眾生無量無數，
教導了不可思議數量眾多的菩薩，
有關佛教的智慧。

【什公漢譯】：世尊演說法，度無量眾生，無數億菩薩，令入佛智慧。

【英 譯 本】：He preached the true law, he, the leader of
creatures; he educated an infinite number of kotis
of beings, and roused inconceivably many Bodhisattvas
to acquiring supreme Buddha-knowledge.

【信譯研究】：信譯。

【第五十九頌】

ये चाष्ट पुत्रास्तद तस्य आसन्
कुमारभूतस्य विनायकस्य।
दृष्ट्वा च तं प्रव्रजितं महामुनिं
जहित्व कामाँल्लघु सर्वि प्राव्रजन्॥५९॥

【羅馬譯音】

ye cāṣṭa putrāstada tasya āsan
kumārabhūtasya vināyakasya|
dṛṣṭvā ca taṁ pravrajitaṁ mahāmuniṁ
jahitva kāmā □ llaghu sarvi prāvrajan||59||

【句義解析】

ye cāṣṭa putrās tada tasya āsan
kumāra-bhūtasya vināyakasya|
dṛṣṭvā ca taṁ pravrajitaṁ mahā-muniṁ
jahitva kāmā □ l laghu sarvi prāvrajan||59||

【辭彙研究】

1. cāṣṭa 連接詞+形容詞 與八個

1.1 【詞尾變化】cāṣṭa 根據連音規則是從 ca-aṣṭa 連結而成，所以字典查 ca-aṣṭa。

1.2 資料前面已有說明。

2. आसन् āsan 形容詞　有的

2.1 【詞尾變化】āsan 爲√as 的完成過去式第三人稱複數形，所以字典查√as。

2.2 資料前面已有說明。

3. भूतस्य bhūtasya 形容詞　眞實的

3.1 【詞尾變化】bhūtasya 是 bhūta 的陽性單數屬格形，所以字典查 bhūta。

3.2 資料前面已有說明。

4. विनायकस्य vināyakasya 名詞　領導者；導師

4.1 【詞尾變化】vināyakasya 是 vināyaka 的陽性單數屬格形，所以字典查 vināyaka。

4.2 資料前面已有說明。

5. प्रव्रजितं pravrajitaṁ 動詞　出家

5.1 【詞尾變化】

5.1.1 pravrajitaṁ 根據連音規則是從 pravrajitam 變化過來，而 pravrajitam 是 pravrajita 的陽性單數對格形。

5.1.2 pravrajita 是 pra-√vraj 的過去被動分詞，所以字典查 pra-√vraj。

5.2 資料前面已有說明。

6. मुनिं muniṁ 名詞　聖人

6.1 【詞尾變化】muniṁ 根據連音規則是從 munim 變化過來，而 munim 是 muni 的陽性單數對格形，所以字典查 muni。

6.2 【摩威梵英,p823】

6.2.1 m.（fr. √*man*）impulse , eagerness（?）RV. ;（prob.）any one who is moved by inward impulse , an inspired or ecstatic person , enthusiast RV. AV; a saint , sage , seer , ascetic , monk , devotee , hermit（esp. one who has taken the vow of silence）（with *hṛdayeṣu sthitaḥ* , the internal monitor or conscience）; a Brāhman of the highest（eighth）order ,; N. of a son of Kuru MBh. ; of a son of *Dyuti-mat*; of *Vyāsa* ; of Bharata; of Agastya ; of a Buddha or Arhat; of *Pāṇini*（cf. *-traya*）; of other nien; of various authors; of various plants（Agati Grandiflora , Buchanania Latifolia , Butea Frondosa , Terminalia Catappa , the mango-tree and Attemisia Indica）; pl. ` the celestial Munis' N. of the seven stars of Ursa Major（and there fore a symbolical N. for the number `seven'）;

6.2.2（*i*）f. a female Muni（also *ī*）; N. of a daughter of *Dakṣa*（and wife of *Kaśyapa*）, mother of a class of Gandharvas and Apsaras（cf. *mauneya*）MBh.;

6.2.3 n. N. of a Varshs（called after a royal Muni）

6.3 【梵漢辭典,p749】（陽性）有靈感之人；賢人，聖人，預言家，苦行者，隱士，沉默遵守誓約的人；（經文）仙，仙人，神仙，默，寂默，寂默者，仁，尊，佛，世尊，如來，佛。

7. जहित्व jahitva 動詞　放棄；放下

7.1 【詞尾變化】jahitva 是從√hā 的過去被動分詞形，所以字典查√hā。

7.2 資料前面已有說明。

8. कामाँल् kāmā □ 1 形容詞　對～的願望；隨

8.1 【詞尾變化】根據學者研究該單字意義同於 kāma)，故字典查 kāma。

8.2 資料前面已有說明。

9. लग्हु laghu 形容詞　快速地

9.1 【詞尾變化】沒有詞尾變化。

9.2 【摩威梵英,p894】

9.2.1 mf（*vī* , or *u*）n.（a later form of *raghu* , q.v.）light , quick , swift , active , prompt , nimble Mn. MBh. &c.（also said of a partic. mode of flying peculiar to birds; applied to the *Nakshatras Hasta* , *Aśvinī* , and *Pushya*）; light , easy , not heavy or difficult AV.; light in the stomach , easily digested Sus3r. ; easy in mind , light-hearted.; causing easiness or relief ; well , in good health; unimpeded , without attendance or a retinue MBh.; short（in time , as a suppression of the breath）;（in prosody）short or light（as a vowel or syllable , opp. to *guru*）;（in gram.）easily pronounced or articulated（said of the pronunciation of *va* , as opp. to *madhyama* and *guru*} ; small , minute , slight , little , insignificant; weak , feeble , wretched , humble , mean , low（said of persons）MBh.; young , younger（see -*bhrātṛ*）; clean , pure（see -*vāsas*）; soft , gentle（as sound）BhP. ; pleasing , agreeable , handsome , beautiful MBh. ;

9.2.2 m. bdellium ;

9.2.3（*u*）f. Trigonella Corniculata;

9.2.4（*vī*）f. id. ; a light carriage ; a slender or delicate woman ;

9.2.5 n. a partic. measure of time（= 15 *Kāṣṭhās*= 1/15 *Nāḍikā*）; a partic. species of agallochum; the root of Andropogon Muricatus;

9.2.6（*u*）ind. lightly , quickly , easily.（*laghu-man* , to think lightly of.）

9.3 【梵漢辭典,p647】

9.3.1（形容詞）快速的，活躍的，敏捷的；輕的，容易消化的；輕鬆愉快的，活潑的；不受阻礙的，無隨員的，容易的；容易清楚發音的，（韻律上）短的；小的，小型的，少的，瑣碎的，無足輕重的，弱的，可憐的，卑賤的，低的，溫和的，柔軟的；年輕的；愉快的，宜人的，英俊的，美麗的；漂亮的（衣服）；（經文）少，輕，輕安，輕利，輕便。

9.3.2（副詞）快速地；（經文）速，寂，不久，安穩。

10. सर्वि sarvi 形容詞　一切的

10.1 【詞尾變化】sarvi 根據學者研究）意思同於 sarva，所以字典查 sarva。

10.2 資料前面已有說明。

11. प्राव्रजन् prāvrajan 動詞　出家

11.1 【詞尾變化】prāvrajan 為 pra-avrajan，也就是 pra-√vraj 的未完成過去式第三人稱複數形，所以字典查 pra-√vraj。

11.2 資料前面已有說明。

【筆者試譯】：在那時有那八個兒子，
是導師（佛祖）眞正的兒子，
看見了他，大聖人出家，
放下了一切很快地跟著出家了。

【什公漢譯】：佛未出家時，所生八王子，見大聖出家，亦隨修梵行。

【英 譯 本】：And the eight sons born to him, the leader,
when he was prince royal, no sooner saw that the

great sage had embraced ascetic life, than they
resigned worldly pleasure and became monks.

【信譯研究】: 信譯。雖然鳩譯中有一句原文所沒有的「佛未出家時」，不過全詩符合原文意思。另外，單字 कुमार kumāra 有「幼子／幼童」的意思，因爲前文有提及這幾個兒子都有領地，而且都很有作爲，所以鳩摩羅什就不強調「幼童」，直接說王子，與前後文一致，不致發生矛盾。

【第六十頌】

धर्मं च सो भाषति लोकनाथो
अनन्तनिर्देशवरं ति सूत्रम्।
नामेव वैपुल्यमिदं प्रवुच्यति
प्रकाशयी प्राणिसहस्रकोटिनाम्॥६०॥

【羅馬譯音】

dharmaṁ ca so bhāṣati lokanātho
anantanirdeśavaraṁ ti sūtram|
nāmeva vaipulyamidaṁ pravucyati
prakāśayī prāṇisahasrakoṭinām||60||

【句義解析】

dharmaṁ ca so bhāṣati loka-nātho
ananta-nirdeśa-varaṁ ti sūtram|
nāmeva vaipulyam idaṁ pravucyati
prakāśayī prāṇi-sahasra-koṭinām||60||

【辭彙研究】

1. भाषति bhāṣati 動詞 演說

1.1 【詞尾變化】bhāṣati 是√bhāṣ 的現在式第三人稱單數形，所以字典查√bhāṣ。

1.2 資料前已有說名。

2. नाथो nātho 名詞　保護者

2.1【詞尾變化】nātho 根據連音規則是從 nāthaḥ 變化過來，而 nāthaḥ 是 nātha 的陽性單數主格形，所以字典查 nātha。

2.2　資料前面已有說明。

3. वरं varaṁ 形容詞　最好的

3.1【詞尾變化】varaṁ 根據連音規則是從 varam 變化過來，而 varam 是 vara 的陽性單數對格形，所以字典查 vara。

3.2　【摩威梵英,p922】

3.2.1 m.（fr. √1. *vṛ*）, \`environing' , \`enclosing' , circumference , space , room RV. AV. TS.（*vara ā pṛthivyāḥ* , on the wide earth）; stopping , checking RV.

3.2.2 inf（*ā*）n.（fr. √2. *vṛ*）choosing（see *patiṁ-varā* , *svayaṁ-varā*）;

3.2.3 m. \`chooser' , one who solicits a girl in marriage , suitor , lover , bridegroom , husband（rarely \`son-in-law'）RV. ; a bridegroom's friend MW. ; a dissolute man（=*vita* or *ṣiḍga*）;

3.2.4（*vara*）mf（*ā*）n. \`select' , choicest , valuable , precious , best , most excellent or eminent among（gen. loc. abl. , or comp.）or for（gen.）MBh.;（ifc.）royal , princely; better , preferable , better than（abl. , rarely gen.）or among（abl.）MBh.; eldest;

3.2.5（*am*）ind.（g. *svar-ādi*）preferably , rather , better（also = preferable , sometimes with abl. which in Veda is often followed by *ā* e.g. *agnibhyo varam* , \`better than fires' RV.）; it is better that , it would be best if（with pres. e.g. *varaṁ gacchāmi* , \` it is better that I go ' ; or with Impv. e.g. *varaṁ naye sthāpyatām* , \`it would be better if he were initiated into our plan '）MBh.;

3.2.6 m.（rarely n. ; ifc. f. %{A}）\`" act or object of choosing , election , wish , request ; boon , gift , reward , benefit , blessing , favour（*varāya* , *varam a*, *prati varam* or *varaṁ varam* , \` according to wish , to one's heart's content ' ; *mad-varāt* , in consequence of the boon granted by me"' ; *varaṁ-vṛ* , to choose a boon' ; *varaṁ-yāc* or *ā-kāṅkṣ* or brūor Caus. of pra-arth , \` to prefer a request' ; *varaṁdā* , \` to grant a boon or blessing' ;

varam pra-dā or *pra-yam* id. ; *varaṁ-labh* , to receive a boon or reward')RV. ; a benefit , advantage , privilege ; charity , alms; a dowry;

3.2.7 m. a kind of grain（*varata*）; bdellium ; a sparrow ; N. of a son of ;

3.2.8（*ā*）f. N. of various plants and vegetable products（accord. to L. ` the three kinds of myrobolan' ; Clypea Hemandifolia ; Asparagus Racemosus ; Cocculus Cordifolius ; turmeric ; Embelia Ribes ; a root similar to ginger ; = *brāhrnī* and *reṇukā*）; N. of *Pārvatī* ; N. of a river BhP. ;

3.2.9（*ī*）f. Asparagus Racemosus ; N. of Chāya（the wife of Sūrya）;

3.2.10 n. saffron BhP.（In comp. not always separable from 1. *vara.*）

3.3 【梵漢辭典,p1388】

3.3.1（形容詞）在～諸最好的，最精良的，最卓越的，最美的，更好的，比～優秀的；在～之中較好的，在～之中更傑出的。（經文）妙，上妙，最妙，第一，上，最上，勝，最勝，利，純，高，超世，極淨，端嚴。

3.3.2（副詞）更好的，較好的，若是～豈不是更好？；在～之中更好，（經文）如，寧。

3.3.3（陽性名詞）選擇，願望，被當作禮品，報酬選出之物，贈品，特權；賠嫁金。（經文）希，願，所願，所須，所求。

4. नामेव nāmeva 形容詞+副詞　如～爲名

4.1 【詞尾變化】nāmeva 根據連音規則是從 nāma-iva 結合而成。兩者均無詞尾變化，字典查 nāma-iva。

4.2 資料前面已有說明

5. प्रवुच्यति Pravucyati 動詞　宣說

5.1 【詞尾變化】摩威梵英無此字，可知應非梵文，該字與 BHS 的 pravuccati 意思相同，等於是巴利文 pavuccati。字典查 pravuccati。

5.2 【艾格混梵,p386】pravuccati, te（= Pali pavuccati; semi-MIndic〔註 74〕for procyate）, is said, declared: SP 129.14 ti, and 130.4 te, both with v.l. cya;both vss. Cf. also saṁpravutta.

5.3 【梵漢辭典】無此字。

6. प्रकाश्यी prakāśayī 動詞　顯示；開示

〔註 74〕大致上可以知道這是古代中印度的語言，但非梵文。

6.1 【詞尾變化】prakāśayī 是 pra-√kāś 變化過來的異寫，字典查 pra-√kāś。
6.2 資料前面已有說明。

7. प्राणि prāṇi 名詞　生命

7.1 【詞尾變化】prāṇi 據學者研究，〔註 75〕就是 prāṇe，而 prāṇe 是 prāṇa 的陽性單數於格形，所以字典查 prāṇa。
7.2 資料前面已有說明。

【筆者試譯】：世尊演說佛法，
那是被稱爲「不可思議的數量最好的法義的經典」，
是一部有廣大內容的經典，
向無量無數的眾生解說。

【什公漢譯】：時佛說大乘，經名無量義，於諸大眾中，而爲廣分別。

【英 譯 本】：And the Lord of the world proclaimed the law,
and revealed to thousands of kotis of living beings
the Sûtra, the development, which by name is called
'the excellent Exposition of Infinity.'

【信譯研究】：信譯。

【第六十一頌】

समनन्तरं भाषिय सो विनायकः
पर्यङ्क बन्धित्व क्षणस्मि तस्मिन्।
अनन्तनिर्देशवरं समाधिं
धर्मासनस्थो मुनिश्रेष्ठ ध्यायी॥६१॥

【羅馬譯音】

samanantaraṁ bhāṣiya so vināyakaḥ

〔註 75〕這是中印度古代的轉寫法，字尾的 i 或 ī 就可以轉寫成梵文的 e，特別適用於大乘經典的詩偈部分。請見 Franklin Edgerton,"Buddhist Hybrid Sanskrit Grammar and Dictionary",Vol. I,Grammar, Printed by Munshiram Manoharlal Publishers Pvt. Ltd., New Delhi, India, 1993,p.26。

paryaṅka bandhitva kṣaṇasmi tasmin|
anantanirdeśavaraṁ samādhiṁ
dharmāsanastho muniśreṣṭha dhyāyī||61||

【句義解析】

samanantaraṁ bhāṣiya so vināyakaḥ
paryaṅka bandhitva kṣaṇasmi tasmin|
Ananta-nirdeśa-varaṁ samādhiṁ
Dharm'āsana-stho muni-śreṣṭha dhyāyī||61||

【辭彙研究】

1. समनन्तरं samanantaraṁ 副詞　接下來

1.1 【詞尾變化】samanantaraṁ 根據連音規則是從 samanantaram 變化過來，而 samanantaram 是 samanantara 的陽性單數對格形，所以字典查 samanantara。

1.2 【摩威梵英,p1154】

1.2.1 mf（*ā*）n. immediately contiguous to or following BhP. ;

1.2.2（*am*）ind. immediately behind or after（gen. or abl. or comp.）MBh.

1.3 【梵漢辭典,p1075】

1.3.1（形容詞）（無間隙的），與～直接相續的；（經文）次，即，無間，次第，爾時，相續，彈指，等無間，無間相續。

1.3.2 ～m（副詞）緊接在～之後；在～後面；（經文）適，忽，無間，爾時。

2. भाषिय bhāṣiya 動詞　演說

2.1 【詞尾變化】bhāṣiya 是從√bhāṣ 變化過來，所以字典查√bhāṣ。

2.2 資料前面已有說明。

3. विनायकः vināyakaḥ 名詞　導師

3.1 【詞尾變化】vināyakaḥ 是 vināyaka 的陽性單數主格形，所以字典查 vināyaka。

3.2 資料前面已有說明。

4. बन्धित्व bandhitva 動詞　結起來（雙腿）

4.1 【詞尾變化】bandhitva 是從√bandh 變化過來，字典查√bandh。

4.2 資料前面有說明。

5. क्षणस्मि kṣaṇasmi 形容詞 剎那

5.1 【詞尾變化】kṣaṇasmi 是 kṣaṇa 的 BHS 的陽性單數於格形，所以字典查 kṣaṇa。

5.2 資料前面已有說明。

6. धर्मऽआसन Dharm'āsana 名詞 法座

6.1 【詞尾變化】

6.1.1 Dharm'āsana 根據連音規則是從 Dharma āsana 變化過來。

6.1.2 字典查 Dharma āsana 這兩個字。

6.2 資料前面已有說明。

7. स्थो stho 形容詞 安住

7.1 【詞尾變化】stho 根據連音規則是從 staḥ 變化過來，sthaḥ 是 stha 的陽性單數主格形，所以字典查 stha。

7.2【摩威梵英,p1262】(or *ṣṭha*)mf(*ā*)n.(only ifc.)standing , staying , abiding , being situated in , existing or being in or on or among ; occupied with , engaged in , devoted to performing , practising ; a place , ground.

7.3 【梵漢辭典,p1207】(形容詞)站在～，坐著的，有，停留，安住，存在；在(狀態)，從事～，忙於～，專注於～，實踐～；(經文)住，在，隨在，處，就。

8. ध्यायी dhyāyī 形容詞 入定

8.1【詞尾變化】dhyāyī 是 dhyāyin 的陽性單數主格形，所以字典查 dhyāyin。

8.2 【摩威梵英,p521】mfn. absorbed in meditation , quite intent upon or engrossed in .

8.3 【梵漢辭典,p387】(形容詞)專注於冥想；(經文)定。

【筆者試譯】：導師說了這部經之後不久，
就立刻盤腿而坐(法座上)，
名為「不可思議數量，最好的三摩地」，
在法座上進入靜默殊勝的這個禪定當中。

【什公漢譯】：佛說此經已，即於法座上，加趺坐三昧，名無量義處。

【英 譯 本】：Immediately after delivering his speech, the
leader crossed his legs and entered upon the meditation
of 'the excellent Exposition of the Infinite.'
There on his seat of the law the eminent seer
continued absorbed in meditation.

【信譯研究】：信譯。

【第六十二頌】

दिव्यं च मान्दारववर्षमासी-
दघट्टिता दुन्दुभयश्च नेदुः।
देवाश्च यक्षाश्च स्थितान्तरीक्षे
कुर्वन्ति पूजां द्विपदोत्तमस्य॥६२॥

【羅馬譯音】

divyaṁ ca māndāravavarṣamāsī-
daghaṭṭitā dundubhayaśca neduḥ|
devāśca yakṣāśca sthitāntarīkṣe
kurvanti pūjāṁ dvipadottamasya||62||

【句義解析】

divyaṁ ca māndārava-varṣamāsīd
aghaṭṭitā dundubhayaś ca neduḥ|
Devāś ca yakṣāś ca sthitā 'ntarīkṣe
kurvanti pūjāṁ dvi-padottamasya||62||

【辭彙研究】

1. दिव्यं divyaṁ 形容詞　超自然的；天界的
   1.1 【詞尾變化】divyaṁ 根據連音規則，是從 divyam 變化過來，divyam 是 divya 的陽性單數對格形，所以字典查 divya。
   1.2 資料前面已有說明。

2. वर्षमासीद् varṣamāsīd 動詞+名詞　有雨中

2.1 【詞尾變化】

2.1.1 varṣamāsīd 是由 varṣam—āsīd 所結合而成，

2.1.2 varṣam 是 varṣa 的陽性單數對格形，所以字典查 varṣa。

2.1.3 āsīd 根據連音規則，是從 āsīt 變化過來，āsīt 是√ās 的不定過去第三人稱單數形，所以字典查√ās。

2.2 資料前面已有說明。

3. अघट्टिता aghaṭṭitā 形容詞　自然

3.1 【詞尾變化】aghaṭṭitā 按照 BHS 的文法，是陽性複數主格形，經過學者研究（漢藏經典比對），認為意思是「自然」。〔註 76〕

3.2 【摩威梵英】無此字。

4. दुन्दुभयश् dundubhayaś 名詞　鼓

4.1 【詞尾變化】dundubhayaś 根據連音規則是 dundubhayaḥ 變化過來，dundubhayaḥ 則是 dundubhi 的陽性複數主格形，所以字典查 dundubhi。

4.2 資料前面已有說明。

5. नेदुः neduḥ 動詞　聲響

5.1 【詞尾變化】neduḥ 是√nad 的完成式第三人稱複數形，所以字典查√nad。

5.2 【摩威梵英,p526】cl. 1. P. to sound , thunder , roar , cry , howl AV; to make resound or vibrate RV. ; to make resonant , fill wish noises or cries MBh. ; to vibrate or sound violently , to roar , howl , cry , neigh.

5.3 【梵漢辭典,p754】（動詞）鳴，響，迴響，吼叫；喊叫，嘶喊；（經文）吼。

6. स्थिताऽन्तरीक्षे sthitā 'ntarīkṣe 過去被動分詞+形容詞　空中站立的

6.1 【詞尾變化】

6.1.1 sthitā 'ntarīkṣe 根據連音規則是從 sthitā antarīkṣe 變化過來。

6.1.2 sthitā 根據連音規則，是從 sthitaḥ 變化過來，sthitaḥ 就是 sthita 的陽性單數主格形。資料前面已有說明。

〔註 76〕請見江島惠教等編《梵藏漢法華基原典總索引》，日本東京：靈友會 1992 年出版，頁 8。但是艾格頓的字典亦不見此字。疑似 Prākrit 的單字。

6.1.3 antarīkṣe 是 antarīkṣa 的陽性單數於格形，所以字典查 antarīkṣa。

6.2 【摩威梵英,p44】n. = antarikṣa.

6.3【摩威梵英,p44】n. the intermediate space between heaven and earth ;（in the Veda）the middle of the three spheres or regions of life ; the atmosphere or sky ; the air ; talc.

6.4 【梵漢辭典,p106】（中性）=antarikṣa；（經文）空中，虛空。

7. कुर्वन्ति kurvanti 動詞　作爲；動作

7.1 【詞尾變化】

7.1.1 kurvanti 是 kurvat 的陽性單數於格形，所以字典查 kurvat。

7.1.2 kurvat 是√kṛ 的現在主動分詞形，所以字典查√kṛ。

7.2 資料前面已有說明。

8. पदोत्तमस्य padottamasya 名詞+形容詞　腳最高的

8.1 【詞尾變化】

8.1.1 padottamasya 是 padottama 的陽性單數屬格形，

8.1.2 padottama 是 pada-uttama 兩個字結合而成。

8.2 資料前面已有說明。

【筆者試譯】：天上有曼陀羅花的雨（下來），
有許多鼓自然響著，
天人與夜叉們都在空中站立著，
都來向兩足尊——佛祖，禮敬。

【什公漢譯】：天雨曼陀華，天鼓自然鳴，諸天龍鬼神，供養人中尊。

【英 譯 本】：And there fell a celestial rain of Mandâravas,
while the drums（of heaven）resounded without
being struck; the gods and elves in the sky paid
honour to the highest of men.

【信譯研究】：信譯。

【第六十三頌】

सर्वं च क्षेत्रं प्रचचाल तत्क्षणम्

आश्चर्यमत्यद्भुतमासि तत्र।
रश्मिं च एकां प्रमुमोच नायको
भ्रुवान्तरात्तामतिदर्शनीयाम्॥६३॥

【羅馬譯音】

sarvaṁ ca kṣetraṁ pracacāla tatkṣaṇam
āścaryamatyadbhutamāsi tatra|
raśmiṁ ca ekāṁ pramumoca nāyako
bhruvāntarāttāmatidarśanīyām||63||

【句義解析】

sarvaṁ ca kṣetraṁ pracacāla tat-kṣaṇam
āścaryam 'atyadbhutam āsi tatra|
raśmiṁ ca ekāṁ pramumoca nāyako
bhruvāntarāt tām atidarśanīyām||63||

【辭彙研究】

1. क्षेत्रं kṣetraṁ 名詞　土地

1.1 【詞尾變化】kṣetraṁ 根據連音規則，是從 kṣetram 變化過來，kṣetram 是 kṣetra 的陽性單數對格形，所以字典查 kṣetra。

1.2 資料前面已有說明。

2. प्रचचाल pracacāla 動詞　震動

2.1 【詞尾變化】pracacāla 是 pra-√cal 的完成式第三人稱單數形，所以字典查 pra-√cal。

2.2 【摩威梵英,p657】P. *-calati*（rarely Ā *-te*）, to be set in motion , tremble , quake MBh. ; to stir , move on , advance , set out , depart MBh. BhP.; to start , spring up from（a seat）; to swerve , deviate from（abl.）MBh. ; to become troubled or confused , be perplexed or bewildered or excited ib. BhP.: Caus. *-calayati* , to set in motion , move , jog , wag; to remove from（abl.）; *-cālayati* , to cause to shake or tremble ; to stir up , stir round.

2.3 【梵漢辭典,p307】（動詞）使搖動，受擾的，受苦的；發抖而戰慄的；

使發生，前進；起（風）；（從座位）站起；從～出去，離去，出發，離開；（經文）動，振動，震動，遍動，極移轉；降生。

3. क्षणम् kṣaṇam 形容詞　瞬間

3.1 【詞尾變化】kṣaṇam 是 kṣaṇa 的陽性單數對格形，所以字典查 kṣaṇa。

3.2 資料前面已有說明。

4. आश्चर्यम्ऽअत्यद्भुतम् āścaryam 'atyadbhutam 形容詞　不可思議的令人驚訝的

4.1 【詞尾變化】

4.1.1 āścaryam 'atyadbhutam 根據連音規則是從 āścaryam atyadbhutam 變化過來的。

4.1.2 āścaryam 是 āścarya 的陽性單數對格形，資料前面已有說明。

4.1.3 atyadbhutam 是 atyadbhuta 的陽性單數對格形，所以字典查 atyadbhuta。

4.2 【摩威梵英,p13】

4.2.1 mfn. very wonderful ;

4.2.2 m. N. of the Indra in the ninth Manvantara;

4.2.3（am）n. a great wonder.

4.3 【梵漢辭典,p201】（形容詞）極令人驚訝的；（經文）甚稀奇，未曾有，希有。

5. आसि āsi 動詞　綁在一起

5.1 【詞尾變化】āsi 是 ā-√si，字典查 ā-√si。

5.2 資料前面已有說明。

6. प्रमुमोच pramumoca 動詞　釋放

6.1 【詞尾變化】pramumoca 是 pra-√muc 的完成式第三人稱單數形，所以字典查 pra-√muc。

6.2 資料前面已有說明。

7. भ्रुवान्त्रात् bhruvāntarāt 形容詞+動詞　眉毛放出

7.1 【詞尾變化】

7.1.1 bhruvāntarāt 是 bhru-vāntarāt 所形成。

7.1.2 bhru 即 bhrū，資料前面已有說明。

7.1.3 vāntarāt 是從√vam 變化過來，所以字典查√vam。

7.2 【摩威梵英,p920】cl. 1. P. vamati to vomit , spit out , eject（lit. and fig.）, emit , send forth , give out RV.; to reject i.e. repent（a word）: Pass. to be vomited: Caus. to cause to vomit.

7.3 【梵漢辭典,p1383】（動詞）嘔吐，吐痰，逐出，送出，放出；發出（語言）；（經文）吐。

8. अतिदर्शनीयाम् atidarśanīyām 副詞+動詞　非常引人注目

8.1 【詞尾變化】atidarśanīyām 是 ati-√dṛś 的未來主動分詞陰性的單數對格形，因爲√dṛś 資料前面已有說明，所以字典查 ati。

8.2 【摩威梵英,p12】

8.2.1 ind. 〔probably neut. of an obsolete adj. *atin* , passing , going , beyond ; see *at* , and cf. Old Germ. *anti* , *unti* ,*inti* , *unde* , *indi*; Eng. *and* ; Germ. *und* ; Lat. *ante* ; Lith. *ant*〕. As a prefix to verbs and their derivatives , expresses beyond , over , and , if not standing by itself , leaves the accent on the verb or its derivative ;

8.2.2 *as* , *ati-kram*（*kram*）, to overstep , Ved. Inf. *ati-krame* ,（*fit*）to be walked on , to be passed RV.

8.2.3 *ati-kramaṇa* n. see s.v. When prefixed to nouns , not derived from verbs , it expresses beyond , surpassing , *as* , *ati-kaśa* , past the whip , *ati-mānuṣa* , superhuman , As a separable adverb or preposition（with acc.）, Ved. beyond ;（with gen.）over , at the top of RV. AV.

8.2.4 is often prefixed to nouns and adjectives , and rarely to verbs , in the sense excessive , extraordinary , intense ; excessively , too ; exceedingly , very ; in such compounds the accent is generally on *ati.*

8.3 【梵漢辭典,p189】（副詞）（動詞的接頭）在上方，在前的，頗，甚，太，超越，（介係詞）在～之上，超過，以上的；（經文）甚，極，最極。

【筆者試譯】：那所有的土地都震動了，
在那裡既不可思議又令人驚訝！
世尊射出一道光，
眉毛放出，非常引人注目。

【什公漢譯】：一切諸佛土，即時大震動，佛放眉間光，現諸希有事。

【英 譯 本】：And simultaneously all the fields（of Buddha）

began trembling. A wonder it was, a great prodigy.
Then the chief emitted from between his brows one
extremely beautiful ray,

【信譯研究】：信譯。

【第六十四頌】

पूर्वां च गत्वा दिश सा हि रश्मि-
रष्टादशक्षेत्रसहस्र पूर्णा।
प्रभासयं भ्राजति सर्वलोकं
दर्शेति सत्त्वान च्युतोपपादम्॥६४॥

【羅馬譯音】

pūrvāṁ ca gatvā diśa sā hi raśmi-
raṣṭādaśakṣetrasahasra pūrṇā|
prabhāsayaṁ bhrājati sarvalokaṁ
darśeti sattvāna cyutopapādam||64||

【句義解析】

pūrvāṁ ca gatvā diśa sā hi raśmir
aṣṭādaśa-kṣetra-sahasra pūrṇā|
prabhāsayaṁ bhrājati sarva-lokaṁ
darśeti sattvāna cyutopapādam||64||

【辭彙研究】

1. पूर्वां pūrvāṁ 形容詞　在前面的
   1.1 【詞尾變化】pūrvāṁ 根據連音規則，是從 pūrvām 變化過來，pūrvām 是 pūrva 的陽性單數對格形，所以字典查 pūrva。
   1.2 資料前面已有說明。
2. गत्वा gatvā 動詞　去
   2.1 【詞尾變化】gatvā 是 gam 的動名詞形，所以字典查√gam。

2.2 【摩威梵英,p347】

2.2.1 Ved. cl. 1. P. to go , move , go away , set out , come RV. ; to go to or towards , approach RV.; to go or pass; to fall to the share of（acc.）; to go against with hostile intentions , attack ; to decease , die ; to approach carnally , have sexual intercourse with（acc.）; to go to any state or condition , undergo , partake of , participate in , receive , obtain RV. AV.;kneel down MBh. ; make a bow R. ; to go with the mind , observe , perceive RV.; to observe , understand , guess MBh. ; to approach with an accusation , ascribe guilt to a person（acc.）MBh.: Caus. to cause to go or come , lead or conduct towards , send to（dat. AV.）, bring to a place RV. ; to cause to go to any condition , cause to become; to impart , grant MBh.; to send away; ` to let go' , not care about; to excel Prasannar.; to spend time; to cause to understand , make clear or intelligible , explain MBh.; to convey an idea or meaning , denote ;（causal of the causal）to cause a person（acc.）to go by means of *jigamiṣati* another: impf. to wish to go , be going MBh. ; to strive to obtain ; to wish to bring, to visit RV.

2.3 【梵漢辭典,p441】（動名詞）去，移動，走，離去，來到；停止，死；跨過，經過，穿越；前往，接近，到達，獲得，陷入回到；與～性交，察覺，認知，獲得，經歷，忍受，遭逢；（經文）往，詣，往詣，行步，遊行，遊，勝進，墮，去，離，知，辯了；預在，入，去，有去，用。

3. दिश diśa 名詞　方向

3.1 【詞尾變化】diśa 根據連音規則，是從 diśaḥ 變化過來，而 diśaḥ 是 diś 的陰性複數對格形，所以字典查 diś。

3.2 資料前面已有說明。

4. पूर्णा pūrṇā 形容詞　裝滿的；充滿的

4.1 【詞尾變化】根據連音規則，pūrṇā 是從 pūrṇāḥ 變化過來，而 pūrṇāḥ 是 pūrṇa 的陽性複數主格形，所以字典查 pūrṇa。

4.2 資料前面已有說明。

5. प्रभासयं prabhāsayaṁ 動詞　照射

5.1 【詞尾變化】prabhāsayaṁ 根據連音規則是從 prabhāsayam 變化過來，而 prabhāsayam 是從 pra-√bhās 變化過來，字典查 pra-√bhās。

5.2 資料前面已有說明。

6. भराजति bhrājati 動詞 發光

6.1 【詞尾變化】bhrājati 是√bhrāj 的現在式第三人稱單數形，所以字典查√bhrāj。

6.2 【摩威梵英,p770】

6.2.1 cl. 1. Ā. to shine , beam , sparkle , glitter RV. ;

6.2.2（with *na*）, to be of no account）, to cause to shine or glitter , illuminate , irradiate MBh.

6.2.3 f. light , lustre , splendour RV.

6.3 【梵漢辭典,p273】（動詞）光芒，發光，閃耀，光輝；（經文）爲光麗；俊，華。

7. दर्शेति darśeti 動詞 注目；觀察

7.1 【詞尾變化】darśeti 是 BHS 寫法的√dṛś 使役動詞之現在式第三人稱單數形，所以字典查√dṛś。

7.2 資料前面已有說明。

8. चयुतोपपादम् cyutopapādam 形容詞 生死

8.1 【詞尾變化】cyutopapādam 是 cyutopapāda 的陽性單數對格形，所以字典查 cyutopapāda。

8.2 【摩威梵英】無此字，應爲 BHS。

8.3 【艾格混梵,p234】(=Pali cutūpapāta), fall（from one existence）and rebirth（in another）, see s.v. Upapāda.

8.4 【梵漢辭典,p338】（陽性）（經文）生死，死生。

【筆者試譯】：在前方（東方）射出那一道光線去，
遍佈了八萬個佛土，
光明照亮了所有的世界，
看見了有情眾生的生死來。

【什公漢譯】：此光照東方，萬八千佛土，示一切眾生，生死業報處。

【英 譯 本】：Which moving to the eastern quarter glittered,
illuminating the world all over the extent of eighteen
thousand fields. It manifested the vanishing and

appearing of beings.

【信譯研究】：信譯。

【第六十五頌】

रत्नामया क्षेत्र तथात्र केचि-
द्वैडूर्यनिर्भास तथैव केचित्।
दृश्यन्ति चित्रा अतिदर्शनीया
रश्मिप्रभासेन विनायकस्य॥६५॥

【羅馬譯音】

ratnāmayā kṣetra tathātra keci-
dvaiḍūryanirbhāsa tathaiva kecit|
dṛśyanti citrā atidarśanīyā
raśmiprabhāsena vināyakasya||65||

【句義解析】

Ratnā-mayā kṣetra tathā ‘tra ke-cid
vaiḍūrya-nirbhāsa tathaiva ke-cit|
dṛśyanti citrā atidarśanīyā
raśmi-prabhāsena vināyakasya||65||

【辭彙研究】

1. मया mayā 形容詞　所形成的

1.1 【詞尾變化】mayā 根據連音規則是從 mayāḥ 變化過來，而 mayāḥ 是 maya 的陽性複數主格形。字典查 maya。

1.2 資料前面已有說明。

2. तथाऽत्र tathā ‘tra 代名詞+副詞　他在那個地方

2.1 【詞尾變化】tathā ‘tra 根據連音規則是從 tathā atra 結合而成。字典查 tathā atra。

2.2 資料前面已有說明。

3. वैडूर्य vaiḍūrya 名詞　大琉璃寶

3.1 【詞尾變化】沒有詞尾變化。

3.2 【摩威梵英,p1021】

3.2.1 n.（rarely m. ; cf. *vidūra-ja*）a cat's-eye gem（ifc. ` a jewel ' , = ` anything excellent of its kind '）MBh.;

3.2.2 m. N. of a mountain（also *-parvata*）MBh. ;

3.2.3 mf（*ā*）n. made of cat's-eye gems MBh.

3.3 【梵漢辭典,p1372】（中性）貓眼石（一種寶石），（形容詞）用貓眼石做成的；（經文）大毗琉璃，大琉璃寶，琉璃珠，琉璃寶，琉璃座。

4. निर्भास nirbhāsa 動詞　放光

4.1 【詞尾變化】nirbhāsa 爲 nir-√bhās 變化過來的結合，字典查 nir-√bhās。

4.2 資料前面已有說明。

5. चित्रा citrā 形容詞　種種的

5.1 【詞尾變化】citrā 根據連音規則是從 citrāḥ 變化過來，而 citrāḥ 則是 citra 的陽性複數主格形，所以字典查 citra。

5.2 資料前面已有說明。

6. अतिदर्शनीया atidarśanīyā 動詞　引人注目的

6.1 【詞尾變化】

6.1.1 atidarśanīyā 根據連音規則是從 atidarśanīyāḥ 變化過來的，

6.1.2 atidarśanīyāḥ 是 atidarśanīya 的陽性複數主格形，

6.1.3 atidarśanīya 是 ati-√dṛś 的未來被動分詞形，所以字典查 ati-√dṛś。

6.2 資料前面已有說明。

7. प्रभासेन prabhāsena 形容詞　用發光的

7.1 【詞尾變化】prabhāsena 是 prabhāsa 的陽性單數工具格形，

7.2 資料前面已有說明。

8. विनायकस्य vināyakasya 名詞　導師的

8.1 【詞尾變化】vināyakasya 是 vināyaka 的陽性單數屬格形，所以字典查 vināyaka。

8.2 資料前面已有說明。

【筆者試譯】：有些國土是由寶物所形成的，

也有些國土是大寶琉璃照亮了，
照亮了種種的令人注目的，
都是導師的光芒照射的。

【什公漢譯】：有見諸佛土，以眾寶莊嚴，琉璃頗梨色，斯由佛光照。

【英 譯 本】：Some of the fields then seemed jeweled,
others showed the hue of lapis lazuli, all splendid,
extremely beautiful, owing to the radiance of the
ray from the leader.

【信譯研究】：信譯。

【第六十六頌】

देवा मनुष्यास्तथ नाग यक्षा
गन्धर्व तत्राप्सरकिन्नराश्च।
ये चाभियुक्ताः सुगतस्य पूजया
दृश्यन्ति पूजेन्ति च लोकधातुषु॥६६॥

【羅馬譯音】

devā manuṣyāstatha nāga yakṣā
gandharva tatrāpsarakinnarāśca|
ye cābhiyuktāḥ sugatasya pūjayā
dṛśyanti pūjenti ca lokadhātuṣu||66||

【句義解析】

devā manuṣyās tatha nāga yakṣā
gandharva tatrāpsara-kinnarāś ca|
ye cābhiyuktāḥ sugatasya pūjayā
dṛśyanti pūjenti ca loka-dhātuṣu||66||

【辭彙研究】

1. तत्राप्सर tatrāpsara 副詞+形容詞　在那裏天女

1.1 【詞尾變化】tatrāpsara 是 tatra-apsara 所合成，tatra 資料前面已有說明，所以字典查 apsara。

1.2 【摩威梵英,p56】*ās* 〔RV. AV.〕 , or *ap-sarā* 〔AV〕 , f.（fr. √2. *ap* + *sṛ*）, ` going in the waters or between the waters of the clouds' , a class of female divinities（sometimes called `nymphs' ; they inhabit the sky , but often visit the earth ; they are the wives of the Gandharvas（q.v.）and have the faculty of changing their shapes at will ; they are fond of the water ; one of their number , *Rambhā* , is said to have been produced at the churning of the ocean）.

1.3 【梵漢辭典,p146】（陰性名詞）=apsaras，天上的仙女；（經文）天女，天婇女；采女，玉女。

2. चाभियुक्ता: cābhiyuktāḥ 動詞　精勤；集中

【詞尾變化】

2.1 【詞尾變化】

2.1.1 cābhiyuktāḥ 是由 ca-abhiyuktāḥ 所結合而成。

2.1.2 Ca 前面已有資料說明。

2.1.3 abhiyuktāḥ 是 abhiyukta 的陽性複數主格形，abhiyukta 是 abhi-√yuj 的過去被動分詞形，所以字典查 abhi-√yuj。

2.2 【摩威梵英,p68】Ā. *-yuṅkte* , to put to（as horses to a carriage）for a special purpose（acc.）: P. to put to（as horses）subsequently: Ā. to summon , invite to（dat.）: P. to order , charge with（loc.）MBh.: Ā.（rarely P.）to encounter , attack , assail ; to accuse of（acc.）: P. Ā to undertake , apply to , make one's self ready to（acc. or Inf.）: Caus. to furnish with , make anybody share in（instr.）MBh.

2.3 【梵漢辭典,p1521】（動詞）向～前進，攻擊；採取軍事行動；著手做；應準備；以～治療；把～託付給～；（經文）一心精進，勤修精進，奉行。

3. पूजेन्ति pūjenti 動詞　尊敬

3.1 【詞尾變化】pūjenti 是√puj 變化過來的，所以字典查√pūj。

3.2 【摩威梵英,p641】

3.2.1 cl. 10. P , *pūjayati*（ep. also Ā *-te* and cl. 1. P. *pūjati* ; pf. *pupūjire* MBh. ;

aor. *apūpujat*; ind. p. *pūjayitvā*; *pūjya* MBh.）, to honour , worship , revere , respect , regard MBh.; to honour or present with（instr.）; to initiate , consecrate.

3.3 【梵漢辭典,p984】（動詞）崇敬，尊敬，尊崇，殷勤的接待或招待，以～表示敬意，表達尊敬；（經文）供養，習近，敬愛。

4. धातुषु dhātuṣu 名詞　成分；要素

4.1 【詞尾變化】dhātuṣu 是 dhātu 的陽性複數於格形，所以字典查 dhātu。

4.2 資料前面已有說明。

【筆者試譯】：天界眾生，人類，龍與夜叉們，
乾闥婆，天女與僅那羅都在那裏，
大家集中在那裏供養世尊，
在世界各角落都恭敬，（佛光）也都照亮了世界各個角落。

【什公漢譯】：及見諸天人，龍神夜叉眾，乾闥緊那羅，各供養其佛。

【英 譯 本】：Gods and men, as well as Nâgas, goblins,
Gandharvas, nymphs, Kinnaras, and those occupied
with serving the Sugata became visible in the
spheres and paid their devotion.

【信譯研究】：信譯。

【第六十七頌】

बुद्धाश्च दृश्यन्ति स्वयं स्वयंभुवः
सुवर्णयूपा इव दर्शनीयाः।
वैडूर्यमध्ये च सुवर्णबिम्बं
पर्षाय मध्ये प्रवदन्ति धर्मम्॥६७॥

【羅馬譯音】

buddhāśca dṛśyanti svayaṁ svayaṁbhuvaḥ
suvarṇayūpā iva darśanīyāḥ|
vaiḍūryamadhye ca suvarṇabimbaṁ

parṢāya madhye pravadanti dharmam||67||

【句義解析】

Buddhāś ca dṛśyanti svayaṁ svayaṁ-bhuvaḥ
suvarṇa-yūpā iva darśanīyāḥ|
vaiḍūrya-madhye ca suvarṇa-bimbaṁ
parṢāya madhye pravadanti dharmam||67||

【辭彙研究】

1. स्वयं svayaṁ（反身）代名詞　自己

1.1 【詞尾變化】svayaṁ 根據連音規則是從 svayam，本身是不變格，字典查 svayam。

1.2 【摩威梵英,p1278】ind.（prob. orig. a nom. of 1. sva , formed like aham）self , one's self（applicable to all persons e.g. myself , thyself , himself）, of or by one's self spontaneously , voluntarily , of one's own accord（also used emphatically with other pronouns ; sometimes alone; connected in sense with a nom.〔either the subject or predicate〕or with instr.〔when the subject〕 or with a gen. , and sometimes with acc. or loc. ; often in comp.）RV.

1.3 【梵漢辭典,p1261】

1.3.1（不變格）自己（他自己等）；獨自地，自願地，自發地；

1.3.2（雅語）中（當作主詞或受詞對格），（主格）（當作理論上的主詞）；

1.3.3（經文）自，自身，自然，隨自。

2. भुवः bhuvaḥ 動詞　成為；有

2.1 【詞尾變化】bhuvaḥ是√bhū變化過來的，所以字典查√bhū。

2.2 資料前面已有說明。

3. यूपा yūpā 名詞　寶幢

3.1 【詞尾變化】yūpā 根據連音規則是從 yūpāḥ 變化過來，yūpāḥ 是 yūpa 的陽性複數主格形，字典查 yūpa。

3.2 【摩威梵英,p856】m.（prob. fr. √yup ; but also fr. √2. *yu*）a post , beam , pillar ,（esp.）a smooth post or stake to which the sacrificial victim is fastened , any sacrificial post or stake（usually made of bamboos or *Khadira* wood ; where the horse sacrifice is described , 21 of these posts are set up , 6 made of Bilva , 6 of Khadira , 6 of Pala1s3a , one of *ūḍumbara* , one of *Śleṣmātaka* , and one of Deva-dāru）RV.; a column erected in honour of victory , a trophy（=*jaya-stambha*）; N. of a partic. conjunction of the class *Ākṛti-yoga*（i.e. when all the planets are situated in the 1st , 2nd , 3rd and 4th houses）.

3.3 【梵漢辭典,p1524】（陽性）柱，梁，支柱；綁住牲獸的柱子；（經文）幢；寶幢；鋌。

4. दर्शनीयाः darśanīyāḥ 形容詞　令人注目的

4.1 【詞尾變化】darśanīyāḥ 是 darśanīya 的陽性複數主格形，而 darśanīya 則是從√dṛś 變化過來的。字典查√dṛś。

4.2 資料前面已有說明。

5. बिम्बं bimbaṁ 名詞　影像

5.1 【詞尾變化】bimbaṁ 根據連音規則是從 bimbam 變化過來，而 bimbam 是 bimba 的陽性單數對格形，所以字典查 bimba。

5.2 【摩威梵英,p731】

5.2.1 m. n.（also written *vimba* , or *vimva* , of doubtful origin, ifc. f.（*ā*）) the disk of the sun or moon; any disk , sphere , orb（often applied to the rounded parts of the body）; a mirror; an image , shadow , reflected or represented form , picture , type BhP.;（in rhet.）the object compared（as opp. to *prati-bimba* , ` the counterpart' to which it is compared）;

5.2.2 m. a lizard , chameleon; N. of a man;

5.2.3（*ā*）f. Momordica Monadelpha（a plant bearing a bright-red gourd）; N. of 2 metres; N. of the wife of Bāladitya（king of *Kaśmīra*）;

5.2.4（*ī*）f. Momordica Monadelpha（cf. g. *gaurādi*）; N. of the mother of king *Bimbi-sāra*（below）Buddh. ;

5.2.5 n. the fruit of the Momordica Monadelpha（to which the lips of women are often compared）MBh.

5.3 【梵漢辭典,p287】（陽性／中性）（太陽或月亮的）表面，球，半球，圓盤，（身體上）圓的部分（腰，臀）；鏡子，影像，映像，對照的；（經文）像，形象，影像，色像，相，鏡影，色，質本。

6. पर्शाय parṣāya 名詞　會合；組合

6.1 【詞尾變化】parṣāya 是 parṣa 的陽性單數爲格形，所以字典查 parṣa。

6.2 【摩威梵英,p609】

6.2.1 m.（√*parṣ, pṛṣ*?）a bundle , sheaf RV.

6.2.2 mfn. = paruṣa , rough , violent（as wind）BhP.

6.3 【梵漢辭典,p869】（形容詞）=paruṣa；粗暴的，猛烈的（風）；（筆者案：缺少一個解釋，今從摩威梵英的解釋）

7. प्रवदन्ति pravadanti 動詞　說

7.1 【詞尾變化】pravadanti 是 pra-√vad 的現在式第三人稱複數形，所以字典查 pra-√vad。

7.2 資料前面已有說明。

【筆者試譯】：佛陀們各自（金身）閃閃發亮，
光輝燦爛的寶幢閃耀著，
琉璃當中也有燦爛的影像，
在大會中演說佛法。

【什公漢譯】：又見諸如來，自然成佛道，身色如金山，端嚴甚微妙，
如淨琉璃中，內現眞金像，世尊在大眾，敷演深法義。

【英 譯 本】：The Buddhas also, those self-born beings,
appeared of their own accord, resembling golden
columns; like unto a golden disk（within lapis lazuli）,
they revealed the law in the midst of the assembly.

【信譯研究】：信譯。這裡鳩摩羅什很特別地用了八句的五言詩來翻譯這首四句梵文詩偈。但是整首梵文詩歌都有提到光亮，不論是佛身，還是寶幢，都是光亮，並沒有提到「佛道」。可看作是動態性，即「光亮」的對等。

【第六十八頌】

तहि श्रावकाणां गणना न विद्यते

ते चाप्रमाणाः सुगतस्य श्रावकाः।

एकैकक्षेत्रस्मि विनायकानां
रश्मिप्रभा दर्शयते हि सर्वान्॥६८॥

【羅馬譯音】

tahi śrāvakāṇāṁ gaṇanā na vidyate
te cāpramāṇāḥ sugatasya śrāvakāḥ|
ekaikakṣetrasmi vināyakānāṁ
raśmiprabhā darśayate hi sarvān||68||

【句義解析】

tahi śrāvakāṇāṁ gaṇanā na vidyate
te cāpramāṇāḥ sugatasya śrāvakāḥ|
Ekaika-kṣetrasmi vināyakānāṁ
Raśmi-prabhā darśayate hi sarvān||68||

【辭彙研究】

1. श्रावकाणां śrāvakāṇāṁ 名詞　聲聞乘的；阿羅漢們的

1.1 【詞尾變化】śrāvakāṇāṁ 根據連音規則是從 śrāvakāṇām 變化過來，śrāvakāṇām 是 śrāvaka 的陽性複數屬格形，所以字典查 śrāvaka。

1.2 資料前面已有說明。

2. गणना gaṇanā 名詞　數目

2.1 【詞尾變化】沒有詞尾變化。

2.2 【摩威梵英,p343】f. of °na , see q.v.

2.3 【摩威梵英,p343, gaṇana】

2.3.1 n. reckoning , counting , calculation;

2.3.2（*ā*）f. id. MBh.; the being enumerated among（in comp.）; considering , supposing ; regarding , taking notice of（gen.）, consideration.

2.4 【梵漢辭典,p445】（陰性）～的計算；思考；對～顧慮；（基文）算，數，算數，計，算計；數目；數分，數量；諸數；算數校計。

3. विद्यते vidyate 動詞　理解

3.1 【詞尾變化】vidyate 是√vid 的現在式第三人稱單數形，所以字典查√vid。

3.2　資料前面已有說明。

4. चाप्रमाणा: cāpramāṇāḥ 形容詞　廣大的

4.1 【詞尾變化】

4.1.1 cāpramāṇāḥ 是 ca-apramāṇāḥ 所組成。

4.2 apramāṇāḥ 是 apramāṇa 的陽性複數主格形。所以字典查 apramāṇa。

4.3　資料前面已有說明。

5. एकैक Ekaika 形容詞　一一的

5.1 【詞尾變化】Ekaika 根據連音規則是 Eka-eka 所組成，所以字典查 eka。

5.2　資料前面已有說明。

6. क्षेत्रस्मि kṣetrasmi 名詞　國土

6.1 【詞尾變化】kṣetrasmi 是以 BHS 的方式的名詞變化，是 kṣetra 陽性單數於格形，所以字典查 kṣetra。〔註 77〕

6.2　資料前面已有說明。

【筆者試譯】：那聲聞乘的行者們的數目難以細數，
那廣大眾多的大阿羅漢！
在一一佛國淨土裡有佛祖導師們，
在佛的光明裡也全都看見了。

【什公漢譯】：一一諸佛土，聲聞眾無數，因佛光所照，悉見彼大眾。

【英 譯 本】：The disciples, indeed, are not to be counted:
the disciples of Sugata are numberless. Yet the
luster of the ray renders them all visible in every
field.

【信譯研究】：信譯。

【第六十九頌】

वीर्यैरुपेताश्च अखण्डशीला

〔註 77〕請見 Franklin Edgerton,"Buddhist Hybrid Sanskrit Grammar and Dictionary",Vol. I,Grammar, Printed by Munshiram Manoharlal Publishers Pvt. Ltd., New Delhi, India, 1993,p.54。

अच्छिद्रशीला मणिरत्नसादृशाः।
दृश्यन्ति पुत्रा नरनायकानां
विहरन्ति ये पर्वतकन्दरेषु॥६९॥

【羅馬譯音】

vīryairupetāśca akhaṇḍaśīlā
acchidraśīlā maṇiratnasādṛśāḥ|
dṛśyanti putrā naranāyakānāṁ
viharanti ye parvatakandareṣu||69||

【句義解析】

Vīryair upetāś ca akhaṇḍa-śīlā
Acchidra-śīlā maṇi-ratna-sādṛśāḥ|
dṛśyanti putrā nara-nāyakānāṁ
viharanti ye parvata-kandareṣu||69||

【辭彙研究】

1. वीर्यैर् Vīryair 形容詞　精進；能力

1.1 【詞尾變化】Vīryair 根據連音規則，是從 Vīryaiḥ 變化過來，而 Vīryaiḥ 是 Vīrya 的陽性複數工具格形，所以字典查 Vīrya。

1.2 資料前面已有說明。

2. उपेताश् upetāś 過去被動分詞　具足；成就

2.1【詞尾變化】upetāś 根據連音規則是從 upetāḥ 變化過來的，upetāḥ 是 upeta 的陽性複數主格形，所以字典查

2.2 資料前面已有說明。

3. शीला śīlā 名詞　戒規

3.1 【詞尾變化】śīlā 根據連音規則是從 śīlāḥ 變化過來，而 śīlāḥ 是 śīla 的陽性複數主格形，字典查 śīla。

3.2 資料前面已有說明。

4. अच्छिद्र Acchidra 形容詞　完整無破

4.1 【詞尾變化】沒有詞尾變化。

4.2 【摩威梵英,p9】

4.2.1 mfn. free from clefts or flaws , unbroken , uninterrupted , uninjured ;

4.2.2（*am*）n. unbroken or uninjured condition , an action free from defect or flaw ;

4.2.3（*eṇa*）ind. uninterruptedly , without break from first to last.

4.3 【梵漢辭典,p25】（形容詞）齊全；無障礙；無過失；（經文）不缺，不穿，無隙，無間隙，無穿漏，無孔隙，不缺漏，無缺漏。

5. सादृशाः sādṛśāḥ 形容詞　如同；同樣的

5.1 【詞尾變化】sādṛśāḥ 是 sādṛśa 的陽性複數主格形，所以字典查 sādṛśa。

5.2 資料前面已有說明。

6. विहरन्ति viharanti 動詞　安住在

6.1 【詞尾變化】viharanti 是 vi-√ hṛ 的現在式第三人稱複數形，所以字典查 vi-√ hṛ。

6.2 資料前面已有說明。

7. पर्वत parvata 名詞　山巖

7.1 【詞尾變化】沒有詞尾變化。

7.2 【摩威梵英,p609】

7.2.1 mfn.（fr. *parvan* cf.）knotty , rugged（said of mountains）RV. AV.;

7.2.2 m. a mountain , mountain-range , height , hill , rock（often personified ; ifc. f. *ā*）RV. ; an artificial mound or heap（of grain , salt , silver , gold presented to Bra1hmans cf. *-dāna*）; the number 7（from the 7 principal mountain-ranges）; a fragment of rock , a stone（*adrayaḥ parvatāḥ* , the stones for pressing Soma）RV. ; a（mountain-like）cloud ib.; a tree ; a species of pot-herb ; a species of fish（Silurus Pabda）; N. of a Vasu Hariv. ; of a *Ṛiṣi*（associated with *Nārada* and messenger of the gods , supposed author of RV.）MBh.; of a son of *Paurṇamāsa*（son of *Marīci* and *Sambhūti*）; of a minister of king Purū-ravas ; of a monkey ; of one of the 10 religious orders founded by *Saṁkaracārya's* pupils（whose members add the word *parvata* to their names）;

7.2.3（*ī*）f. a rock , stone.

7.3 【梵漢辭典,p871】

7.3.1（形容詞）由結或粗塊構成的。

7.3.2（陽性）山，丘，岩石，滾石，雲；

7.3.3（經文）山，大山，山陵，山巘，山崖。

8. कन्दरेषु kandareṣu 名詞　山洞

8.1 【詞尾變化】kandareṣu 是 kandara 的中性複數於格形，所以字典查 kandara。

8.2 資料前面已有說明。

【筆者試譯】：具足了精進與保全的戒律，
完全無犯的戒律正如同珠寶般的寶貝呵護，
照亮了那些佛子們與導師們，
安住在那些岩石構成的山巖之洞穴裡。

【什公漢譯】：或有諸比丘，在於山林中，精進持淨戒，猶如護明珠。

【英 譯 本】：Energetic, without breach or flaw in their
course, similar to gems and jewels, the sons of the
leaders of men are visible in the mountain caves
where they are dwelling.

【信譯研究】：信譯。parvata 這個字是指由石塊構成的山巖，這是描寫類似喜馬拉雅山那樣的高山，荒涼且少樹林。所以鳩摩羅什所譯成筆下的「山林」，比較感受不出那種純粹修行者所住的荒涼高山巖洞。特此說明。

【第七十頌】

सर्वस्वदानानि परित्यजन्तः
क्षान्तीबला ध्यानरताश्च धीराः।
बहुबोधिसत्त्वा यथ गङ्गवालिकाः
सर्वेऽपि दृश्यन्ति तया हि रश्म्या॥७०॥

【羅馬譯音】

sarvasvadānāni parityajantaḥ
kṣāntībalā dhyānaratāśca dhīrāḥ|

bahubodhisattvā yatha gaṅgavālikāḥ
sarve'pi dṛśyanti tayā hi raśmyā||70||

【句義解析】

Sarvasva-dānāni parityajantaḥ
kṣāntī-balā dhyāna-ratāś ca dhīrāḥ|
Bahu-bodhisattvā yatha Gaṅga-vālikāḥ
Sarve 'pi dṛśyanti tayā hi raśmyā||70||

【辭彙研究】

1. सर्वस्व Sarvasva 形容詞　所有的

1.1 【詞尾變化】沒有詞尾變化。

1.2 【摩威梵英,p1188】

1.2.1 n.（ifc. f. *ā*）the whole of a person's property or possessions MBh. ;

1.2.2（ifc.）entirety , the whole , whole sum of. MBh. ;

1.2.3（*ā*）f. entire property;

1.2.4 *-dakṣiṇa* mfn.（a sacrifice）at which the whole propñproperty is given away;

1.2.5 *-daṇḍa* mfn. fined or mulcted of all possessions ;

1.2.6 n. confiscation of entire propñproperty ib. ;

1.2.7 *-phalin* mfn. with all one's possessions and fruits ;

1.2.8 *-rahasya* n. N. of wk. ;

1.2.9 *-haraṇa* n. or *-hāra* m. the seizure or confiscation of all one's property .

1.3 【梵漢辭典,p1144】（中性）全部財產；～的整體，全部或總計。

2. दानानि dānāni 名詞　佈施

2.1 【詞尾變化】dānāni 是 dāna 的中性複數對格形，所以字典查 dāna。

2.2 資料前面已有說明。

3. परित्यजन्तः parityajantaḥ 動詞　捨棄

3.1 【詞尾變化】

3.1.1 parityajantaḥ 是 parityajanta 的陽性單數主格形，

3.1.2 parityajanta 是 pari-√tyaj 的現在進行分詞。所以字典查 pari-√tyaj。

3.2 【摩威梵英,p456】

3.3 cl. √1. to leave a place , go away from MBh.; to let go , dismiss , discharge; to give up , surrender , resign , part from , renounce MBh.（*tanum* or *deham* or *kalevaram* , ` to abandon the body , die ' MBh.; *prāṇān* or *śvāsam* or *jīvitam* , `to give up breath or life , risk or lose one's life' MBh..）;

3.4 P. Ā to shun , avoid , get rid of , free one's self from（any passion.）MBh. ; to give away , distribute , offer（as a sacrifice or oblation to a deity）MBh.; to set aside , leave unnoticed , disregard MBh.;

3.5 （ind. p. *tyaktvā*）to except ; Pass. *tyajyate* , to be abandoned by , get rid of（instr.）: Caus. *tyājayati* to cause anyone to quit MBh.; to cause anyone to give up ; to expel , turn out; to cause any one to lose , deprive of（instr.）; to empty the body by evacuations: Desid. *tityakṣati* , to be about to lose（one's life , *prāṇān*）.

3.6 【梵漢辭典,p1310】（動詞）放棄；捨棄，放開，離開（某處）；斷念，作罷，放棄，避開，忽視；（經文）捨，能捨，棄捨，捨施，施，捨離。

4. क्षान्ती kṣāntī 名詞　忍辱

4.1 【詞尾變化】kṣāntī 是 kṣānti 的陰性雙數主格形，所以字典查 kṣānti。

4.2 資料前面已有說明。

5. बला balā 名詞　力

5.1 【詞尾變化】balā 根據連音規則是從 balāḥ 變化過來的，balāḥ 是 bala 的中性複數主格形，所以字典查 bala。

5.2 資料前面已有說明。

6. रताश् ratāś 過去被動分詞　沉浸於

6.1 【詞尾變化】ratāś 根據連音規則是從 ratāḥ 變化過來的，ratāḥ 是 rata 的中性複數主格形，所以字典查 rata。

6.2 資料前面已有說明。

7. धीराः dhīrāḥ 形容詞　有勇氣的；堅定的

7.1 【詞尾變化】dhīrāḥ 是 dhīra 的中性複數主格形，所以字典查 dhīra。

7.2 資料前面已有說明。

8. वालिकाः vālikāḥ 名詞　砂

8.1 【詞尾變化】vālikāḥ 是 vālikā 的陰性單數形主格，所以字典查 vālikā。

8.2 資料前面已有說明。

9. तया tayā 代名詞　用它；從它

9.1 【詞尾變化】tayā 是 sā 的陰性單數工具格形，所以字典查 sā。

9.2 資料前面已有說明。

【筆者試譯】：布施所有的布施，
忍辱的力量，樂於禪定，勇敢而堅毅，
就像恆河的沙子那麼多的菩薩眾，
在（佛的）光明裡全部看見了。

【什公漢譯】：又見諸菩薩，行施忍辱等，其數如恒沙，斯由佛光照。

【英 譯 本】：Numerous Bodhisattvas, like the sand of the Ganges, who are spending all their wealth in giving alms, who have the strength of patience, are devoted to contemplation and wise, become all of them visible by that ray.

【信譯研究】：信譯。

【第七十一頌】

अनिञ्जमानाश्च अवेधमानाः।
क्षान्तौ स्थिता ध्यानरताः समाहिताः।
दृश्यन्ति पुत्राः सुगतस्य औरसा
ध्यानेन ते प्रस्थित अग्रबोधिम्॥७१॥

【羅馬譯音】

aniñjamānāśca avedhamānāḥ|
kṣāntau sthitā dhyānaratāḥ samāhitāḥ|
dṛśyanti putrāḥ sugatasya aurasā
dhyānena te prasthita agrabodhim||71||

【句義解析】

Aniñjamānāś ca avedhamānāḥ|
kṣāntau sthitā dhyāna-ratāḥ samāhitāḥ|
dṛśyanti putrāḥ sugatasya aurasā
dhyānena te prasthita agrabodhim||71||

【辭彙研究】

1. अनिञ्जमानाश् Aniñjamānāś 形容詞／現在分詞　不動的

1.1 【詞尾變化】

1.1.1 Aniñjamānāś 根據連音規則是從 Aniñjamānāḥ 變化過來的，而 Aniñjamānāḥ 是 Aniñjamāna 的陽性複數主格形。

1.1.2 Aniñjamāna 是 Pṙakrit，非梵文。是√iṅg 的現在分詞形，所以字典查√iṅg。

1.2　資料前面已有說明。

2. अवेधमानाः avedhamānāḥ 動詞　置於～之內

2.1 【詞尾變化】avedhamānāḥ 是 avedhamāna 的陽性複數主格形，而 avedhamāna 是從 avi-√dhā 變化過來，所以字典查 avi-√dhā。。

2.2【摩威梵英,p108】ind. an interjection（said to correspond to the *Prākṛit avihā*, or *aviha* , used in calling for help）.

2.3 【梵漢辭典,p363】（動詞）置於～之下，至於～之內，浸泡在水中，關在裡面，封閉；使注意。

3. क्षान्तौ kṣāntau 動詞　忍辱

3.1 【詞尾變化】

3.1.1 kṣāntau 是 kṣānta 的陽性雙數主格形。

3.1.2 kṣānta 是√kṣām 的過去被動分詞形，所以字典查√kṣām。

3.2　資料前面已有說明。

4. स्थिता sthitā 動詞　停留；站在

4.1 【詞尾變化】sthitā 是√sthā 的過去被動分詞的陰性單數主格形，所以字典查√sthā。

4.2　資料前面已有說明。

5. औरसा aurasā 形容詞　天生的；脅下生的

5.1 【詞尾變化】aurasā 根據連音規則，是 aurasāḥ 變化過來，而 aurasāḥ 是 aurasa 的中性複數主格形，所以字典查 aurasa。

5.2 【摩威梵英,p239】

5.2.1 mf（ī）n.（fr. *uras*）, belonging to or being in the breast , produced from the breast MBh. ; innate , own , produced by one's self;

5.2.2 m. a sound produced from the breast ; an own son , legitimate son（one by a wife of the same caste married according to the prescribed rules）;

5.2.3（ī）f. a legitimate daughter.

5.3 【梵漢辭典,p204】（形容詞）心中出的；天賦的，自然的；由自體生的。

6. प्रस्थित prasthita 動詞　追求

6.1 【詞尾變化】prasthita 是 pra-√sthā 的過去被動分詞形，所以字典查 pra-√sthā。

6.2 資料前面已有說明。

【筆者試譯】：毫不動搖，置身於內（修行），
安置（心）於忍辱，樂於禪定三昧當中，
看見了佛子們自然的，
用禪定追求無上菩提。

【什公漢譯】：又見諸菩薩，深入諸禪定，身心寂不動，以求無上道。

【英 譯 本】：Immovable, unshaken, firm in patience, devoted
to contemplation, and absorbed in meditation
are seen the true sons of the Sugatas while they
are striving for supreme enlightenment by dint of
meditation.

【信譯研究】：信譯。

【第七十二頌】

भूतं पदं शान्तमनास्रवं च
प्रजानमानाश्च प्रकाशयन्ति।
देशेन्ति धर्मं बहुलोकधातुषु

सुगतानुभावादियमीदृशी क्रिया॥७२॥

【羅馬譯音】

bhūtaṁ padaṁ śāntamanāsravaṁ ca
prajānamānāśca prakāśayanti|
deśenti dharmaṁ bahulokadhātuṣu
sugatānubhāvādiyamīdṛśī kriyā||72||

【句義解析】

bhūtaṁ padaṁ śāntam anāsravaṁ ca
prajānamānāś ca prakāśayanti|
deśenti dharmaṁ bahu-loka-dhātuṣu
sugatānubhāvād iyam īdṛśī kriyā||72||

【辭彙研究】

1. भूतं bhūtaṁ 動詞　成爲，有

1.1 【詞尾變化】

1.1.1 bhūtaṁ 根據連音規則是從 bhūtam 變化過來，

1.1.2 而 bhūtam 是 bhūta 的陽性單數對格形，

1.1.3 Bhūta 是√bhū 的過去被動分詞形，字典查√bhū。

1.2 資料前面已有說明。

2. पदं padaṁ 名詞　步調，足跡

2.1 【詞尾變化】

2.1.1 padaṁ 根據連音規則是從 padam 變化過來，

2.1.2 而 padam 是 pada 的陽性單數對格形，所以字典查 pada。

2.2 資料前面已有說明。

3. शान्तम् śāntam 動詞　平靜下來

3.1 【詞尾變化】而 śāntam 是 śānta 的陽性單數對格形，śānta 是√śam 的過去被動分詞形，所以字典查√śam。

3.2 【摩威梵英,p1053】

3.2.1 cl. 4. P. to toil at , fatigue or exert one's self（esp. in performing ritual acts）RV. ; to prepare , arrange ; to become tired , finish , stop , come to an end , rest , be quiet or calm or satisfied or contented ; to cease , be allayed or extinguished MBh.;

3.2.2 cl. 9.（cf. above）to put an end to , hurt , injure , destroy, to appease , allay , alleviate , pacify , calm , soothe , settle RV.; to put to an end or to death , kill , slay , destroy , remove , extinguish. sup. press ; to leave off , desist MBh. ; to conquer , subdue:（Gr.）, to be entirely appeased or extinguished.

3.3 【梵漢辭典,p1067】（動詞）被安慰的，使平靜的，安穩的，從激情解放的，安靜的，不動的，溫和的，柔弱的，順從的；（占卜中）吉兆的，被消滅的；被緩和的，平息的，被免除的，停止；就寢，已死，死滅。（經文）息，息住心，能寂靜，除滅，滅，滅除，斷，令懺除，抑，折伏，制令不起。

4. अनास्रवं anāsravaṁ 形容詞 脫離有漏的煩惱

4.1 【詞尾變化】anāsravaṁ 根據連音規則是從 anāsravam 變化過來，而 anāsravam 是 anāsrava 的陽性單數對格形，所以字典查 anāsrava。

4.2 資料前面已有說明。

5. प्रजानमानाश् prajānamānāś 動詞 自～而生；所生

5.1 【詞尾變化】prajānamānāś 根據連音規則是從 prajānamānāḥ 變化過來的，而 prajānamānāḥ 是 prajānamāna 的陽性複數主格形。

5.2 Prajānamāna 是 pra-√jan 的現在被動分詞形，所以字典查 pra-√jan。

5.3 資料前面已有說明。

6. प्रकाशयन्ति prakāśayanti 動詞 顯現

6.1 【詞尾變化】prakāśayanti 是 pra-√kāś 變化過來，所以字典查 pra-√kāś。

6.2 資料前面已有說明。

7. देशेन्ति deśenti 動詞 宣說

7.1 【詞尾變化】deśenti 是從√diś 變化過來的，所以字典查√diś。

7.2 資料前面已有說明。

8. सुगतानुभावाद् sugatānubhāvād 名詞+動詞 佛教導

8.1 【詞尾變化】

8.1.1 sugatānubhāvād 根據連音規則是從 sugatā-anu-bhāvād 三個字組成。

8.1.2 sugatā-anu-bhāvād 即 sugatāḥ-anu-√bhū 變化過來，所以字典查 sugatāḥ-anu-√bhū。

8.2 資料前面已有說明。

9. ऐदृशी īdṛśī 形容詞　如是

9.1 【詞尾變化】īdṛśī 是 īdṛśa 的陰性形，字典查 īdṛśa。

9.2 資料前面已有說明。

10. क्रिया kriyā 名詞　製作，實行，行動

10.1 【詞尾變化】沒有詞尾變化。

10.2 資料前面已有說明。

【筆者試譯】：存在著「平靜下來」，「脫離煩惱」的的步驟，
自顯現（這些情景）而出現，
世尊在許多佛世界（淨土）宣說佛法，
用這樣的行動來教導佛法。

【什公漢譯】：又見諸菩薩，知法寂滅相，各於其國土，說法求佛道。

【英 譯 本】：They preach the law in many spheres, and
point to the true, quiet, spotless state they know.
Such is the effect produced by the power of the
Sugata.

【信譯研究】：非信譯。這裡有一個問題，這首詩裡面描述的動作是菩薩所做？還是佛陀所做？鳩摩羅什認爲這是菩薩所爲。關鍵就在於 sugatānubhāvād 這個字，sugatā（世尊）並不是對格，而是主格。鳩摩羅什解作對格，變成整首詩裡的動作都是描述菩薩作爲。

【第七十三頌】

दृष्ट्वा च ता पर्ष चतस्र तायिन-
श्चन्द्रार्कदीपस्य इमं प्रभावम्।
हर्षस्थिताः सर्वि भवित्व तत्क्षण-
मन्योन्य पृच्छन्ति कथं नु एतत्॥७३॥

【羅馬譯音】

dṛṣṭvā ca tā parṣa catasra tāyina-

ścandrārkadīpasya imaṁ prabhāvam|

harṣasthitāḥ sarvi bhavitva tatkṣaṇa-

manyonya pṛcchanti kathaṁ nu etat||73||

【句義解析】

dṛṣṭvā ca tā parṣa catasra tāyinaś

Candrārkadīpasya imaṁ prabhāvam|

harṣa-sthitāḥ sarvi bhavitva tatkṣaṇam

anyonya pṛcchanti kathaṁ nu etat||73||

【辭彙研究】

1. दृष्ट्वा dṛṣṭvā　動名詞／動詞　已見

1.1 【詞尾變化】dṛṣṭvā 是從√dṛś 變化過來的。

1.2 資料前面已有說明。

2. चतस्र catasra　數詞　四

2.1 【詞尾變化】catasra 根據連音規則，是從 catasraḥ 變化過來，而 catasraḥ 是 catur 的中性複數對格形，所以字典查 catur。

2.2 資料前面已有說明。

3. तायिनश् tāyinaś 名詞　依怙主

3.1 【詞尾變化】tāyinaś 根據連音規則是從 tāyinaḥ 變化過來，tāyinaḥ 是 tāyina 的陽性複數主格形。而 tāyina 即 Prakrit 的 tāyin，所以字典查 tāyin。

3.2 【摩威梵英,p443】m.（for *trāy-*）a protector（said of *Mahāvīra* Jain. ; of *Buddha* Buddh.）

3.3 【梵漢辭典,p1286】（陽性）（俗語：Prakrit，從 trāyin 變過來，巴利文是 tādin）保護者，依怙者；（經文）佛陀的別稱，救，就渡者，救世者，救護，示護，保護，善護，如來，導師。

4. प्रभावम् prabhāvam 動詞　出現

4.1 【詞尾變化】prabhāvam 是 pra-√bhū 變化過來的，所以字典查 pra-√bhū。

4.2 資料前面已有說明。

5. स्थिताः sthitāḥ 形容詞／過去被動分詞　站著

5.1 【詞尾變化】sthitāḥ 是 sthita 的陽性複數主格形，而 sthita 是√sthā 的過去被動分詞形，所以字典查√sthā。

5.2 資料前面已有說明。

6. सर्वि sarvi 形容詞　全部的

6.1 【詞尾變化】sarvi 根據 BHS 的變化規則，即 sarve，也就是 sarva 的陽性複數主格形，所以字典查 sarva。

6.2 資料前面已有說明。

7. भवित्व bhavitva 動詞／分詞　有，存在，成為

7.1 【詞尾變化】bhavitva 即√bhū 的過去主動分詞的異寫，所以字典查√bhū。

7.2 資料前面已有說明。

8. तत्क्षणम् tatkṣaṇam 副詞　同時地

8.1 【詞尾變化】tatkṣaṇam 是 tatkṣaṇa 的副詞形，所以字典查 tatkṣaṇa。

8.2 【摩威梵英,p432】

8.2.1 m. the same moment ;

8.2.2（am）ind. at the same moment , directly , immediately ;

8.2.3（*āt*）abl. ind. ;

8.2.4（*e*）loc. ind. id.

8.3 【梵漢辭典,p1284】（副詞）同時地，直接地，立即第，即時地；（經文）一念之頃。

9. अन्योन्य anyonya 形容詞　相互地；各各

9.1 【詞尾變化】沒有詞尾變化。

9.2 【摩威梵英,p46】

9.2.1（said to be fr. *anyas* nom. sing. m. and *anya* ; cf. *paraspara* ; in most cases the first *anya* may be regarded as the subject of the sentence , while the latter assumes the acc. , inst. gen. , or loc. cases as required by the verb ; but there are many instances in which the first *anya* , originally a nominative , is equivalent to an oblique case）; one another , mutual ;

9.2.2（*am*）, or *-tas* ind. mutually.

9.3 【梵漢辭典,p126】（陽性／陰性）互相地；相互地，輪流地，（經文）互，迭，迭互，遞互，更互，迭相，相互，互相，互為，相，共相，遞相，各，各各；異，展轉，展轉更相，展轉相望。

10. पृच्छन्ति pṛcchanti 動詞 請教，問

10.1 【詞尾變化】pṛcchanti 是√praś（√prach）的現在式第三人稱複數形，所以字典查√praś（√prach）。

10.2 資料前面已有說明。

11. कथं kathaṁ 副詞 是甚麼原因

11.1 【詞尾變化】kathaṁ 根據連音規則是從 katham 變化過來，所以字典查 katham。

11.2 【摩威梵英,p247】

11.2.1 ind.（fr. 2. *ka*）, how? in what manner? whence?（e.g. *katham etat* , how is that? *Katham idānīm* , how now? what is now to be done?）; sometimes *katham* merely introduces an interrogation（e.g. *katham ātmānaṁ nivedayāmi kathaṁ vātmāpahāraṁ karomi* , shall I declare myself or shall I withdraw?）*katham* is often found in connection with the particles *iva* , *nāma* , *nu* , *svid* , which appear to generalize the interrogation（how possibly? how indeed?）; with *nu* it is sometimes = *kimu* , or *kutas*（e.g. *katkaṁ nu* , how much more! *Na kathaṁ nu* , how much less!）*katham* is often connected , like *kim* , with the particles *cana* , *cid* , and *api* , which give an indefinite sense to the interrogative（e.g. *kathaṁ cana* , in any way , some how ; scarcely , with difficulty ; *na kathaṁ cana* , in no way at all ; *kathaṁcit* , some how or other , by some means or other , in any way , with some difficulty , scarcely , in a moderate degree , a little）RV. ; according to lexicographers *katham* is a particle implying amazement ; surprise ; pleasure ; abuse.

11.2.2（in comp. for *katham* ; at the beginning of an adjective compound it may also have the sense of *kim*）.

11.3 【梵漢辭典,p581】（副詞）怎麼座，從何處（出於甚麼原因？），何故，為何；（經文）何，云何，如何，何故，以何。

【筆者試譯】：四種不同種類的會眾看見世尊，
日月燈明如來這樣的情況（所展現神通境界），
感到驚訝而歡喜，同一時間內全部的
眾生都在問：這到底是怎麼回事？

【什公漢譯】：爾時四部眾，見日月燈佛，現大神通力，其心皆歡喜。
各各自相問，是事何因緣？

【英 譯 本】：And all the four classes of hearers on
seeing the power of the mighty Kandrârkadîpa
were filled with joy and asked one another:
How is this?

【信譯研究】：信譯。這裡鳩摩羅什是用六句五言詩來翻譯梵文的四句頌。

【第七十四頌】

अचिराच्च सो नरमरुयक्षपूजितः
समाधितो व्युत्थित लोकनायकः।
वरप्रभं पुत्र तदाध्यभाषत
यो बोधिसत्त्वो विदु धर्मभाणकः॥७४॥

【羅馬譯音】

acirācca so naramaruyakṣapūjitaḥ
samādhito vyutthita lokanāyakaḥ|
varaprabhaṁ putra tadādhyabhāṣata
yo bodhisattvo vidu dharmabhāṇakaḥ||74||

【句義解析】

Acirāc ca so nara-maru-yakṣa-pūjitaḥ
samādhito vyutthita loka-nāyakaḥ|
Varaprabhaṁ putra tadā ‘dhyabhāṣata
yo bodhisattvo vidu dharma-bhāṇakaḥ||74||

【辭彙研究】

1. अचिराच् acirāc 形容詞　不久的

1.1 【詞尾變化】acirāc 根據連音規則是從 acirāt 變化過來，而 acirāt 是 acira 的中性單數從格形，所以字典查 acira。

1.2 【摩威梵英,p9】

1.2.1 mfn. not of long duration , brief ; instantaneous , recent ;

1.2.2（*am* , *āt* , *eṇa*）ind. not long , not for long ; not long ago ; soon , speedily ;

1.2.3（*ā*）f. the mother of the Jaina saint.

1.3 【梵漢辭典,p26】（形容詞）短的，片刻的，瞬間的；（經文）不久，未久。

2. समाधितो samādhito 名詞　三摩地

2.1 【詞尾變化】samādhito 根據連音規則是從 samādhitaḥ 變化過來，而 samādhitaḥ 是 samādhita 的陽性單數主格形，所以字典查 samādhita。

2.2 資料前面已有說明。

3. व्युत्थित vyutthita 動詞　放棄；出來

3.1 【詞尾變化】vyutthita 是 vi-ut-√sthā 的過去被動分詞形，所以字典查 vi-ut-√sthā。

3.2 資料前面已有說明。

4. तदाऽध्यभाषत tadā 'dhyabhāṣata 代名詞　他如此向～說～

4.1 【詞尾變化】

4.1.1 tadā 'dhyabhāṣata 根據連音規則是從 tadā adhyabhāṣata 結合而成。

4.1.2 tadā 是 tad 的陽性單數工具格形。

4.1.3 adhyabhāṣata 是 adhi-√bhāṣ 的過去式第三人稱單數形。

4.1.4 所以字典查 tad adhi-√bhāṣ。

4.2 資料前面已有說明。

5. विदु vidu 形容詞　聰明的

5.1 【詞尾變化】沒有詞尾變化。

5.2 【摩威梵英,p963】

5.2.1 mfn. intelligent , wise;

5.2.2 m. the hollow between the frontal globes of an elephant ; N. of a man

Buddh. ;

5.2.3 m. or f. N. of a deity of the Bodhi tree ib.

5.2.4（or *dū*）P. *-dunoti* , to consume or destroy by burning AV. ;

5.2.5 Ā *-dunute* , *-dūyate*（ep. also *-ti*）, to be agitated or afflicted or distressed MBh. BhP.

5.2.6 vidura , *vidula* see under √1. *vid* , p. 963 , col. 3.

5.3 【梵漢辭典,p1419】（形容詞）聰明的；（經文）叡，智慧，智者，聰慧（者）。

6. भाणकः bhāṇakaḥ 形容詞　讚歎

6.1【詞尾變化】bhāṇakaḥ 是 bhāṇaka 陽性單數主格形，所以字典查 bhāṇaka。

6.2　資料前面已有說明。

【筆者試譯】：不久這些天人夜叉都恭候著，
世尊從三昧出來，
向妙光菩薩表示，
菩薩是有智慧的法師。

【什公漢譯】：天人所奉尊，適從三昧起，讚妙光菩薩，汝爲世間眼。

【英 譯 本】：And soon afterwards, as the Leader of the
world, worshipped by men, gods, and goblins, rose
from his meditation, he addressed his son Varaprabha,
the wise Bodhisattva and preacher of the law.

【信譯研究】：信譯。「dharma-bhāṇakaḥ」根據摩威梵英辭典第 51 頁說明，這個單字的意思就是「law-expounder , preacher」也是「lecturer , public reader of the MBh. and other sacred wks.」，意思就是宗教師、唄經師與律法持有者、公開說法者。不過因爲唄經師在印度常常唱頌禮讚佛法，所以梵漢辭典（頁 255）也說是「讚歎」的意思。鳩摩羅什的翻譯是根據這裡而來，沒有重大的過失。

【第七十五頌】

लोकस्य चक्षुश्च गतिश्च त्वं विदु-

वैश्वासिको धर्मधरश्च मह्यम्।
त्वं ह्यत्र साक्षी मम धर्मकोशे
यथाहु भाषिष्यि हिताय प्राणिनाम्॥७५॥

【羅馬譯音】

lokasya cakṣuśca gatiśca tvaṁ vidu-
rvaiśvāsiko dharmadharaśca mahyam|
tvaṁ hyatra sākṣī mama dharmakośe
yathāhu bhāṣiṣyi hitāya prāṇinām||75||

【句義解析】

lokasya cakṣuś ca gatiś ca tvaṁ vidur
vaiśvāsiko dharma-dharaś ca mahyam|
tvaṁ hy atra sākṣī mama dharma-kośe
yathā 'hu bhāṣiṣyi hitāya prāṇinām||75||

【辭彙研究】

1. चकषुश् cakṣuś 形容詞　觀看的
   1.1 【詞尾變化】cakṣuś 根據連音規則是從 cakṣusḥ 變化過來，而 cakṣusḥ 是 cakṣus 的陽性單數主格形，所以字典查 cakṣus。
   1.2 資料前面已有說明。
2. गतिश् gatiś 名詞　舉止，行動
   2.1 【詞尾變化】gatiś 根據連音規則是從 gatiḥ 變化過來，而 gatiḥ 是 gati 的陰性單數主格形，所以字典查 gati。
   2.2 資料前面已有說明。
3. त्वं tvaṁ 代名詞　你
   3.1 【詞尾變化】tvaṁ 根據連音規則是從 tvam 變化過來，字典查 tavm。
   3.2 資料前面已有說明。
4. विदुर् vidur 形容詞　聰明；有智慧的
   4.1 【詞尾變化】vidur 根據連音規則是從 viduḥ 變化過來，而 viduḥ 是 vidu 的陽性單數主格形，所以字典查 vidu。

4.2 資料前面已有說明。

5. वैश्वासको vaiśvāsiko 形容詞　值得信賴的

5.1 【詞尾變化】vaiśvāsiko 根據連音規則是從 vaiśvāsikaḥ 變化過來，而 vaiśvāsikaḥ 是 vaiśvāsika 的陽性單數主格形，所以字典查 vaiśvāsika。

5.2 【摩威梵英,p1027】mf(ī)n.(fr. vi-śvāsa)deserving or inspiring confidence , trustworthy.

5.3 【梵漢辭典,p1376】(形容詞）使產生自信的，值得信賴的；(經文）信，所歸信，保信人。

6. धरश् dharaś 形容詞　持續的；承擔的

6.1 【詞尾變化】dharaś 根據連音規則是從 dharaḥ 變化過來，而 dharaḥ 是 dhara 的陽性單數主格形，所以字典查 dhara。

6.2 資料前面已有說明。

7. मह्यम् mahyam 形容詞　我

7.1 【詞尾變化】mahyam 是 aham 的對格形，所以字典查 aham。

7.2 資料前面已有說明。

8. अत्र atra 副詞　此處

8.1 【詞尾變化】atra 是 idam 的陽性單數位格形，所以字典查 idam。

8.2 資料前面已有說明。

9. साक्षी sākṣī 形容詞　證明

9.1 【詞尾變化】sākṣī 是 sākṣin 的陽性單數主格形，所以字典查 sākṣin。

9.2 【摩威梵英,p1198】

9.2.1 mfn. seeing with the eyes , observing , witnessing ; an eye-witness , witness（in law）of or to（gen. loc. , or comp.）MBh.;

9.2.2 m.（in phil.）the Ego or subject（as opp. to the object or to that which is external to the mind ; cf. *sākṣi-mātra*）; N. of a man（also pl.）.

9.3 【梵漢辭典,p1063】(陽性）(陰：-ṇī）目擊者，旁觀者，(法庭上的）證人；(經文）證，試驗，證者，證知，現，現證，證明，眞證，第一證，爲證明。

10. मम mama 代名詞　我的

10.1 【詞尾變化】mama 是 aham 的單數屬格形。所以字典查 aham。

10.2　資料前面已有說明。

11. कोशे kośe 名詞　庫藏

11.1　【詞尾變化】kośe 是 kośa 的陽性單數於格形，所以字典查 kośa。

11.2　資料前面已有說明。

12. यथाऽहु yathā 'hu 連接詞+代名詞　如我這般～

12.1　【詞尾變化】yathā 'hu根據連音規則是yathā ahu的結合而成，所以字典查 yathā ahu。

12.2　資料前面已有說明。

13. भाषिष्यि bhāṣiṣyi 動詞　說

13.1　【詞尾變化】bhāṣiṣyi 是√bhāṣ 的 BHS 異寫體，〔註 78〕所以字典查√bhāṣ。

13.2　資料前面已有說明。

14. हिताय hitāya 動詞　大聲召喚

14.1　【詞尾變化】hitāya 爲√hi 的過去被動分詞之陽性單數爲格形，所以字典查√hi。

14.2　【摩威梵英,p1297】 cl. 5. P. , to send forth set in motion , impel , urge on , hasten on RV. AV.; to stimulate or incite to（dat.）RV. ; to assist or help to （dat.）ib. ; to discharge , hurl , cast , shoot RV. ; to convey , bring , procure ; to forsake , abandon , get rid of;（*hinvati*）, to gladden , delight.

14.3　【梵漢辭典,p491】（動詞）馳騁，加速；大聲召喚，喊出咒語，祈禱。

15. प्राणिनाम् prāṇinām 形容詞　有呼吸的；生命的

15.1【詞尾變化】prāṇinām 是 prāṇin 的陽性複數屬格形，所以字典查 prāṇin。

15.2　資料前面已有說明。

【筆者試譯】：世界觀看著，你那智慧的舉止，
我那深信不渝的佛法，
你在這裡作證，我所說的法藏，
如我所說的大聲告訴眾生！

【什公漢譯】：一切所歸信，能奉持法藏，如我所說法，唯汝能證知。

〔註 78〕請見江島惠教等編《梵藏漢法華基原典總索引》，日本東京：靈友會 1992 年出版，頁 764。

【英 譯 本】：'Thou art wise, the eye and refuge of the world; thou art the trustworthy keeper of my law, and canst bear witness as to the treasure of laws which I am to lay bare to the weal of living beings.'

【信譯研究】：信譯。這首詩歌的翻譯充分顯現了鳩摩羅什的翻譯長才。將梵詩裡面的意思言簡意賅地表達出來。

【第七十六頌】

संस्थापयित्वा बहुबोधिसत्त्वान्
हर्षित्व संवर्णिय संस्तवित्वा।
प्रभाषते तज्जिन अग्रधर्मान्
परिपूर्ण सो अन्तरकल्प षष्टिम्॥७६॥

【羅馬譯音】

saṁsthāpayitvā bahubodhisattvān
harṣitva saṁvarṇiya saṁstavitvā|
prabhāṣate tajjina agradharmān
paripūrṇa so antarakalpa ṣaṣṭim||76||

【句義解析】

saṁsthāpayitvā bahu-bodhisattvān
harṣitva saṁvarṇiya saṁstavitvā|
prabhāṣate taj-jina agra-dharmān
paripūrṇa so antara-kalpa ṣaṣṭim||76||

【辭彙研究】

1. संस्थापयित्वा saṁsthāpayitvā 動詞　安住；攝受
   1.1 【詞尾變化】saṁsthāpayitvā 是 sam-√sthā 的未來被動分詞異寫，所以字典查 sam-√sthā。
   1.2 資料前面已有說明。

2. हर्षित्व harṣitva 動詞　高興；歡喜

2.1 【詞尾變化】harṣitva 是從√hṛṣ 變化過來，字典查√hṛṣ。

2.2 資料前面已有說明。

3. संवर्णिय saṁvarṇiya 動詞　圍繞；覆蓋

3.1 【詞尾變化】saṁvarṇiya 是從 sam-√vṛ 變化過來，所以字典查 sam-√vṛ。

3.2 資料前面已有說明。

4. संस्तवित्वा saṁstavitvā 動詞　讚美；讚賞

4.1 【詞尾變化】saṁstavitvā 是 sam-√stu 的絕對格異寫，所以字典查 sam-√stu。

4.2 資料前面已有說明。

5. प्रभाषते prabhāṣate 動詞　發光；發亮

5.1 【詞尾變化】prabhāṣate 是 pra-√bhāṣ 的現在式第三人稱單數形，所以字典查 pra-√bhāṣ。

5.2 資料前面已有說明。

6. तज्जिन tajjina 代名詞+名詞　他佛陀

6.1 【詞尾變化】tajjina 根據連音規則是從 tad-jina 變化過來，字典查 tad-jina 這兩個字。

6.2 資料前面已有說明。

7. परिपूर्ण paripūrṇa 動詞　圓滿

7.1 【詞尾變化】paripūrṇa 是 pari-√pṝ 過去被動分詞形，所以字典查 pari-√pṝ。

7.2 【摩威梵英,p597】

7.2.1 mfn. quite full ; completely filled or covered with , occupied by（comp.）MBh.; accomplished , perfect , whole , complete ib. ; fully satisfied , content ;

7.2.2 *-candra-vimala-prabha* m. N. of a *Samādhi* ;

7.2.3 *-tā* f. *-tva* n. completion , fulness , satiety , satisfaction ;

7.2.4 *-bhāṣin* mfn. speaking perfectly i.e. very wisely ;

7.2.5 *-mānasa* mfn. satisfied in mind ;

7.2.6 *-mukha* mf（*ī*）n. having the face entirely covered or smeared or painted with（comp.）;

7.2.7 -*sahasra-candra-vatī* f. `possessing a thousand full moons ' , N. of Indra's wife ;

7.2.8 –*vyañjanatā* f. having the sexual organs complete（one of the 80 secondary marks of a Buddha）;

7.2.9 -*ṇārtha* mfn. having attained one's aim ; full of meaning , wise（as a speech）MBh.;

7.2.10 -*ṇendu* m. the full moon.

7.3 【梵漢辭典,p898】（動詞）使充滿；以 ～充滿；用～覆蓋，完整的，全體的；富有的，大量擁有的；使充足的；被實現目的。（經文）滿，圓滿，成滿，能圓滿，令滿足，稱滿，悉令滿足，具，具足，具足圓滿，具足充滿；成就。

8. षष्टिम् ṣaṣṭim 數詞　六十

8.1 【詞尾變化】ṣaṣṭim 是 ṣaṣṭi 的對格形，所以字典查 ṣaṣṭi。

8.2 資料前面已有說明。

【筆者試譯】：讓很多菩薩安住（在佛法裡），
圍繞著歡喜讚美（的氣氛裡），
顯耀了佛陀的無上大法，
整整圓滿了六十劫。

【什公漢譯】：世尊既讚歎，令妙光歡喜，說是法華經，滿六十小劫。

【英 譯 本】：Then, after rousing and stimulating, praising
and lauding many Bodhisattvas, did the Gina proclaim
the supreme laws during fully sixty intermediate
kalpas.

【信譯研究】：信譯。不過這個地方「agra-dharmān」的翻譯，字面上是『無上大法』，但是鳩摩羅什認爲這就是《法華經》。

【第七十七頌】

यं चैव सो भाषति लोकनाथो

एकासनस्थः प्रवराग्रधर्मम्।
तं सर्वमाधारयि सो जिनात्मजो
वरप्रभो यो अभु धर्मभाणकः॥७७॥

【羅馬譯音】

yaṁ caiva so bhāṣati lokanātho
ekāsanasthaḥ pravarāgradharmam|
taṁ sarvamādhārayi so jinātmajo
varaprabho yo abhu dharmabhāṇakaḥ||77||

【句義解析】

yaṁ caiva so bhāṣati loka-nātho
ek'āsana-sthaḥ pravarāgra-dharmam|
taṁ sarvam ādhārayi so jin'ātmajo
Varaprabho yo abhu dharma-bhāṇakaḥ||77||

【辭彙研究】

1. नाथो nātho 形容詞　依怙主
   1.1 【詞尾變化】nātho 根據連音規則是從 nāthaḥ 變化過來，nāthaḥ 是 nātha 的陽性單數主格形，所以字典查 nātha。
   1.2 資料前面已有說明。
2. एकऽआसन ek'āsana 形容詞+名詞　一個座位
   2.1 【詞尾變化】ek'āsana 根據連音規則是從 eka āsana 結合變化過來。字典查 eka 與 āsana。
   2.2 資料前面已有說明。
3. स्थः sthaḥ 形容詞　坐的
   3.1 【詞尾變化】sthaḥ 是 stha 的陽性單數主格形，所以字典查 stha。
   3.2 資料前眠已以說明。
4. प्रवराग्र pravarāgra 形容詞　最上的
   4.1 【詞尾變化】根據連音規則，這個字是 vara-agra 的組合，所以字典查 pra-vara-agra。

4.2 資料前面已有說明。

5. आधारयि ādhārayi 動詞　執持；護持

5.1 【詞尾變化】ādhārayi 是 ā-dhāraye 的異寫，也就是 ā-√dhṛ 的使役動詞現在式第一人稱單數形，所以字典查 ā-√dhṛ。

5.2 【摩威梵英,p138】P.（*-dharati*）to hold , keep , support: Caus. P.（impf. 2. sg. *ādhārayas*）to bring , supply: Pass.（*-dhriyate*）to be contained , exist in anything（loc.）

5.3 【梵漢辭典,p381】（動詞）帶到～；看守；（經文）執，執持，護持，持。

6. जिन्ऽआत्मजो jin'ātmaj 名詞　兒子

6.1 【詞尾變化】jin'ātmajo 根據連音規則是 jina-ātmajo，也就是 jina-ātmaja 的陽性單數主格形，jina 前面已有資料說明，所以字典查 ātmaja。

6.2 【摩威梵英,p135】

6.2.1 mfn. self-originated MBh. ;

6.2.2 m.（ifc. f. *ā* R.）`born from or begotten by one's self' , a son ; N. of the fifth lunar mansion VarYogay. ;

6.2.3（*ā*）f. a daughter MBh. ; ` originating from intellect' , the reasoning faculty.

6.3 【梵漢辭典,p197】（形容詞）已生的。（陽性）兒子，子孫；（經文）子。

7. अभु abhu 形容詞　不生

7.1 【詞尾變化】abhu 是 a-bhu 所組合，a 代表否定意思，字典查 bhu。

7.2 【摩威梵英,p761】

7.2.1 mfn. becoming , being , existing , springing , arising（ifc. ; cf. *akṣi-* , *giri-* , *citta-* , *padmabhū*）;

7.2.2 m. N. of *Viṣṇu*; of an Ekāha ;

7.2.3 f. the act of becoming or arising ; the place of being , space , world or universe（also pl.）RV. AV. ; the earth（as constituting one of the 3 worlds , and therefore a symbolical N. for the number ` one '）MBh.; one of the three *Vyāhṛitis*（see *bhuvas* , *bhūr*）; earth（as a substance）, ground , soil , land , lauded property ; floor , pavement ; a place , spot , piece of ground RV. ; the base of any geometrical figure; object , matter; a term for the letter *ī*; a sacrificial fire.

7.3 【梵漢辭典,p277】（形容詞）=bhū，成爲，使發生，活的，存在。（陰性）大地，空間，世界；地面，地板；土地，領地；土，場所，地點，題目，狀態，樣子。（經文）地，地上。

【筆者試譯】：世間的依怙主又如此地照亮了，
在一個座位上（法座），無上大法，
那聖者之子所執持的一切，，
妙光菩薩，無生的法師。

【什公漢譯】：不起於此座，所說上妙法，是妙光法師，悉皆能受持。

【英 譯 本】：And whatever excellent supreme law was
proclaimed by the Lord of the world while continuing
sitting on the very same seat, was kept in
memory by Varaprabha, the son of Gina, the preacher
of the law.

【信譯研究】：信譯。

【第七十八頌】

सो चो जिनो भाषिय अग्रधर्मं
प्रहर्षयित्वा जनतामनेकाम्।
तस्मिंश्च दिवसे वदते स नायकः
पुरतो हि लोकस्य सदेवकस्य॥७८॥

【羅馬譯音】

so co jino bhāṣiya agradharmaṁ
praharṣayitvā janatāmanekām|
tasmiṁśca divase vadate sa nāyakaḥ
purato hi lokasya sadevakasya||78||

【句義解析】

so co jino bhāṣiya agra-dharmaṁ

praharṣayitvā janatām anekām|
tasmiṁś ca divase vadate sa nāyakaḥ
purato hi lokasya sadevakasya||78||

【辭彙研究】

1. प्रहर्षयित्व praharṣayitvā 動詞　高興；歡喜

1.1 【詞尾變化】praharṣayitvā 是從 pra-√hṛṣ 變化過來，字典查 pra-√hṛṣ。

1.2 資料前面已有說明。

2. जनताम् janatām 名詞　眾生

2.1 【詞尾變化】janatām 是 janatā 陰性單數對格形，所以字典查 janatā。

2.2 【摩威梵英,p410】（*-na-*）f. a number of men , assemblage of people , community , subjects , mankind AV.; generation.

2.3 【梵漢辭典,p523】（陰性）群集，眾生聚集之處，聚落；社會；人民，陳民，人類；（經文）眾，眾生，民眾，諸人，群生類，諸群生，諸含識。

3. अनेकाम् anekām 形容詞　各種的；諸多的

3.1 【詞尾變化】anekām 是 aneka 的陰性單數對格形，所以字典查 aneka。

3.2 資料前面已有說明。

4. दिवसे divase 名詞　日

4.1 【詞尾變化】divase 是 divasa 的陽性單數於格形，所以字典查 divasa。

4.2 【摩威梵英,p478】m.（or ri. g. *ardharcādi*）heaven ; a day MBh.

4.3 【梵漢辭典,p394】（陽性）天，日（經文）晝，日，晝日，日中。

5. वदते vadate 動詞　說

5.1 【詞尾變化】vadate 是√vad 的現在式第三人稱單數形，所以字典查√vad。

5.2 資料前面已有說明。

6. पुरतो purato 副詞　在前面的

6.1 【詞尾變化】purato 根據連音規則是 puratāḥ 變化過來，而 puratāḥ 是 puratas 陽性單數主格形，所以字典查 puratas。

6.2 【摩威梵英,p634】ind. before（in place or time）, in front or in presence of（gen. or comp.）MBh.;*-taḥ kṛ*, to place in front , cause to precede , honour.

6.3 【梵漢辭典,p990】(副詞)在前方，在前；在之前或面前；在以前；(經文)先，前，在前，對前，現前，於前。

7. सदेवकस्य sadevakasya 名詞　有天

7.1 【詞尾變化】sadevakasya 是 sadevaka 的陽性單數屬格形，所以字典查 sadevaka。

7.2 資料前面已有說明。

【筆者試譯】：佛陀解說無上大法，
讓種種眾生都感到歡喜，
在那個日子，世尊告訴了，
在座前的人類與天眾們。

【什公漢譯】：佛說是法華，令眾歡喜已，尋即於是日，告於天人眾。

【英 譯 本】：And after the Gina and Leader had manifested
the supreme law and stimulated the numerous
crowd, he spoke, that day, towards the world including
the gods (as follows):

【信譯研究】：信譯。但所謂的 agra-dharmaṁ(無上大法)，鳩摩羅什大多解作法華經。

【第七十九頌】

प्रकाशिता मे इय धर्मनेत्री
आचक्षितो धर्मस्वभाव यादृशः।
निर्वाणकालो मम अद्य भिक्षवो
रात्रीय यामस्मिह मध्यमस्मिन्॥७९॥

【羅馬譯音】

prakāśitā me iya dharmanetrī
ācakṣito dharmasvabhāva yādṛaśaḥ|
nirvāṇakālo mama adya bhikṣavo
rātrīya yāmasmiha madhyamasmin||79||

【句義解析】

prakāśitā me iya dharma-netrī
ācakṣito dharma-svabhāva yādṛaśaḥ|
nirvāṇa-kālo mama adya bhikṣavo
rātrīya yāmasmi ha madhyamasmin||79||

【辭彙研究】

1. प्रकाशिता prakāśitā 動詞　說明；開示
 1.1 【詞尾變化】prakāśitā 是 pra-√kāś 的過去被動分詞之陽性複數主格形，所以字典查 pra-√kāś。
 1.2 資料前面已有說明。

2. मे me 代名詞　我
 2.1 【詞尾變化】me 是 aham 的陽性單數為格形，所以字典查 aham。
 2.2 資料前面已有說明。

3. आचक्षितो ācakṣito 動詞　說明
 3.1 【詞尾變化】ācakṣito 是 ācakṣita 的連音規則之陽性單數主格形，ācakṣita 則是 ā-√kāś 變化過來的過去被動分詞異寫，所以字典查 ā-√kāś。
 3.2 資料前面已有說明。

4. स्वभाव svabhāva 名詞　本性
 4.1 【詞尾變化】沒有詞尾變化。
 4.2 【摩威梵英,p1276】
  4.2.1 m.（ifc. f. *ā*）native place ; own condition or state of being , natural state or constitution , innate or inherent disposition , nature , impulse , spontaneity ;（*-vāt* or *-vena* or *-va-tas* or ibc.）, from natural disposition , by nature , naturally , by oñone's self , spontaneously）MBh.;
  4.2.2 *-kṛta* mfn. done by nature , natural;
  4.2.3 *-kṛpaṇa* m. `naturally mean'N. of a *Brāhman* ;
  4.2.4 *-ja* mfn. produced by natural disposition , innate , natural;
  4.2.5 *-janita* mfn. id. ;
  4.2.6 *-tas* ind. see above ;
  4.2.7 *–tā* f.（Ja1takam.）or *-tva* n. the state of innate disposition or nature ;

4.2.8 -*daurjanya* n. natural or innate wickedness ;

4.2.9 -*dveṣa* m. natural hatred ;

4.2.10 -*prabhava* mfn.（= -*ja* above）;

4.2.11 -*bhāva* m. natural disposition;

4.2.12 -*vāda* m. the doctrine that the universe was produced and is sustained by the natural and necessary action of substances according to their inherent properties ;

4.2.13 -*vādin* m. one who maintains the above doctrine ib. ;

4.2.14 -*śūra* mfn. possessing natural heroes（others , `valiant by nature '）;

4.2.15 -*siddha* mfn. established by nature , natural , imiate; self-evident , obvious ;

4.2.16 -*vārtha-dīpikā* f. N. of Comm. ;

4.2.17 -*vokta* mfn. said or declared spontaneously ;

4.2.18 -*vokti* f. statement of the exact nature（of anything）, accurate description of the properties（of things）; spontaneous declaration ;

4.2.19 -*vonnata-bhāva* mfn. high-minded by nature（-*tva* n.）.

4.3 【梵漢辭典,p1250】（陽性）固有的，天生的性格或素質，本性；（經文）性，體，相，定相，有興，自性，自體，自相，體性，實體，自然本性，眞如體性。

5. यादृशः yādṛaśaḥ 形容詞　如此種類的

5.1 【詞尾變化】yādṛaśaḥ 是 yādṛaśa 的陽性單數主格形，所以字典查 yādṛaśa。

5.2 【摩威梵英】無此字。

5.3 【艾格混梵,p446】adj.（= Pali yādisaka; =Skt. yādṛśa plus –ka svārthe; no mg. of suffix perceptible）, of which sort: SP 30.16 and 125.13（vss. In these might be m.c.）;

5.4 【梵漢辭典,p1498】（形容詞）（同 yādṛś）有如此外貌的，如此種類的；（經文）如，如是，如是行相，所有，若干種，有何相，隨彼有相。

6. कालो kālo 形容詞　時間

6.1 【詞尾變化】kālo 根據連音規則是從 kālaḥ 變化過來，而 kālaḥ 是 kāla 的陽性單數主格形，所以字典查 kāla。

6.2 資料前面已有說明。

7. भिक्षवो bhikṣavo 動詞　想要；乞求

7.1【詞尾變化】bhikṣavo 根據連音規則是 bhikṣavaḥ 變化過來，而 bhikṣavaḥ 是√bhikṣ 變化過來的，所以字典查√bhikṣ。

7.2【摩威梵英,p】

7.3【梵漢辭典,p268】(動詞)想要，向～請求；來自～的請求；起討，施捨；(經文)乞。

8. रात्रीय rātrīya 名詞　夜晚

8.1【詞尾變化】rātrīya 根據連音規則是從 rātrīyaḥ 變化過來，而 rātrīyaḥ 是 rātrī，rātrī 今天已經呈現短音形態，爲 rātri，所以字典查 rātri。

8.2 資料前面已有說明。

9. यामस्मि yāmasmi 名詞　更；三個小時

9.1【詞尾變化】yāmasmi 是 yāma 的 BHS 的中性單數於格形。所以字典查 yāma。

9.2 資料前面已有說明。

10. मध्यमस्मिन् madhyamasmin 形容詞　中夜的

10.1【詞尾變化】madhyamasmin 是 madhyama 的 BHS 中性於格形，所以字典查 madhyama。

10.2 資料前面已有說明。

【筆者試譯】：我開示了正法之眼，
說明了各種種類的"法自然之性"，
涅槃的時間，在今天我想要，
在中夜時分。

【什公漢譯】：諸法實相義，已爲汝等說，我今於中夜，當入於涅槃。

【英 譯 本】：'I have manifested the rule of the law; I
have shown the nature of the law; now, O monks,
it is the time of my Nirvâna; this very night, in the
middle watch.

【信譯研究】：信譯。

【第八十頌】

भवथाप्रमत्ता अधिमुक्तिसारा

अभियुज्यथा मह्य इमस्मि शासने।

सुदुर्लभा भोन्ति जिना महर्षयः

कल्पान कोटीनयुतान अत्ययात्॥८०॥

【羅馬譯音】

bhavathāpramattā adhimuktisārā

abhiyujyathā mahya imasmi śāsane|

sudurlabhā bhonti jinā maharṣayaḥ

kalpāna koṭīnayutāna atyayāt||80||

【句義解析】

bhavathāpramattā adhimukti-sārā

abhiyujyathā mahya imasmi śāsane|

sudurlabhā bhonti jinā maha-rṣayaḥ

kalpāna koṭī-nayutāna atyayāt||80||

【辭彙研究】

1. भवथाप्रमत्ता bhavathāpramattā 動詞　不能變得掉以輕心

1.1 【詞尾變化】

1.1.1 bhavathāpramattā 為 bhavatha-apramattā 兩個字結合。

1.1.2 bhavatha 為√bhū 的現在式第二人稱複數形。資料前面已有說明。

1.1.3 apramattā 根據連音規則是從 apramattāḥ 變化過來，而 apramattāḥ 是 apramatta 的陽性複數主格形。Apramatta 為 a-pra-√mad 的過去被動分詞形。A 為否定字首。

1.1.4 所以字典查 pra-√mad。

1.2 【摩威梵英,p685】(or *mand*) P. (rarely Ā) *-madati* , *-mandati* , *-mādyati* (*-te*) , to enjoy one's self , be joyous , sport , play RV. ; to be careless or negligent , to be indifferent to or heedless about (abl. or loc.) RV. ; to neglect duty for , idle away time in (loc.) MBh. ; to be thrown into confusion MBh.: Caus. P. *-mādayati* , to gladden , delight ; Ā *-mādayate* , to enjoy , indulge in RV.

1.3 【梵漢辭典,p669】（動詞）歡喜，非常高興；對～不注意，對～不關心，對～怠慢；對～輕率，對～忘記（自己的職務），陷入混亂。

2. अधिमुक्ति adhimukti 動詞　敬信

2.1 【詞尾變化】adhimukti 是 adhi-mukti 所組合，而 mukti 是 mukte 的 BHS 的異寫，所以 adhi-mukti 就是 adhi-√muc 的過去被動分詞的陽性單數於格形，所以字典查 adhi-√muc。

2.2 【摩威梵英,p21】inclined , propense Buddh. ; Confident ib.

2.3 【梵漢辭典,p742】（動詞）（經文）信，生信，深信，淨信，生淨信心，信解，深信解，發生信解，解，意解，勝解，證，諦受，度脫，得底，入，謂。

3. सारा sārā 名詞　堅固

3.1 【詞尾變化】sārā 根據連音規則，是從 sārāḥ 變化過來，而 sārāḥ 是 sāra 的陽性複數主格形，所以字典查 sāra。

3.2 【摩威梵英,p1208】

3.2.1 m. n.（ifc. f. *ā* ; perhaps to be connected with 1. sāra above ; prob. fr. a lost root meaning. ` to be strong'）the core or pith or solid interior of anything RV.; firmness , strength power , energy AV.; the substance or essence or marrow or cream or heart or essential part of anything , best part , quintessence（ifc. = ` chiefly consisting of or depending on' '）; the real meaning , main point ; a compendium , summary , epitome（often ifc. in titles of books）; a chiefingredient or constituent part of the body（causing the peculiarities of temperament ; reckoned to be 7 , viz. *sattva* , *śukra* , *majjan* , *asthi* , *medas* , *māṁsa* , *rakta*）; any ingredient; nectar BhP. ; cream , curds ; worth , value（*eṅa* , ` in consideration of. ' , according to '）; wealth , property , goods , riches ;（in rhet.）a kind of climax ; resin used as a perfume; water; dung ; the matter formed in a boil or ulcer , pus; impure carbonate of soda ib. ; a confederate prince , ally ;（= 1. *śāra*）a piece at chess or backgammon &c. ;

3.2.2（*ā*）f. a kind of plant（= *kriṣṇa-trivṛtā*）; *Kuṣa* grass;

3.2.3（*ī*）f. see under *sāri* and *sārī*;

3.2.4 mf（*ā*）n. hard , firm solid strong MBh. ; precious , valuable; good , sound , best , excellent BhP. ; sound（as an argument , thoroughly proved）; full of（instr.）; motley , speckled（=*śāra*）.

3.3 【梵漢辭典,p1132】（陽性）核，芯，活力，精力，能量；堅硬，兼顧，價值；財富，財產；精髓，實體，最好的部分，精華，摘要，甘露；水；（經文）心，核，肉，氣，尊，堅，實，固，堅固，內實，堅實，堅硬，堅牢，堅法，勞實，實法，眞實，貞實，經妙，拔濟。

4. भवथाप्रमत्ता abhiyujyathā 動詞　一心精進

4.1 【詞尾變化】

4.1.1 Abhiyujyathā 根據連音規則是從 abhiyujyathāḥ 變化過來，而 abhiyujyathāḥ 是 abhiyujyatha 的陽性複數主格形。

4.1.2 Abhiyujyatha 是 abhi-yujyatha 所組成，也就是 abhi-√yuj 變化過來的，所以字典查 abhi-√yuj。

4.2 資料前面已有說明。

5. इमस्मि imasmi 代名詞　於這個

5.1 【詞尾變化】imasmi 根據 BHS 的變化，就是從 ima 於格變化過來。字典查 ima。

5.2 資料前面已有說明。

6. शासने śāsane 形容詞　教導的；教誨的

6.1 【詞尾變化】śāsane 是 śāsana 的中性單數於格形，所以字典查 śāsana。

6.2 資料前面已有說明。

7. सुदुर्लभा sudurlabhā 形容詞　非常難得的

7.1 【詞尾變化】sudurlabhā 根據連音規則是從 sudurlabhāḥ 變化過來，而 sudurlabhāḥ 是 sudurlabha 的陽性複數主格形，所以字典查 sudurlabha。

7.2 【摩威梵英,p1225】mfn. very difficult to be attained , very scarce or rare MBh. ; very difficult to or to be（inf.）MBh.

7.3 【梵漢辭典,p1224】（形容詞）非常難得的，少有的；極難做；（經文）難，難可得，難得，難遇，甚難，難値，甚難値，難得見，極難値遇。

8. भोन्ति bhonti 動詞　成爲；有

8.1 【詞尾變化】根據艾格頓解釋，中印度寫法規則，"o（Pkt）=ava（Skt）"，〔註 79〕因此 bhonti 爲 bhavanti，爲√bhū 的陰性主格複數形，所以字典查√bhū。

8.2 資料前面已有說明。

9. षय: rṣayaḥ 名詞　古聖人

9.1 【詞尾變化】rṣayaḥ 根據學者研究即 ṛṣayaḥ，〔註 80〕即 ṛṣi 的陽性複數主格形，所以字典查 ṛṣi。

9.2 【摩威梵英,p227】

9.2.1 m.（√2. *ṛṣ,*）, a singer of sacred hymns , an inspired poet or sage , any person who alone or with others invokes the deities in rhythmical speech or song of a sacred character（e.g. the ancient hymn-singers *Kutsa* , *Atri* , *Rebha* , *Agastya* , *Kuśika* , *Vasishṭha* , *Vy-aśva*）RV. AV. ; the *Ṛishis* were regarded by later generations as patriarchal sages or saints , occupying the same position in India history as the heroes and patriarchs of other countries , and constitute a peculiar class of beings in the early mythical system , as distinct from gods , men , Asuras , AV. ; they are the authors or rather seers of the Vedic hymns i.e. according to orthodox Hindū ideas they are the inspired personages to whom these hymns were revealed , and such an expression as ` the *Ṛishi* says' is equivalent to ` so it stands in the sacred text ' ; seven *Ṛishis* are often mentioned in the *Brāhmaṇas* and later works as typical representatives of the character and spirit of the pre-historic or mythical period ; their names are given as follows , *Gotama* , *Bharadvāja* , *Viśvā-mitra* , *Jamadagni* , *Vasishṭha* , *Kaśyapa* , and *Atri* ; in MBh. *Mari1ci* , *Atri* , *Aṅgiras* , *Pulaha* , *Kratu* , *Pulastya* , *Vasishṭha* are given as the names of the *Ṛishis* of the first *Manvantara* , and they are also called *Prajāpatis* or patriarchs ; the names of the *Ṛishis* of the subsequent *Manv-antaras* are enumerated in Hariv. ; afterwards

〔註 79〕請見 Franklin Edgerton,"Buddhist Hybrid Sanskrit Grammar and Dictionary",Vol. II,Dictionary, Printed by Munshiram Manoharlal Publishers Pvt. Ltd., New Delhi, India, 1993,p.412。

〔註 80〕請見江島惠教等編《梵藏漢法華基原典總索引》，日本東京：靈友會 1992 年出版，頁 222。

three other names are added , viz. *Pracetas* or *Daksha* , *Bhṛigu* , and *Nārada* , these ten being created by *Manu Svāyambhuva* for the production of all other beings including gods and men MBh.; in astron. the seven *Ṛishis* form the constellation of ` the Great Bear AV. MBh.;（metaphorically the seven *Ṛishis* may stand for the seven senses or the seven vital airs of the body）; a saint or sanctified sage in general , an ascetic , anchorite（this is a later sense ; sometimes three orders of these are enumerated , viz. *Devarshis* , *Brahmarshis* , and *Rājarshis* ; sometimes seven , four others being added , viz. *Maharshis* , *Paramarshis* ,*Śrutarshis* , and *Kāṇdarshis*）; the seventh of the eight degrees of *Brāhmans*; a hymn or *Mantra* composed by a *Ṛishi* ; the Veda Comm. on MBh. ; a symbolical expression for the number seven ; the moon ; an imaginary circle ; a ray of light ; the fish Cyprinus *Ṛishi* ; ` a sage , a man old in wisdom ' ;

9.2.2 *arrach* , `old , ancient , aged. ' ,

9.3 【梵漢辭典,p1032】（陽性）歌者或作者，詩人，詩人的祭官，（古代的）聖人，聖仙，隱者；（經文）仙，大仙，仙人，神仙，聖。

10. अत्ययात् atyayāt 形容詞　從過去的

10.1 【詞尾變化】atyayāt 是 atyaya 的陽性單數從格形，所以字典查 atyaya。

10.2 【摩威梵英,p17】m.（fr. √1 with *ati*), passing , lapse , passage ; passing away , perishing , death ; danger , risk , evil , suffering ; transgression , guilt , vice ; getting at , attacking; overcoming , mastering（mentally）; a class.

10.3 【梵漢辭典,p202】（陽性）過去，經過；終末；冒險，危殆，危險，過誤，違犯；（經文）過，盡，滿，經歷；死，無，前已滅度。

【筆者試譯】：你不要掉以輕心，要堅固信心。
在我的教誨上一心精進，
過去的大聖人（佛祖）非常難得遇到的，
從過去無量億劫以來。

【什公漢譯】：汝一心精進，當離於放逸，諸佛甚難值，億劫時一遇。

【英 譯 本】：'Be zealous and strong in persuasion; apply

yourselves to my lessons;（for）the Ginas, the great seers, are but rarely met with in the lapse of myriads of kotis of Æons.'

【信譯研究】：信譯。

【第八十一頌】

संतापजाता बहुबुद्धपुत्रा
दुःखेन चोग्रेण समर्पिताभवन्।
श्रुत्वान घोषं द्विपदोत्तमस्य
निर्वाणशब्दं अतिक्षिप्रमेतत्॥८१॥

【羅馬譯音】

saṁtāpajātā bahubuddhaputrā
duḥkhena cogreṇa samarpitābhavan|
śrutvāna ghoṣaṁ dvipadottamasya
nirvāṇaśabdaṁ atikṣiprametat||81||

【句義解析】

saṁtāpa-jātā bahu-buddha-putrā
duḥkhena cogreṇa samarpitā 'bhavan|
śrutvāna ghoṣaṁ dvi-padottamasya
nirvāṇa-śabdaṁ atikṣipram etat||81||

【辭彙研究】

1. संताप saṁtāpa 形容詞　悲傷的；痛苦的

1.1 【詞尾變化】沒有詞尾變化。

1.2 【摩威梵英,p1142】

1.2.1 m.（ifc. f. *ā*）becoming very hot , great or burning heat , glow , fire; affliction , pain , sorrow , anguish , distress（acc. with *kṛ*, to be distressed about 〔gen.〕 ' or to cause pain'）MBh. ; self-mortification , remorse , repentance , penance MBh.;

1.2.2 -*kara*, -*kārin* mfn. causing pain or affliction ;

1.2.3 -*vat* mfn. afflicted with pain , sorrowful ;

1.2.4 -*hara*, -*hāraka* mfn. removing heat , cooling , comforting.

1.3 【梵漢辭典,p1113】（陽性）發熱；在～之中的哀痛，苦惱，煩悶，折磨；後悔，悔恨；苦行；（經文）慼，憂，悲惱，悲塞，憂悲，熱惱，腦熱，火所燒，普照，悉知，悉覺。

2. जाता jātā 動詞 生

2.1 【詞尾變化】jātā 是√jan 的過去被動分詞陰性單數主格形，所以字典查√jan。

2.2 資料前面已有說明。

3. दुःखेन duḥkhena 形容詞 苦難的

3.1【詞尾變化】duḥkhena 是 duḥkha 陽性單數工具格形，所以字典查 duḥkha。

3.2 資料前面已有說明。

4. चोग्रेण cogreṇa 形容詞 非常的大力量的

4.1 【詞尾變化】cogreṇa 根據連音規則是從 ca ugreṇa 結合而成。ugreṇa 是 ugra 的中性單數工具格形，所以字典查 ugra。

4.2 【摩威梵英,p172】

4.2.1 mfn.（said to be fr. √*uc*, but probably fr. a *uj* , or *vaj* , fr. which also *ojas* , *vāja* , *vajra* may be derived ; compar. *ugratara* and *ojīyas* ; superl. *ugratama* and *ojiṣṭha*）, powerful , violent , mighty , impetuous , strong , huge , formidable , terrible ; high , noble ; cruel , fierce , ferocious , savage ; angry , passionate , wrathful ; hot , sharp , pungent , acrid RV. AV. ;

4.2.2 m. N. of *Rudra* or *Śiva* MBh.; of a particular *Rudra* BhP. ; N. of a mixed tribe（from a *Kshatriya* father and *Śūdra* mother ; the *Ugra* , according to *Manu*, is of cruel or rude〔*krūra*〕conduct〔*ācāra*〕and employment〔*vihāra*〕, as killing or catching snakes; but according to the Tantras he is an encomiast or bard）; a twice-born man who perpetrates dreadful deeds Comm. on; the tree Hyperanthera Moringa ; N. of a *Dānava*; a son of *Dhṛita-rāshṭra* MBh. ; the *Guru* of *Narendrāditya*（who built a temple called *Ugreṣa*）; a group of asterisms（viz. *pūrva-phāgunī* , *pūrvāṣāḍhā* , *pūrva-bhādrapadā, maghā* , *bharaṇī*）; N. of the Malabar country ;

4.2.3（*ā*）f. N. of different plants , Artemisia Sternutatoria , Coriandrum Sativum;

4.2.4（*ī*）f. a being belonging to the class of demons AV. ;

4.2.5（*am*）n. a particular poison , the root of Aconitum Ferox ; wrath , anger ;

4.3 【梵漢辭典,p1324】（形容詞）有威力的；激烈的；高大的，尊貴的；殘酷的，兇猛的，可怕的，嚴格的；（經文）嚴，強，勝，最勝，極，最極，最上，最劇；逆，兇惡，險惡，具緊惡。

5. समर्पिताऽभवन् samarpitā 'bhavan 形容詞　受到

5.1 【詞尾變化】

5.1.1 samarpitā 'bhavan 根據連音規則是從 samarpitāḥ abhavan 所變化而成。

5.1.2 samarpitāḥ 是 samarpita 的中性複數主格形，samarpita 是 sam-√ṛ 的使役形過去被動分詞形，所以字典查 sam-√ṛ。

5.1.3 abhavan 從√bhū 變化過來，資料前面已有說明。

5.2 【摩威梵英,p1170】P. *-iyarti* , *-ṛṇoti* , *-ṛṇvati* , or *-ricchati*（in some forms also Ā. ; for *-ṛcchati* , *te-*）, to join together , bring to pass , bring about RV. ; to bring together , drive together ; to be brought about; to run together , hasten together towards（acc. or loc.）, meet with（instr.）, come into collision or conflict RV. AV.: Caus. *-arpayati* , *-te* , to throw at , hurl at（acc.）, strike , hit AV. MBh. ; to cause to come into conflict or collision; to fix or place or insert in , put in or on or down; to impose , enjoin ; to deliver over , consign , commit; to send off , despatch（a messenger）.

5.3 【梵漢辭典,p1080】（動詞）使黏著，扎進，指示，令交付，讓渡，歸還，派遣；（經文）傳。

6. श्रुत्वान śrutvāna 動詞　聽聞

6.1 【詞尾變化】śrutvāna 是√śru 變化過來，所以字典查√śru。

6.2 資料前面已有說明。

7. घोषं ghoṣaṁ 名詞　喧鬧；響

7.1 【詞尾變化】ghoṣaṁ 根據連音規則是從 ghoṣam 變化過來，而 ghoṣam 是 ghoṣa 的中性單數對格形，所以字典查 ghoṣa。

7.2 資料前面已有說明。

8. द्विपदोत्तमस्य dvi-padottamasya 形容詞 兩隻腳最尊貴的（兩足尊）

8.1 【詞尾變化】

8.1.1 dvi 沒有字尾變化。

8.1.2 dvi-padottamasya 是 dvi-padottama 的陽性單數屬格形，

8.1.3 dvi-padottama 根據連音規則是 dvi-pada-uttama 所組成。

8.1.4 因此字典查 dvi-pada-uttama。

8.2 資料前面已有說明。

9. शब्दं śabdaṁ 名詞 聲音

9.1 【詞尾變化】śabdaṁ 根據連音規則是從 śabdam 變化過來，而 śabdam 是 śabda 的中性單數對格形，所以字典查 śabda。

9.2 【摩威梵英,p1052】

9.2.1 m. sound , noise , voice , tone , note（*śabdaṃ kṛ*, to utter a sound , raise the voice , cry aloud ; sound is supposed to be sevenfold or eight. fold or tenfold ; in the *Mīmāṃsā* it is taught to be eternal）; a word（*śabdena* , by word , explicitly , expressly）; speech , language BhP. ; the right word , correct expression ; the sacred syllable Om ,;（in gram.）a declinable word or a word-termination , affix; a name , appellation , title Mn. MBh.（*tacchabdāt* 'because it is socalled'）; a technical term; verbal communication or testimony , oral tradition , verbal authority or evidence.

9.3 【梵漢辭典,p1042】（陽性）音；聲，調子，音調，噪音；語言；語尾，接尾詞，名字，名稱，題；（經文）音，聲，聲塵，音聲，從聲，名，言，聞，所聞，法。

10. अतिक्षिप्रम् atikṣipram 副詞 快速地

10.1 【詞尾變化】atikṣipram 是 ati-kṣipra 的副詞形，所以字典查 ati-kṣipra。

10.2 資料前面已有說明。

【筆者試譯】：佛子們紛紛哀傷，
感到非常的痛苦，
聽說兩足尊，
涅槃如此地迅速的訊息。

【什公漢譯】：世尊諸子等，聞佛入涅槃，各各懷悲惱，佛滅一何速，

【英 譯 本】：The many sons of Buddha were struck with grief and filled with extreme sorrow when they heard the voice of the highest of men announcing that his Nirvâna was near at hand.

【信譯研究】：信譯。

【第八十二頌】

आश्वासयित्वा च नरेन्द्रराजा
ताः प्राणकोट्यो बहवो अचिन्तियाः।
मा भायथा भिक्षव निर्वृते मयि
भविष्यथ बुद्ध ममोत्तरेण॥८२॥

【羅馬譯音】

āśvāsayitvā ca narendrarājā
tāḥ prāṇakoṭyo bahavo acintiyāḥ|
mā bhāyathā bhikṣava nirvṛte mayi
bhaviṣyatha buddha mamottareṇa||82||

【句義解析】

āśvāsayitvā ca narendra-rājā
tāḥ prāṇa-koṭyo bahavo acintiyāḥ|
mā bhāyathā bhikṣava nirvṛte mayi
bhaviṣyatha buddha mamottareṇa||82||

【辭彙研究】

1. आश्वासयित्वा āśvāsayitvā 動詞 使安慰

1.1 【詞尾變化】

1.1.1 āśvāsayitvā 根據連音規則是從 āśvāsayitvāḥ 變化過來，

1.1.2 而 āśvāsayitvāḥ 是 ā-śvāsayitva 的陽性複數主格形，也就是從 ā-√śvas 變化過來，所以字典查 ā-√śvas。

1.2 【摩威梵英,p159】P. -*śvasiti* and -*śvasati*; impf. -*aśvasīt* and -*aśvasat*）Ā. -*śvasate* , to breathe , breathe again or freely ; to take or recover breath , take heart or courage ; to revive MBh. BhP.: Caus. -*śvāsayati* , to cause to take breath ; to encourage , comfort ; to calm , console , cheer up MBh.

1.3 【梵漢辭典,p1259】（動詞）使再度呼吸，使復活，始恢復精神，勸解，安撫；（經文）安，撫，安慰，慰喻，救濟，令安，休息，醒悟，令安息，令休息，令安穩。

2. राजा rājā 名詞　國王

2.1 【詞尾變化】rājā 根據連音規則是從 rājaḥ 變化過來，而 rājaḥ 是 rāj 的陽性單數主格形，所以字典查 rāj。

2.2 資料前面已有說明。

3. कोट्यो koṭyo 形容詞　無量的

3.1 【詞尾變化】koṭyo 是根據連音規則從 koṭyaḥ 變化過來，而 koṭyaḥ 是 koṭya 的陽性單數主格形，所以字典查 koṭya。

3.2 資料前面已有說明。

4. बहवो bahavo 形容詞　多量的

4.1【詞尾變化】bahavo 根據連音規則是 bahavaḥ 變過來，而 bahavaḥ 是 bahu 的陽性複數主格形，所以字典查 bahu。

4.2 資料前面已有說明。

5. अचिन्तिया: acintiyāḥ 形容詞　不可想像的

5.1 【詞尾變化】acintiyāḥ 是 acintiya 的陽性複數主格形，所以字典查 acintiya。

5.2 資料前面已有說明。

6. मा mā 代名詞　我

6.1 【詞尾變化】mā 是 ma 的陽性複數主格形，所以字典查 ma。

6.2 資料前面已有說明。

7. भायथा bhāyathā 動詞　發光；發亮

7.1 【詞尾變化】

7.1.1 bhāyathā 是 bhāyathāḥ 根據連音規則變化過來。

7.1.2 bhāyathāḥ 是 bhāyatha 的陽性複數主格形。

7.1.3 bhāyatha 是√bhā 變化過來，所以字典查√bhā。

7.2 資料前面已有說明。

8. भिक्षव bhikṣava 名詞 比丘

8.1 【詞尾變化】bhikṣava 根據連音規則是從 bhikṣavaḥ 變化過來，而 bhikṣavaḥ 是 bhikṣu 的陽性複數主格形。

8.2 資料前面已有說明。

9. निर्वृते nirvṛte 形容詞 已涅槃的

9.1 【詞尾變化】nirvṛte 是 nirvṛta 的陽性單數於格形，所以字典查 nirvṛta。

9.2 資料前面已有說明。

10. मयि mayi 形容詞 於我

10.1 【詞尾變化】mayi 即是 aham 的於格形，所以字典查 aham。

10.2 資料前面已有說明。

11. भविष्यथ bhaviṣyatha 動詞 使作成

11.1 【詞尾變化】bhaviṣyatha 是√bhū 所變化過來的，所以字典查√bhū。

11.2 資料前面已有說明。

12. ममोत्तरेण mamottareṇa 代名詞+形容詞 我之後的

12.1 【詞尾變化】

12.1.1 mamottareṇa 是 mamottara 的陽性單數工具格形，

12.1.2 mamottara 是 mama-uttara 所形成，資料前面已有說明。

12.1.3 字典查 uttara。

12.2 【摩威梵英,p178】

12.2.1 mfn.（compar. fr. 1. *ud* ; opposed to *adhara* ; declined *a*）, upper , higher , superior（e.g. *uttare dantās* , the upper teeth）RV. AV.; northern（because the northern part of India is high）AV. ; left（opposed to *dakṣiṇa* or right , because in praying the face being turned to the east the north would be on the left hand）AV. MBh.; later , following , subsequent , latter , concluding , posterior , future RV. AV. MBh..; followed by; superior , chief , excellent , dominant , predominant , more powerful RV. AV. ; gaining a cause（in law）; better , more excellent RV. ;

12.2.2 m. N. of a son of *Virāṭa* MBh. ; of a king of the *Nāgas* ; N. of a mountain ; of several men ;

12.2.3（*ās*）m. pl.N. of a school ;

12.2.4（*ā*）, of.（scil. *diś*）the northern quarter , the north ; N. of each of the Nakshatras that contain the word `*uttara*'; N. of a daughter of *Virāṭa* and daughter-in-law of *Arjuna* MBh. ; of a female servant ;

12.2.5（*e*）f. du. the second and third verse of a *Tṛica*（or a stanza consisting of three verses）;

12.2.6（*ās*）f. pl. the second part of the *Sāma-saṃhitā* ;

12.2.7（*am*）n. upper surface or cover MBh. ; the north; the following member , the last part of a compound ; answer , reply ;（in law）a defence , rejoinder , a defensive measure ; contradiction;（in the *Mimāṇsā* philosophy）the answer（the fourth member of an *adhikaraṇa* or case）; superiority , excellence , competency; result , the chief or prevalent result or characteristic , what remains or is left , conclusion , remainder , excess , over and above ,（often ifc. e.g. *bhayottara* , attended with danger , having danger as the result ; *dharmottara* , chiefly characterized by virtue ; *ṣaṣṭy-uttaraṃ sahasram* , one thousand with an excess of sixty , i.e. 1060）; remainder , difference（in arithmetic）; N. of a song; N. of each of the Nakshatras that contain the word `*uttara*' ; a particular figure in rhetoric ; N. of the last book of the *Rāmāyaṇa* ;

12.2.8（*am*）ind. at the conclusion , at the end e.g. *bhavad-uttaram* , having the word `*bhavat*' at the end ; *asrottaram īkṣitā* , looked at with tears at the close i.e. with a glance ending in tears ; afterwards , thereafter ; behind MBh.; in the following part（of a book）;

12.3 【梵漢辭典,p1360】（比較級形容詞）較上的，較高的，較好的；在～之後的，左邊的，北邊的；～的北方，後方的；以後的；後者的，其次的，未來的；更傑出的，更有力的，勝利的；（訴訟）獲勝的；（經文）上，勝，勝上，次，後，更，過，出，可出，超出，渡，可度。

【筆者試譯】：聖主之王安慰著，

那難以想像數量的眾生，

我這個發亮的比丘在涅槃之後，

會有在我之後成佛者。

【什公漢譯】：聖主法之王，安慰無量眾，我若滅度時，汝等勿憂怖。

【英 譯 本】：To comfort so inconceivably many kotis of living beings the king of kings said: 'Be not afraid, O monks; after my Nirvâna was near at hand.

【信譯研究】：信譯。梵本此頌當中，第四句的意思指出在佛涅槃後會有人成佛，鳩摩羅什翻譯成「汝等勿憂怖」，作效果對等翻譯。

【第八十三頌】

श्रीगर्भ एषो विदु बोधिसत्त्वो
गतिं गतो ज्ञानि अनास्रवस्मिन्।
स्पृशिष्यते उत्तममग्रबोधिं
विमलाग्रनेत्रो ति जिनो भविष्यति॥८३॥

【羅馬譯音】

śrīgarbha eṣo vidu bodhisattvo
gatiṁ gato jñāni anāsravasmin|
spṛśiṣyate uttamamagrabodhiṁ
vimalāgranetro ti jino bhaviṣyati||83||

【句義解析】

Śrīgarbha eṣo vidu bodhisattvo
gatiṁ gato jñāni anāsravasmin|
spṛśiṣyate uttamam agra-bodhiṁ
Vimalāgranetro ti jino bhaviṣyati||83||

【辭彙研究】

1. एषो eṣo 代名詞　此；這

1.1 【詞尾變化】eṣo 是 eṣaḥ 的連音規則變化，而 eṣaḥ 是 etad 的陽性單數主格形，所以字典查 etad。

1.2 資料前面已有說明。

2. गतिंगतो gatiṁ-gato 形容詞 通達的

2.1 【詞尾變化】gatiṁ-gato 根據連音規則是從 gatiṁ-gataḥ 變化過來，而 gatiṁ-gataḥ 是 gatiṁ-gata 的陽性單數主格形，所以字典查 gatiṁ-gata。

2.2 資料前面已有說明。

3. ज्ञानि jñāni 名詞 知識；智慧

3.1 【詞尾變化】jñāni 即梵文之 jñāne，而 jñāne 爲 jñāna 之中性單數於格形，所以字典查 jñāna。

3.2 資料前面已有說明。

4. अनास्रवस्मिन् anāsravasmin 形容詞 脫離有漏煩惱的

4.1 【詞尾變化】anāsravasmin 是 BHS 裡面，相當於 anāsrava 的梵文陽性單數於格形 anāsrave，所以字典查 anāsrava。）

4.2 資料前面已有說明。

5. स्पृशिष्यते spṛśiṣyate 動詞 成就；經驗

5.1 【詞尾變化】spṛśiṣyate 是從√spṛś 變化過來，所以字典查√spṛś。

5.2 資料前面已有說明。

6. उत्तमम् uttamam 形容詞 較好的；上等的

6.1 【詞尾變化】uttamam 是 uttama 的陽性單數對格形，所以字典查 uttama。

6.2 資料前面已有說明。

7. भविष्यति bhaviṣyati 動詞 成爲

7.1 【詞尾變化】bhaviṣyati 是從√bhū 變化過來的，所以字典查√bhū。

7.2 資料前面已有說明。

【筆者試譯】: 德藏這位有智慧的菩薩，
通達了解脫煩惱的知識，
對於無上菩提（法）有了比較好的成就，
將成爲"淨身佛"。

【什公漢譯】: 是德藏菩薩，於無漏實相，心已得通達，其次當作佛。
號曰爲淨身，亦度無量眾。

【英 譯 本】：'The wise Bodhisattva Srîgarbha, after finishing his course in faultless knowledge, shall reach hightest, supreme enlightenment, and become a Gina under the name of Vimalâgranetra.'

【信譯研究】：非信譯。鳩譯中最後一句「亦度無量眾」，梵頌原文並無。特殊的是，鳩摩羅什是以六句頌來翻譯梵本四句頌。

【第八十四頌】

तामेव रात्रिं तद यामि मध्यमे
परिनिर्वृतो हेतुक्षये व दीपः।
शरीर वैस्तारिकु तस्य चाभूत्
स्तूपान कोटीनयुता अनन्तका॥८४॥

【羅馬譯音】

tāmeva rātriṁ tada yāmi madhyame
parinirvṛto hetukṣaye va dīpaḥ|
śarīra vaistāriku tasya cābhūt
stūpāna koṭīnayutā anantakā||84||

【句義解析】

Tām eva rātriṁ tada yāmi madhyame
parinirvṛto hetu-kṣaye va dīpaḥ|
śarīra vaistāriku tasya cābhūt
stūpāna koṭī-nayutā anantakā||84||

【辭彙研究】

1. ताम् tām 代名詞　那個
   1.1 【詞尾變化】tām 爲 sa 的陽性單數對格形，所以字典查 sa。
   1.2 資料前面已有說明。
2. रात्रिं rātriṁ 名詞　夜晚

2.1 【詞尾變化】rātriṁ 根據連音規則是從 rātrim 變化過來，而 rātrim 是 rātri 的陰性單數對格形，所以字典查 rātri。

2.2 資料前面已有說明。

3. हेतु hetu 形容詞　動機／理由

4. क्षये kṣaye 形容詞　熄滅

4.1 【詞尾變化】kṣaye 是 kṣaya 的中性單數於格形，所以字典查 kṣaya。

4.2 【摩威梵英,p328】

4.2.1 m. `dominion'.

4.2.2 mfn. dwelling , residing RV.;

4.2.3 m. an abode , dwelling-place , seat , house RV. VS. MBh. BhP. ; the house of Yama; abode in Yama's dominion;（=*kṣiti*）family , race RV.

4.2.4 m. loss , waste , wane , diminution , destruction , decay , wasting or wearing away（often ifc.）Mn. MBh.; fall; removal ; end , termination（e.g. *nidrā-kṣ-* , the end of sleep; *dina-kṣaye* , at the end of day MBh. ; *jīvita-kṣaye* , at the end of life ; *āyuṣaḥ kṣ-* id. ;*kṣayaṁ*, *gam* , *yā* , *i* , or *upai* , to become less , be diminished , go to destruction , come to an end , perish ; *kṣayaṁnī* , to destroy）; consumption , phthisis pulmonalis; sickness in general ; the destruction of the universe;（in alg.）a negative quantity , minus ; = *-māsa* ; = *kṣayāha*; N. of a prince ;

4.2.5（*ā*）f. N. of a Yogini ;

4.2.6（*am*）n. N. of the last year in the sixty years '*Bṛhaspati*' cycle.

4.3 【梵漢辭典,p624】

4.3.1（形容詞）住的，居住的；

4.3.2（陽性）居住，家，席，種族，人民。

4.3.3（陽性）減少，價值得虧減，衰微，喪失，破壞，終末，肺疾，滅亡，終了，喪失，熄滅；（經文）盡，竭盡，滅盡；滅，滅除，磨滅，減滅；斷，竭；失，離，銷散。

5. दीपः dīpaḥ 名詞　燈火

5.1 【詞尾變化】dīpaḥ 是 dīpa 的陽性單數主格形，字典查 dīpa。

5.2 【摩威梵英,p481】m. a light , lamp , lantern MBh.

5.3 【梵漢辭典,p390】（陽性）燈火，燈，提燈，燈籠；火炬，火把；（經文）燈，燈明，燈焰，火，燈，照。

6. वैसतारिकु vaistāriku 形容詞　延展；廣大

6.1 【詞尾變化】vaistāriku 是 BHS，相當 vaistārika，〔註 81〕所以字典查 vaistārika。

6.2 【摩威梵英,p1028】mfn.（fr. *vi-stāra*）extensive , wide Buddh.

6.3 【梵漢辭典,p1376】（形容詞）〔起自 vistāra〕（經文）廣，增廣，流不，（得）廣流布。

7. अनन्तका anantakā 形容詞　無限的

7.1 【詞尾變化】anantakā 根據連音規則是從 anantakāḥ 變化過來的，而 anantakāḥ 是 anantaka 的中性複數主格形，所以字典查 anantaka。

7.2 【摩威梵英,p25】

7.2.1 mfn. endless , boundless , eternal , infinite ;

7.2.2（*am*）n. the infinite（i.e. infinite space）.

7.3 【梵漢辭典,p86】（形容詞）無限的，無涯；（經文）無量。

【筆者試譯】：那晚的半夜時分，
（佛的）完全涅槃，如同燈滅，
舍利子流通廣布，
蓋了許許多多無量的佛塔。

【什公漢譯】：佛此夜滅度，如薪盡火滅，分布諸舍利，而起無量塔。

【英 譯 本】：That very night, in the middle watch, he met complete extinction, like a lamp when the cause（of its burning）is exhausted. His relics were distributed, and of his Stûpas there was an infinite number of myriads of kotis.

【信譯研究】：信譯。

〔註 81〕梵文與 BHS 的對照上，在 a 結尾的字幹上，BHS 的 u 與梵文的 a 相當，適用於大乘經典的詩偈部分。請見 Franklin Edgerton,"Buddhist Hybrid Sanskrit Grammar and Dictionary",Vol. I,Grammar, Printed by Munshiram Manoharlal Publishers Pvt. Ltd., New Delhi, India, 1993,p.54。

【第八十五頌】

भिक्षुश्च तत्रा तथ भिक्षुणीयो
ये प्रस्थिता उत्तममग्रबोधिम्।
अनल्पकास्ते यथ गङ्गबालिका
अभियुक्त तस्यो सुगतस्य शासने॥८५॥

【羅馬譯音】

bhikṣuśca tatrā tatha bhikṣuṇīyo
ye prasthitā uttamamagrabodhim|
analpakāste yatha gaṅgabālikā
abhiyukta tasyo sugatasya śāsane||85||

【句義解析】

bhikṣuś ca tatrā tatha bhikṣuṇīyo
ye prasthitā uttamam agra-bodhim|
Analpakās te yatha Gaṅga-bālikā
abhiyukta tasyo sugatasya śāsane||85||

【辭彙研究】

1. तत्रा tatrā 副詞　在那裏

1.1 【詞尾變化】tatrā 根據連音規則是從 tatrāḥ 變化過來，而 tatrāḥ 是 tatra 的陽性複數形，所以字典查 tatra。

1.2 資料前面已有說明。

2. अनल्पकास् analpakās 形容詞　眾人

2.1 【詞尾變化】analpakās 根據連音規則是從 analpakāḥ 變化過來，而 analpakāḥ 是 analpaka 的陽性複數主格形，所以字典查 analpaka。

2.2 資料前面已有說明。

3. अभियुक्त abhiyukta 動詞　一心精進

3.1 【詞尾變化】abhiyukta 是 abhi-√yuj 的過去被動分詞形，所以字典查 abhi-√yuj。

3.2　資料前面已有說明。

4. शासने śāsane 名詞　聖道

4.1 【詞尾變化】śāsane 是 śāsana 的陽性單數於格形，所以字典查 śāsana。

4.2　資料前面已有說明。

【筆者試譯】：比丘們與那些比丘尼們在那裡，
一起追求無上菩提。
人數之多如恆河之沙那樣，
一心精進於佛陀的教導。

【什公漢譯】：比丘比丘尼，其數如恒沙，倍復加精進，以求無上道。

【英 譯 本】：The monks and nuns at the time being, who
strove after supreme, hightest enlightenment, numerous
as sand of Ganges, applied themselves to
the commandment of the Sugata.

【信譯研究】：非信譯。鳩摩羅什所譯之「『倍復加』精進」，是從 abhiyukta 這個字翻譯過來，然則該單字只有「一心」的意思，並無『倍復加』之意。

【第八十六頌】

यश्चापि भिक्षुस्तद धर्मभाणको
वरप्रभो येन स धर्म धारितः।
अशीति सो अन्तरकल्प पूर्णां
तहि शासने भाषति अग्रधर्मान्॥८६॥

【羅馬譯音】

yaścāpi bhikṣustada dharmabhāṇako
varaprabho yena sa dharma dhāritaḥ|
aśīti so antarakalpa pūrṇāṁ
tahi śāsane bhāṣati agradharmān||86||

【句義解析】

Yaś cāpi bhikṣus tada dharma-bhāṇako
Varaprabho yena sa dharma dhāritaḥ|
aśīti so antara-kalpa pūrṇāṁ
tahi śāsane bhāṣati agra-dharmān||86||

【辭彙研究】

1. यश् yaś 關係代名詞　作爲～的
   1.1 【詞尾變化】yaś 根據連音規則是 yaḥ 變化，而 yaḥ 是 ya 的陽性單數主格形，所以字典查 ya。
   1.2 資料前面已有說明。
2. धारित: dhāritaḥ 過去被動分詞　奉持
   2.1 【詞尾變化】dhāritaḥ 是 dhārita 的陽性單數主格形，所以字典查 dhārita。
   2.2 資料前面已有說明。
3. पूर्णां pūrṇāṁ 形容詞　足足
   3.1 【詞尾變化】pūrṇāṁ 根據連音規則是從 pūrṇām 變化過來，而 pūrṇām 是 pūrṇa 的陽性複數對格形，所以字典查 pūrṇa。
   3.2 資料前面已有說明。
4. भाषति bhāṣati 動詞　解說
   4.1 【詞尾變化】bhāṣati 是√bhāṣ 現在式第三人稱單數形，所以字典查√bhāṣ。
   4.2 資料前面已有說明。

【筆者試譯】：在那時當了法師的比丘，
他奉持了那部教法經典，
整整八十劫沒有間斷，
宣說聖道無上菩提。

【什公漢譯】：是妙光法師，奉持佛法藏，八十小劫中，廣宣法華經。

【英 譯 本】：And the monk who then was the preacher of
the law and the keeper of the law, Varaprabha,
expounded for fully eighty intermediate kalpas the

highest laws according to the commandment（of the Sugata）.

【信譯研究】：信譯。有關筆者所翻譯之「那部教法經典」（sa dharma），鳩摩羅什指明「那部教法經典」就是指《妙法蓮華經》。

【第八十七頌】

अष्टाशतं तस्य अभूषि शिष्याः
परिपाचिता ये तद तेन सर्वे।
दृष्टा च तेभिर्बहुबुद्धकोट्यः
सत्कारु तेषां च कृतो महर्षिणाम्॥८७॥

【羅馬譯音】

aṣṭāśataṁ tasya abhūṣi śiṣyāḥ
paripācitā ye tada tena sarve|
dṛṣṭā ca tebhirbahubuddhakoṭyaḥ
satkāru teṣāṁ ca kṛto maharṣiṇām||87||

【句義解析】

aṣṭāśataṁ tasya abhūṣi śiṣyāḥ
paripācitā ye tada tena sarve|
dṛṣṭā ca tebhir bahu-buddha-koṭyaḥ
satkāru teṣāṁ ca kṛto maha-rṣiṇām||87||

【辭彙研究】

1. अभूषि abhūṣi 動詞　解說

1.1 【詞尾變化】abhūṣi 根據 BHS 轉寫規則，為梵文的 abhūṣe，也就是√bhūṣ 的未完成過去式第一人稱單數形，所以字典查√bhūṣ。

1.2 資料前面已有說明。

2. शिष्याः śiṣyāḥ 未來被動分詞　可被教導的（人）；弟子

2.1 【詞尾變化】śiṣyāḥ 是 śiṣya 的陽性複數主格形，而 śiṣya 則是√śās 的未來被動分詞形，所以字典查√śās。

2.2 資料前面已有說明。

3. परिपाचिता paripācitā 動詞 使成熟；引領至結局

3.1 【詞尾變化】

3.1.1 paripācitā 根據連音規則爲 paripācitāḥ 變化過來，paripācitāḥ 爲 paripācita 的陽性複數主格形。

3.1.2 paripācita 爲 pari-√pac 的過去被動分詞形，所以字典查 pari-√pac。

3.2 【摩威梵英,p596】P. *-pacati* , to bring to maturity: Pass. *-pacyate* , to be cooked; to be burnt（in hell）; to become ripe ,（fig.）have results or consequences; approach one's end or issue MBh.: Caus. *-pācayati* , to cook , roast; to cause to ripen , bring to maturity or perfection.

3.3 【梵漢辭典,p821】（動詞）使發展，使完成，引領至結局；（經文）煮，燒，燒煮；薰，熟，成，成熟。

4. दृष्टा dṛṣṭā 動詞 觀看，注目

4.1 【詞尾變化】dṛṣṭā 根據連音規則是從 dṛṣṭāḥ 變化過來，而 dṛṣṭāḥ 是 dṛṣṭa 的陽性複數主格形，而 dṛṣṭa 則是√dṛś 的過去被動分詞形，所以字典查√dṛś。

4.2 資料前面已有說明。

5. तेभिर् tebhir 代名詞 他們從

5.1 【詞尾變化】tebhir 根據連音規則是從 tebhiḥ 變化過來，tebhiḥ 則是 BHS，是 ta 的工具格複數形，所以字典查 ta。

5.2 資料前面已有說明。

6. सत्कारु satkāru 名詞 禮遇；恭敬

6.1 【詞尾變化】satkāru 是 BHS，相當於梵文的 satkāra，字典查 satkāra。

6.2 資料前面已有說明。

7. कृतो kṛto 動詞 所作了；已做了

7.1 【詞尾變化】kṛto 根據連音規則是從 kṛtaḥ 變化過來，而 kṛtaḥ 是 kṛta 的陽性單數主格形，所以字典查 kṛta。

7.2 資料前面已有說明。

8. र्षिणाम् rṣiṇām 名詞 大聖人

8.1 【詞尾變化】rṣiṇām 相當於梵文的 ṛṣi 的陽性複數屬格形，所以字典查 ṛṣi。

8.2　資料前面已有說明。

【筆者試譯】：有八百人成爲弟子，
都被教導引領至成熟，
他們參拜過很多佛陀，
並恭敬供養很多大成就的聖者，

【什公漢譯】：是諸八王子，妙光所開化，堅固無上道，當見無數佛
供養諸佛已。

【英　譯　本】：He had eight hundred pupils, who all of them
were by him brought to full development. They
saw many kotis of Buddhas, great sages, whom they
worshipped.

【信譯研究】：非信譯。梵文是「八百弟子」，鳩譯卻誤解成八位王子。此頌有特別之處，就是鳩摩羅什用五句漢詩對譯梵本四句頌。

【第八十八頌】

चर्यां चरित्वा तद आनुलोमिकीं
बुद्धा अभूवन् बहुलोकधातुषु
परस्परं ते च अनन्तरेण
अन्योन्य व्याकर्षु तदाग्रबोधये॥८८॥

【羅馬譯音】

caryāṁ caritvā tada ānulomikīṁ
buddhā abhūvan bahulokadhātuṣu
parasparaṁ te ca anantareṇa
anyonya vyākarṣu tadāgrabodhaye||88||

【句義解析】

caryāṁ caritvā tada ānulomikīṁ
buddhā abhūvan bahu-loka-dhātuṣu

paraspararṁ te ca anantareṇa
anyonya vyākarṣu tadā 'gra-bodhaye||88||

【辭彙研究】

1. चर्यां caryāṁ 名詞 實踐

1.1【詞尾變化】caryāṁ 根據連音規則是從 caryām 變化過來，caryām 是 caryā 的陰性單數對格形，所以字典查 caryā。

1.2 資料前面已有說明。

2. चरित्वा caritvā 動詞 實行

2.1 【詞尾變化】caritvā 是√car 的絕對格形，所以字典查√car。

2.2 資料前面已有說明。

3. आनुलोमिकीं ānulomikīṁ 形容詞 隨順的

3.1 【詞尾變化】ānulomikīṁ 根據連音規則是從 ānulomikīm 變化過來，ānulomikīm 也就是 ānuloma 的陰性單數主格形，所以字典查 ānulomika。

3.2【摩威梵英,p141】mf(*ī*)n.(fr. *anu-loma*), in the direction of the hair , in natural or regular order , in due course ; conformable , favourable , benevolent .

3.3 【梵漢辭典,p112】（形容詞）（陰性）順著毛髮的方向；隨自然規則的順序，隨順的；使一致，好意的，深情的；（經文）順，柔順，隨順，隨他，善隨；合，會通，隨順會通。

4. परस्परं parasparaṁ 形容詞 彼此

4.1 【詞尾變化】parasparaṁ 根據連音規則是從 parasparam 變化過來，而 parasparam 則是 paraspara 的中性單數對格形，所以字典查 paraspara。

4.2 【摩威梵英,p589】

4.2.1(fr. nom. sg. m. of *para* + *para* ; cf. *anyo'nya*)mf(*ā*)n. mutual , each other's;

4.2.2 pl. like one another MBh. ;(mostly in the oblique cases of m. sg. *-am* , *eṇa* , *āt* , *asya*) ind. one another , each other , with or from one another , one another's , mutually , reciprocally Mn. MBh.; so also ibc.(cf. below); rarely ifc. e.g. *avijñāta-parasparaiḥ* , ` not knowing each other '.

4.3 【梵漢辭典,p847】（形容詞）雙方的；（經文）相，更相，更互，展轉，展轉相望，相對，遞共，遞相，彼此，各各。

5. अनन्तरेण anantareṇa 形容詞 接下去；其次

5.1 【詞尾變化】anantareṇa 是 anantara 的陽性單數工具格形，所以字典查 anantara。

5.2 資料前面已有說明。

6. व्याकर्षु vyākarṣu 動詞 對～做決定性的預言；授記

6.1 【詞尾變化】vyākarṣu 根據連音規則是從 vyākarṣuḥ 變化過來，vyākarṣuḥ 是 vi-ā-√kṛ 的不定過去式第三人稱複數形，所以字典查 vi-ā-√kṛ。

6.2 資料前面已有說明。

7. ऽग्रबधये 'gra-bodhaye 名詞 無上菩提

7.1 【詞尾變化】'gra-bodhaye 根據連音規則是從 agra-bodhaye 變化過來的，而 agra-bodhaye 是 agra-bodhaya 的陽性單數於格形，所以字典查 agra-bodhaya。

7.2 資料前面已有說明。

【筆者試譯】：依次實踐所行（修行），
在許多世界裡成佛，
他們展轉下去，毫不間斷，
在無上菩提（成佛）上，彼此相互授記。

【什公漢譯】：隨順行大道，相繼得成佛，轉次而授記。

【英 譯 本】：By following the regular course they became
Buddhas in several spheres, and as they followed
one another in immediate succession they successively
foretold each other's future destiny to Buddhaship.

【信譯研究】：信譯。

【第八十九頌】

तेषां च बुद्धान परंपरेण
दीपंकरः पश्चिमको अभूषि।
देवातिदेवो ऋषिसंघपूजितो
विनीतवान् प्राणिसहस्रकोट्यः॥८९॥

【羅馬譯音】

teṣāṁ ca buddhāna paraṁpareṇa
dīpaṁkaraḥ paścimako abhūṣi|
devātidevo ṛṣisaṁghapūjito
vinītavān prāṇisahasrakoṭyaḥ||89||

【句義解析】

teṣāṁ ca buddhāna paraṁpareṇa
Dīpaṁkaraḥ paścimako abhūṣi|
devātidevo ṛṣi-saṁgha-pūjito
vinītavān prāṇi-sahasra-koṭyaḥ||89||

【辭彙研究】

1. परंपरेण paraṁpareṇa 形容詞　連續的

1.1 【詞尾變化】paraṁpareṇa 是 paraṁpara 的陽性單數工具格形，所以字典查 paraṁpara。

1.2 資料前面已有說明。

2. पश्चिमको paścimako 形容詞　最後的

2.1 【詞尾變化】paścimako 根據連音規則是從 paścimakaḥ 變化過來，而 paścimakaḥ 是 paścimaka 的中性單數主格形，所以字典查 paścimaka。

2.2 資料前面已有說明。

3. देवातिदेवो devātidevo 名詞　天中天

3.1 【詞尾變化】devātidevo 根據連音規則是從 devātidevaḥ 變化過來，而 devātidevaḥ 是 devātideva 的陽性單數主格形，所以字典查 devātideva。

3.2 【摩威梵英,p495】

3.2.1 m. a god surpassing all other gods MBh. ;

3.2.2 N. of *Śiva* MBh.; of Viṣṇu ; of *Śākya-muni* Buddh.

3.3 【梵漢辭典,p361】（陽性）凌駕一切諸神之神；印度三大最高神祇之一〔Śiva 神號〕；也是〔Viṣṇu 的稱號〕；佛陀〔釋迦牟尼佛稱號〕。（經文）天天，天中天，天中王，天中之天。

4. विनीतवान vinītavān 形容詞　教導；度化

4.1 【詞尾變化】vinītavān 是 vi-√nī 的過去被動分詞之陽性單數主格形，所以字典查 vi-√nī。

4.2 資料前面已有說明。

5. प्राणि prāṇi 名詞 生命

5.1 【詞尾變化】prāṇi 是 BHS，相當於梵文的 prāṇe，也就是陽性單數於格形的 prāṇa，所以字典查 prāṇa。

5.2 資料前面已有說明。

【筆者試譯】：他們相繼成佛，
燃燈，最後一位成佛者，
最高天神，與眾多聖賢都來禮敬，
教化了無量眾多的生命。

【什公漢譯】：最後天中天，號曰燃燈佛，諸仙之導師，度脫無量眾。

【英 譯 本】：The last of these Buddhas following one another was Dîpaṅkara. He, the supreme god of gods, honoured by crowds of sages, educated thousands of kotis of living beings.

【信譯研究】：信譯。這裡鳩摩羅什略去第一句不譯，意思仍不變。

【第九十頌】

यश्चासि तस्यो सुगतात्मजस्य
वरप्रभस्यो तद धर्म भाषतः।
शिष्यः कुसीदश्च स लोलुपात्मा
लाभं च ज्ञानं च गवेषमाणः॥९०॥

【羅馬譯音】

yaścāsi tasyo sugatātmajasya
varaprabhasyo tada dharma bhāṣataḥ|
śiṣyaḥ kusīdaśca sa lolupātmā
lābhaṁ ca jñānaṁ ca gaveṣamāṇaḥ||90||

【句義解析】

Yaś c'āsi tasyo sugatātmajasya
Varaprabhasyo tada dharma bhāṣataḥ|
śiṣyaḥ kusīdaśca sa lolupātmā
lābhaṁ ca jñānaṁ ca gaveṣamāṇaḥ||90||

【辭彙研究】

1. चासि cāsi 連接詞+動詞 有；表示存在的事實

1.1 【詞尾變化】cāsi 是根據連音規則 ca 與 asi 的結合所成，而 ca 是不變格，asi 是√as 的現在式第二人稱單數行，所以字典查 ca 與 as。這裡有暗指對方的意思。

1.2 資料前面已有說明。

2. सुगतात्मजस्य sugatātmajasya 名詞 佛子

2.1 【詞尾變化】sugatātmajasya 是 sugatātmaja 的陽性單數屬格形，而 sugatātmaja 是 sugata-ātmaja 結合所成，所以字典查 sugata-ātmaja。

2.2 資料前面已有說明。

3. कुसीदश्च kusīdaśca 形容詞 懶惰的

3.1 【詞尾變化】kusīdaśca 根據連音規則是 kusīdaḥ ca 二字所結合而成。而 kusīdaḥ 是 kusīda 的中性單數主格形，所以字典查 kusīda。

3.2 【摩威梵英,p298】

3.2.1 mfn.（fr. 1. *ku* and √*sad*? ; cf. *kuṣīda*）, lazy , inert（?）;

3.2.2（*am*）n. any loan or thing lent to be repaid with interest , lending money upon interest , usury ; red sandal wood;

3.2.3 （*as* , *ā*）mf. a money-lender , usurer.

3.3 【梵漢辭典,p640】（形容詞）不活潑的，懶惰的；（經文）怠，懈怠，怠惰，嬾墮，慢緩，姦僞。

4. लोलुपात्मा lolupātmā 名詞 貪圖的眾生

4.1 【詞尾變化】

4.1.1 lolupātmā 根據連音規則是從 lolupātmāḥ 變化過來，lolupātmāḥ 是 lolupātma 的中性複數主格形。

4.1.2 lolupātma 是 lolupa-ātma 結合而成。ātma 就是 ātman，資料前面已有

說明。字典查 lolupa。

4.2 【摩威梵英,p908】

4.2.1 mf（*ā*）n.（fr. Intens. of √1. *lup*）very destructive , destroying;（prob. corrupted fr. lolubha）very desirous or eager or covetous , ardently longing for（loc. or comp.）MBh. ;

4.2.2（*ā*）f. eager desire , appetite , longing for（loc.）MBh. ; N. of a Yoginī.

4.3 【梵漢辭典,p664】（形容詞）想要得到，非常渴望，貪圖；（經文）貪，貪著，貪愛，著，貪嗜。

5. लाभं lābhaṁ 名詞　利益

5.1【詞尾變化】lābhaṁ 根據連音規則是從 lābham 變化過來，lābham 是 lābha 的陽性單數對格形，所以字典查 lābha。

5.2　資料前面已有說明。

6. गवेषमाणः gaveṣamāṇaḥ 動詞　尋求

6.1 【詞尾變化】

6.1.1 gaveṣamāṇaḥ 是 gaveṣamāṇa 的陽性單數主格形。

6.1.2 gaveṣamāṇa 是√gaveṣ 的現在中間分詞形，所以字典查√gaveṣ。

6.2　資料前面已有說明。

【筆者試譯】：（當時）有一個佛子（就是你），
在妙光法師座下，
這弟子既懶且貪，
尋求利益與知識。

【什公漢譯】：是妙光法師，時有一弟子，心常懷懈怠，貪著於名利。

【英 譯 本】：Among the pupils of Varaprabha, the son of
Gina, at the timeo f his teaching the law, was one
slothful, covetous, greedy of gain and
cleverness.

【信譯研究】：非信譯。文殊師利菩薩在這首詩偈裡面並沒有明講那個既懶且貪的佛弟子「就是你」，而是用暗示的方式，用第二人稱的動詞形式表達。另外鳩摩羅什翻譯的「貪著於名利」，梵本上的詩偈沒有這個意思。

【第九十一頌】

यशोर्थिकश्चाप्यतिमात्र आसीत्

कुलाकुलं च प्रतिपन्नमासीत्।

उद्देश स्वाध्यायु तथास्य सर्वो

न तिष्ठते भाषितु तस्मि काले॥९१॥

【羅馬譯音】

yaśorthikaścāpyatimātra āsīt
kulākulaṁ ca pratipannamāsīt|
uddeśa svādhyāyu tathāsya sarvo
na tiṣṭhate bhāṣitu tasmi kāle||91||

【句義解析】

Yaśo'rthikaś cāpy atimātra āsīt
Kulā-kulaṁ ca pratipannam āsīt|
uddeśa svādhyāyu tathāsya sarvo
na tiṣṭhate bhāṣitu tasmi kāle||91||

【辭彙研究】

1. यशोऽर्थिकश् yaśo'rthikaś 形容詞　好求名聲

1.1 【詞尾變化】

1.1.1 yaśo'rthikaś 根據連音規則是從 yaśāḥ arthikaḥ 結合所變化過來。

1.1.2 yāśaḥ 是 yaśas 的中性單數主格形，資料前面已有說明。

1.1.3 arthikaḥ 是 arthika 的中性單數主格形，所以字典查 arthika。

1.2 【摩威梵英,p91】

1.2.1 mfn. wanting anything MBh.（cf. *kanyāthika*）;

1.2.2（*as*）; a prince's watchman（announcing by song or music the hours of the day especially those of rising and going to rest）.

1.3 【梵漢辭典,p158】（形容詞）對～必要的，對～乞求的；（經文）求，所求，希求，有希求，願求，勤求，來乞者，來求者，索，索求，貪，貪求，愛，貪愛，愛樂，慕，所慕索，好，欲；爲，悕樂。須，欲買，當買，惜，求（法）者，求（者）。

2. चाप्य cāpy 連接詞+介詞　同樣地；也

2.1 【詞尾變化】cāpy 根據連音規則即等於 ca api。

2.2 資料前面已有說明。

3. चर्या atimātra 形容詞　過度的

3.1 【詞尾變化】沒有詞尾變化。

3.2 【摩威梵英,p15】

3.2.1 mfn. exceeding the proper measure AV.

3.2.2（*am*）ind. or -*śas* ind. beyond measure.

3.3 【梵漢辭典,p192】（形容詞）過度的。

4. आसीत् āsīt 動詞　飲食

4.1 【詞尾變化】āsīt 是從√aś 變化過來，所以字典查√aś。

4.2 【摩威梵英,p112】to eat , consume（with acc. 〔this only in classical Sanskrit〕 or gen.）RV.; to enjoy.: Caus. *āśayati*（aor. *āśiśat*）to cause to eat , feed ;（cf. *āśita*）: Desid. *aśiśiṣāti* to wish to eat.

4.3 【梵漢辭典,p162】（動詞）吃，食，攝取（飲食），品味；享受。

5. कुला kulā 名詞　許多家族

5.1 【詞尾變化】kulā 根據連音規則是從 kulāḥ 變化過來，而 kulāḥ 是 kula 的中性複數主格形，所以字典查 kula。

5.2 資料前面已有說明。

6. प्रतिपन्नम् pratipannam 動詞　前往

6.1 【詞尾變化】pratipannam 是 prati-√pad 的過去被動分詞形，所以字典查 prati-√pad。

6.2 【摩威梵英,p667】Ā -*padyate*（ep. fut. also -*patsyati*）, to set foot upon , enter , go or resort to , arrive at , resch , attain VS.; to walk , wander , roam; to come back to（acc.）, return MBh. ; to happen , occur , take place MBh. ; to get into（acc.）, meet , with , find , obtain , receive , take in or upon one's self.; to receive back , recover; to restore to favour; to undertake , begin（acc. dat. or inf.）, practise , perform , accomplish MBh. ; to do anything to any person , act or proceed or behave towards or against（loc. gen. or acc.）MBh.;

to make , render MBh. ; to fall to a person's（acc.）lot or share ; to let a person（dat.）have anything; to give back , restore ; to perceive , find out , discover , become aware of or acquainted with , understand , learn MBh.; to deem , consider , regard; to answer affirmatively say yes（with or scil. *tathā* , or *tatheti*）, acknowledge , assent , agree , promise MBh.; to begin to speak , commence（with acc. or instr.）RV. ; to answer（also with *uttaram*）: Caus. *-pādayati* , to convey or lead to , procure , cause to partake of（2 acc.）. give a present to , bestow on（loc. dat. or gen.）MBh.; to give in marriage; to spend. ib. ; to present with（instr.）Ka1ran2d2. ; to put in , appoint to（loc.）R. ; to produce , cause , effect MBh. ; to establish , substantiate , prove , set forth , explain , teach , impart MBh. ; to deem , consider , regard as（2 acc.）.（v.l. *-vadasi* for *-pādayasi*）: Desid. *-pitsate* , to wish to attain; to wish to know: Desid. of Caus. *-pipādayiṣati* , to wish or intend to explain or analyze.

6.3 【梵漢辭典,p822】（動詞）進入；前往或通往～，到達～；回歸，返回，陷入，恢復恩惠；實行，完成，成就，對～的舉止，把～當作～，把～當成；發生於，復舊，察覺，查明，學習，思考；表示同意，答應～；承認；約定，同意；（經文）行，正行，善行，修行，正修行，奉行，勤修正行，樂行，學，隨，順，通，會，交通，通達，成辦，具足。

7. स्वाध्यायु svādhyāyu 形容詞 獨自習誦的

7.1 【詞尾變化】svādhyāyu 是 BHS 形，相當於梵文的 svādhyāya。字典查 svādhyāya。

7.2 資料前面已有說明。

8. तिष्टते tiṣthate 動詞 站立

8.1 【詞尾變化】tiṣthate 是√sthā 的過去被動分詞之陽性單數爲格形，所以字典查√sthā。

8.2 資料前面已有說明。

9. भाषितु bhāṣitu 動詞 上課

9.1 【詞尾變化】bhāṣitu 相當於梵文的 bhāṣita，而 bhāṣita 是√bhāṣ 的過去被動分詞形，所以字典查√bhāṣ。

9.2　資料前面已有說明。

10. काले kāle 名詞　機會；時機

10.1 【詞尾變化】kāle 是 kāla 的陽性單數於格形，所以字典查 kāla。

10.2　資料前面已有說明。

【筆者試譯】：既好求名聲也過度飲食，
一家一家去吃飯，
不論是像說法，還是獨自誦習，
都不安住於上課的情況。

【什公漢譯】：求名利無厭，多遊族姓家，棄捨所習誦，廢忘不通利。

【英 譯 本】：He was also excessively desirous of glory,
but very fickle, so that the lessons dictated to him
and his own reading faded from his memory as soon
as learnt.

【信譯研究】：信譯。

【第九十二頌】

नामं च तस्यो इममेवमासीद्
यशकामनाम्ना दिशतासु विश्रुतः।
स चापि तेनाकुशलेन कर्मणा
कल्माषभूतेनभिसंस्कृतेन॥९२॥

【羅馬譯音】

nāmaṁ ca tasyo imamevamāsīd
yaśakāmanāmnā diśatāsu viśrutaḥ|
sa cāpi tenākuśalena karmaṇā
kalmāṣabhūtenabhisaṁskṛtena||92||

【句義解析】

nāmaṁ ca tasyo imam evam āsīd

Yaśakāma-nāmnā diśatāsu viśrutaḥ|
sa cāpi tenā kuśalena karmaṇā
kalmāṣa-bhūtena 'bhisaṁskṛtena||92||

【辭彙研究】

1. नामं nāmaṁ 副詞　無論如何

1.1 【詞尾變化】nāmaṁ 是 nāmam 的連音規則變化，而 nāmam 是 nāma 的陽性單數對格形，所以字典查 nāma。

1.2 【摩威梵英,p536】ind.（acc. of *nāman*）by name i.e. named , called RV.（also with *nāmatas* and *nāmnā*）; indeed , certainly , really , of course ib. ; quasi , only in appearance ; however , nevertheless ib. ; after an interr. = then , pray e.g. *kiṃ n-* , *kathaṃ n-* , *kadā* nevertheless , what then? pray , what? MBh.; after an Impv. = may it be so , no matter e.g.; *api n-* at the beginning of a sentence = perhaps , I dare say , e.g. *apy eṣa nāma phalam icchati* , this man wants perhaps a reward; with Pot. often = would that e.g. *api nāmaivaṃ syāt* , would that it were so ; opp. to *mā n-* with. would that not , I should think not , e.g. *mā nāma akāsyaṃ kuryāt* , I hope he will not do something wrong.

1.3 【梵漢辭典,p763】（副詞）（經文）雖已成，或見。

2. नाम्ना nāmnā 名詞　名號

2.1 【詞尾變化】nāmnā 根據連音規則是 nāmnāḥ 變化過來，而 nāmnāḥ 是 nāmna 的陽性複數主格形，所以字典查 nāmna。

2.2 資料前面已有說明。

3. दिशतासु diśatāsu 名詞　各方位

3.1 【詞尾變化】這個單字從巴利文來，是 BHS，diśatāsu 是 diśatā 的陰性複數於格形，所以字典查 diśatā。

3.2 【摩威梵英】無此字。

3.3 【梵漢辭典,p393】（陰性）（經文）〔Pāli. *disatā*〕方，諸方。

4. विश्रुतः viśrutaḥ 動詞　以～有名

4.1 【詞尾變化】

4.1.1 viśrutaḥ 是 viśruta 的陽性單數主格形。

4.1.2 viśruta 是 vi-√śru 的過去被動分詞形，所以字典查 vi-√śru。

4.2 【摩威梵英,p992】-*śṛṇoti* , to hear distinctly BhP.: Pass. -*śrūyate*（Ved. also Ā. -*śṛṇute*）, to be heard or be heard of far and wide , become known or famous RV. TBr. MBh. &c.: Caus. -*śrāvayati* , to cause to be heard everywhere , narrate , communicate MBh. ; to mention（one's name）MBh. ; to tell（with acc. of pers. and acc. of thing）ib. ; to make famous; to cause to resound MBh.

4.3 【梵漢辭典,p1204】（動詞）聽聞；被知道的；變有名的，被知道的，以～聞名的，眾所周知的，有名的。

5. कुशलेन kuśalena 形容詞　有利的

5.1 【詞尾變化】kuśalena 是 kuśala 的陽性單數工具格形，所以字典查 kuśala。

5.2　資料前面已有說明。

6. कर्मणा karmaṇā 名詞　業力；行爲

6.1 【詞尾變化】karmaṇā 根據連音規則是從 karman 的陽性單數工具格形，所以字典查 karman。

6.2　資料前面已有說明。

7. कल्माष kalmāṣa 形容詞　罪業

7.1 【詞尾變化】沒有詞尾變化。

7.2 【摩威梵英,p263】

7.2.1 mf（*ī*）n. variegated , spotted , speckled with black MBh. ; black ;

7.2.2 m. a variegated colour（partly black , partly white）. ; a Rakshas ; a species of fragrant rice ; N. of a *Nāga* MBh. ; a form of *Agni* ; N. of an attendant on the Sun（identified with *Yama*）; a kind of deer ; N. of *Śākya-muni* in a former birth ;

7.2.3（*ī*）f. the speckled cow（of *Jamad-agni* , granting all desires）MBh. ; N. of a river（the *Yamunā*）MBh.;

7.2.4（*am*）n. a stain ; N. of a *Sāman*.

7.3 【梵漢辭典,p553】（形容詞）有黑色斑點的；雜色的，色彩斑駁的；（經文）穢，斑，間斷；罪業。

8. ऽभिसंस्कृतेन 'bhisaṁskṛtena 動詞　造作

8.1 【詞尾變化】

8.1.1 ’bhisaṁskṛtena 根據連音規則是從 abhisaṁskṛtena 變化過來。

8.1.2 abhisaṁskṛtena 是 abhisaṁskṛta 的陽性單數工具格形。

8.1.3 abhisaṁskṛta 是 abhi-saṁs-√kṛ 的過去被動分詞形，所以字典查 abhi-saṁs-√kṛ。

8.2 【摩威梵英,p72】*-s-karoti* , to shape , form: Ā.（Subj. 1. sg. *-s-karavai*）to render or make one's self（*ātmānam*）anything（wished to be acc.）

8.3 【梵漢辭典,p605】（動詞）整頓，使形成；以～爲～；奉獻，（經文）作，造，造作，能做；發，積集。

【筆者試譯】: 無論如何，這人就是愛享受，
各個地方他都以求名而聞名，
他如此（追求）利益的業力，
因爲造作關係，變得有罪業。

【什公漢譯】: 以是因緣故，號之爲求名，亦行眾善業，得見無數佛。

【英 譯 本】: His name was Yasaskâma, by which he was
known everywhere.
By the accumulated merit of
that good action, spotted as it was.

【信譯研究】: 非信譯。梵本指出這個求名的佛弟子如此作爲是有罪業的。但是鳩摩羅什卻增加了兩句:「亦行眾善業，得見無數佛」這是梵本所沒有的。

【第九十三頌】

आरागयी बुद्धसहस्रकोट्यः
पूजां च तेषां विपुलामकार्षीत्।
चीर्णा च चर्या वर आनुलोमिकी
दृष्टश्च बुद्धो अयु शाक्यसिंहः॥९३॥

【羅馬譯音】

ārāgayī buddhasahasrakoṭyaḥ

pūjāṁ ca teṣāṁ vipulāmakārṣīt|
cīrṇā ca caryā vara ānulomikī
dṛṣṭaśca buddho ayu śākyasiṁhaḥ||93||

【句義解析】

ārāgayī Buddha-sahasra-koṭyaḥ
pūjāṁ ca teṣāṁ vipulām akārṣīt|
cīrṇā ca caryā vara ānulomikī
dṛṣṭaś ca buddho ayu Śākya-siṁhaḥ||93||

【辭彙研究】

1. आरागयी ārāgayī 名動詞　值遇；供養
   1.1 【詞尾變化】ārāgayī 是 BHS 寫法，是 ārāgaya 的中性單數於格形，所以字典查 ārāgaya。
   1.2 【摩威梵英】無此字，非純梵文。
   1.3 【艾格混梵,p103】
      1.3.1 attainment of the production of buddhas,i.e. of the privilege of being born when a Buddha is living.
      1.3.2 Propitiates, gralifies, pleases; object（or subject of passive forms）almost always Buddha（s）;
   1.4 【梵漢辭典,p148】（名動詞）令人歡喜的；到達；品嘗；（經文）見；值，質遇；來到；承事，能奉事，令愛樂；護持，逮獲，令喜，作喜，得。
2. विपुलाम् vipulām 形容詞　廣大的
   2.1 【詞尾變化】vipulām 根據連音規則是從 vipula 的陽性複數對格形，所以字典查 vipula。
   2.2 資料前面已有說明。
3. अकार्षीत् akārṣīt 動詞　實行；奉行
   3.1 【詞尾變化】akārṣīt 是√kṛ 的不定過去式的第三人稱單數形，所以字典查√kṛ。
   3.2 資料前面已有說明。
4. चीर्णा cīrṇā 動詞　修習

4.1 【詞尾變化】cīrṇā 根據連音規則是從 cīrṇāḥ 變化過來，而 cīrṇāḥ 是 cīrṇa 的陽性單數主格形，而 cīrṇa 是√car 的過去被動分詞，所以字典查√car。

4.2 資料前面已有說明。

5. आनुलोमिकी ānulomikī 形容詞 柔順，隨順

5.1 【詞尾變化】ānulomikī 是 ānulomika 的陰性形，字典查 ānulomika。

5.2 資料前面已有說明。

6. दृष्टश्च dṛṣṭaś ca 動詞 看見

6.1 【詞尾變化】dṛṣṭaś ca 根據連音規則，是從 dṛṣṭaḥ ca 變化過來。dṛṣṭaḥ 是 dṛṣṭa 的陽性單數主格形，而 dṛṣṭa 是√dṛś 的過去被動分詞形，所以字典查√dṛś。

6.2 資料前面已有說明。

7. अयु ayu 名詞 行走；幸運

7.1 【詞尾變化】ayu 即梵文之 aya，所以字典查 aya。

7.2 資料前面已有說明。

8. शाक्य śākya 名詞 釋迦（通常指佛陀）

8.1 【詞尾變化】沒有詞尾變化。

8.2 【摩威梵英,p1062】

8.2.1 mfn. derived or descended from the Śakas（= *śakā abhijano 'sya*）g. *śaṇḍikādi*;

8.2.2 m. N. of a tribe of landowners and Kshatriyas in Kapila-vastu（from whom Gautama , the founder of Buddhism , was descended）Buddh.; N. of Gautama Buddha himself; of his father Śuddhodana（son of *Saṃjaya*）; a Buddhist mendicant ; patr. fr. *śaka* g. *gargādi* ; patr. fr. *śāka* , or *śākin* g. *kurv-ādi.*

8.3 【梵漢辭典,p1064】（陽性）王族之名，（經文）釋迦；釋迦種。

9. सिंहः siṁhaḥ 名詞 獅子；師子

9.1 【詞尾變化】siṁhaḥ 是 siṁha 的陽性單數主格形，所以字典查 siṁha。

9.2 資料前面已有說明。

【筆者試譯】: 他遇到，供養了不可數的眾多佛陀們，

恭敬與奉行廣大的那個（佛法），

柔順的修行，實踐了抉擇（佛法），
（才）幸運的看見了佛陀，釋迦牟尼師子。

【什公漢譯】：供養於諸佛，隨順行大道，具六波羅蜜，今見釋師子。

【英 譯 本】：He propitiated thousands of kotis of Buddhas,
whom he rendered ample honour. He went through
the regular course of duties and saw the present
Buddha Sâkyasimha.

【信譯研究】：信譯。

【第九十四頌】

अयं च सो पश्चिमको भविष्यति
अनुत्तरां लप्स्यति चाग्रबोधिम्।
मैत्रेयगोत्रो भगवान् भविष्यति
विनेष्यति प्राणसहस्रकोट्यः॥९४॥

【羅馬譯音】

ayaṁ ca so paścimako bhaviṣyati
anuttarāṁ lapsyati cāgrabodhim|
maitreyagotro bhagavān bhaviṣyati
vineṣyati prāṇasahasrakoṭyaḥ||94||

【句義解析】

ayaṁ ca so paścimako bhaviṣyati
anuttarāṁ lapsyati cāgra-bodhim|
Maitreya-gotro bhagavān bhaviṣyati
vineṣyati prāṇa-sahasra-koṭyaḥ||94||

【辭彙研究】

1. पश्चिमको paścimako 形容詞　最後的

1.1 【詞尾變化】paścimako 根據連音規則是從 paścimakaḥ 變化過來，而

paścimakaḥ 是 paścimaka 的陽性單數主格形，所以字典查 paścimaka。

1.2 資料前面已有說明。

2. भविषयति bhaviṣyati 動詞　將成爲

2.1 【詞尾變化】bhaviṣyati 是√bhū 的未來主動分詞之陽性單數於格形，所以字典查√bhū。

2.2 資料前面已有說明。

3. लप्सयति lapsyati 動詞　獲得

3.1 【詞尾變化】lapsyati 相當梵文 lapsyate，也就是√labh 的未來式第三人稱單數形，所以字典查√labh。

3.2 【摩威梵英,p896】（cf. *rabh*）cl. 1. Ā. *labhate*（ep. also *-ti* and *lambhate* ; pf. *lebhe* , ep. also *lalābha* ; aor. *alabdha* , *alapsata* Br. ; Prec. *lapsīya*;）, to take , seize , catch ; catch sight of , meet with , find Br. &c. &c.（with *antaram* , to find an opportunity , make an impression , be effective ; with *avakāśam* , to find scope , be appropriate ; with *kālam* , to find the right time or moment）; to gain possession of , obtain , receive , conceive , get , receive（` from' abl. ; ` as' acc.）, recover ib.（with *garbham* , ` to conceive an embryo''' , ` become pregnant' ; with *padam* , to obtain a footing）; to gain the power of（doing anything）, succeed in , be permitted or allowed to MBh. ; to possess , have; to perceive , know , understand , learn , find out: Pass. *labhyate*（ep. also *-ti* ; aor. *alābhi* or *alambhi* , with prep. only *alambhi* ;）, to be taken or caught or met with or found or got or obtained; to be allowed or permitted（inf. sometimes with pass. sense）; to follow , result ; to be comprehended by（abl.）.: Caus. *lambhayati* , *-te*（aor. *alalambhat*）, to cause to take or receive or obtain , give , bestow（generally with two acc. ; rarely with acc. and instr. = to present with）MBh. ; to get , procure（cf. *lambhita*）; to find out , discover; to cause to suffer; Desid. *lipsate*（m. c. also *-ti*）, to wish to seize or take or catch or obtain or receive（with acc. or gen. ; `from' abl.）: Intens. *lālabhyate* , *lālambhīti* or *lālabdhi*.

3.3 【梵漢辭典,p646】（動詞）抓住，遭遇，發現；看到，自～取得，獲得，領取；恢復；獲得機會，擁有，察覺，認是，查明；（經文）得，逮得，獲得，受，取，遇，得遇，遭，值遇。

4. गोत्रो gotro 名詞　姓（家族的姓氏）

4.1 【詞尾變化】gotro 根據連音規則是從 gotraḥ，而 gotraḥ 是 gotra 的陽性單數主格形，所以字典查 gotra。

4.2　資料前面已有說明。

5. विनेष्यति vineṣyati 動詞　教導

5.1 【詞尾變化】vineṣyati 是 vi-√nī 的未來式第三人稱單數形，所以字典查 vi-√nī。

5.2　資料前面已有說明。

【筆者試譯】：他最後將來會變成，
獲得無上的最高菩提。
成爲姓"彌勒"的世尊，
教導眾生不可勝數！

【什公漢譯】：其後當作佛，號名曰彌勒，廣度諸眾生，其數無有量。

【英 譯 本】：He shall be the last to reach superior enlightenment
and become a Lord known by the family
name of Maitreya, who shall educate thousands of
kotis of creatures.

【信譯研究】：信譯。

【第九十五頌】

कौसीद्यप्राप्तस्तद यो बभूव
परिनिर्वृतस्य सुगतस्य शासने।
त्वमेव सो तादृशको बभूव
अहं च आसीत्तद धर्मभाणकः॥९५॥

【羅馬譯音】

kausīdyaprāptastada yo babhūva
parinirvṛtasya sugatasya śāsane|
tvameva so tādṛśako babhūva

ahaṁ ca āsīttada dharmabhāṇakaḥ||95||

【句義解析】

kausīdya-prāptas tada yo babhūva
parinirvṛtasya sugatasya śāsane|
tvam eva so tādṛśako babhūva
ahaṁ ca āsīt tada dharma-bhāṇakaḥ||95||

【辭彙研究】

1. कौसीद्य kausīdya 形容詞　懶惰，取巧

1.1 【詞尾變化】kausīdya=kauśala；沒有詞尾變化。

1.2 【摩威梵英,p318】n. sloth , indolence .（printed ed. *kauṣ-*）; the practice of usury.

1.3 【梵漢辭典,p584】（經文）善，善巧，善能；巧，巧便，妙巧，巧妙，巧方便。

2. प्रापतस् prāptas 動詞　獲得

2.1 【詞尾變化】prāptas 根據連音規則是從 prāptaḥ 變化過來，而 prāptaḥ 是 prāpta 的陽性單數主格形，所以字典查 prāpta。

2.2 資料前面已有說明。

3. बभूव babhūva 動詞　成爲

3.1 【詞尾變化】babhūva 是√bhū 的完成式第二人稱單數形，所以字典查√bhū。

3.2 資料前面已有說明。

4. शासने śāsane 形容詞　教導

4.1 【詞尾變化】śāsane 是 śāsana 的陽性單數於格形，所以字典查 śāsana。

4.2 資料前面已有說明。

5. तादृशको tādṛśako 形容詞+代名詞　就是

5.1 【詞尾變化】tādṛśako 相當 tādṛśa-kaḥ，kaḥ 是 ka 的陽性單數主格形，資料已有說名，字典查 tādṛśa。

5.2 【摩威梵英,p442】

5.3 mf（*ī*）n. = -dṛś ; anybody whosoever.

5.4 【梵漢辭典,p1268】（形容詞）如此；（經文）如；如此，如是，如是相，似此，相似，隨其相，此相亦然。

【筆者試譯】：那個變得懶惰的
於教誨在佛滅度後，
而你就是那個人，
我就是當時那個法師。

【什公漢譯】：彼佛滅度後，懈怠者汝是，妙光法師者，今則我身是。

【英 譯 本】：He who then, under the rule of the extinct
Sugata, was so slothful, was thyself, and it was I
who then was the preacher of the law.

【信譯研究】：信譯。

【第九十六頌】

इमेन हं कारणहेतुनाद्य
दृष्ट्वा निमित्तं इदमेवरूपम्।
ज्ञानस्य तस्य प्रथितं निमित्तं
प्रथमं मया तत्र वदामि दृष्टम्॥९६॥

【羅馬譯音】

imena haṁ kāraṇahetunādya
dṛṣṭvā nimittaṁ idamevarūpam|
jñānasya tasya prathitaṁ nimittaṁ
prathamaṁ mayā tatra vadāmi dṛṣṭam||96||

【句義解析】

imena haṁ kāraṇa-hetunā ‘dya
dṛṣṭvā nimittaṁ idam eva-rūpam|
jñānasya tasya prathitaṁ nimittaṁ
prathamaṁ mayā tatra vadāmi dṛṣṭam||96||

【辭彙研究】

1. हं haṁ 形容詞 確實的

1.1 【詞尾變化】haṁ 根據連音規則是從 ham 變化過來，而 ham 是 ha 的陽性單數對格形，所以字典查 ha。

1.2 【摩威梵英,p】

1.2.1 the thirty-third and last consonant of the *Nāgarī* alphabet（in *Pāṇini's* system belonging to the guttural class , and usually pronounced like the English *h* in *hard* ; it is not an original letter , but is mostly derived from an older *gh* , rarely from *dh* or *bh*）.

1.2.2 m. a form of *Śiva* or *Bhairava*; water ; a cipher（i.e. the arithmetical figure which symbolizes o）; meditation , auspiciousness ; sky , heaven , paradise ; blood ; dying ; fear ; knowledge ; the moon ; *Viṣṇu* ; war , battle ; horripilation ; a horse ; pride ; a physician ; cause , motive ; = *pāpa-haraṇa* ; = *sakopa-vāraṇa* ; = *śuṣka* ;（also *ā* f.）laughter ;

1.2.3（*ā*）f. coition ; a lute（*am*）n. the Supreme Spirit ; pleasure , delight ; a weapon ; the sparkling of a gem ; calling , calling to the sound of a lute ;（ind.）= *aham*（?）;

1.2.4 mfn. mad , drunk.

1.2.5 ind.（prob. orig. identical with 2. *gha* , and used as a particle for emphasizing a preceding word , esp. if it begins a sentence closely connected with another ; very frequent in the *Brāhmaṇas* and *Sūtras* , and often translatable by）indeed , assuredly , verily , of course , then（often with other particles e.g. with *tv eva , u , sma ,vai* ; *na ha* , `not indeed' ; also with interrogatives and relatives e.g. *yad dha* , `when indeed' ; *kad dha* , `what then?' sometimes with impf. or pf.; in later language very commonly used as a mere expletive , esp. at the end of a verse）RV.

1.2.6 mf（*ā*）n.（fr. *han*）killing , destroying , removing（only ifc. ; see *arāti-* , *vṛtra-* , *śatruha* .）

1.2.7 mf(*ā*)n.(fr. √3. *hā*)abandoning , deserting , avoiding(ifc. ; see *an-oka-* and *vāpī-ha*）;

1.2.8（ā）f. abandonment , desertion.

1.3 【梵漢辭典,p480】

1.3.1（質詞）（附屬語）（僅用來強調前置詞）；當然，確實地（對作者的見解表是同意）；在雅語當中作爲語助詞使用，尤其用於詩詞之尾。

1.3.2（形容詞）殺害或破壞；（陽性）～的殺害者。

1.3.3（形容詞）離開或拋棄。

2. हेतुनाऽद्य hetunā 'dya 形容詞　理由

2.1 【詞尾變化】

2.1.1 hetunā 'dya 根據連音規則是從 hetunā adya 所組成。

2.1.2 adya 沒有語尾變化。

2.1.3 hetunā 是 hetu 的陽性單數工具格形，所以字典查 hetu adya。

2.2　資料前面已有說明。

3. निमित्तं nimittaṁ 名詞　徵兆；預兆

3.1【詞尾變化】nimittaṁ 是 nimittam 連音規則的變化，而 nimittam 是 nimitta 的陽性單數對格形，所以字典查 nimitta。

3.2　資料前面已有說明。

4. रूपम् rūpam 名詞　現象

4.1 【詞尾變化】rūpam 是 rūpa 的中性單數對格形，所以字典查 rūpa。

4.2　資料前面已有說明。

5. ज्ञानस्य jñānasya 名詞　知識

5.1 【詞尾變化】jñānasya 是 jñāna 的中性單數屬格形，所以字典查 jñāna。

5.2　資料前面已有說明。

6. प्रथितं prathitaṁ 動詞　變大

6.1【詞尾變化】prathitaṁ 根據連音規則是從 prathitam 變化過來，而 prathitam 是 prathita 的陽性單數對格形。而 prathita 爲√prath 的過去被動分詞形，所以字典查√prath。

6.2 【摩威梵英,p678】cl. 1. Ā. *prathate*, to spread , extend, become larger or wider , increase RV. ; to spread abroad（as a name , rumour）, become known or celebrated MBh.; to come to light , appear , arise ; to occur（to the mind）: Caus. *prathayati*（rarely *-te* ; aor. *apaprathat* ; Subj. *paprathat*

RV.；*paprathanta* ib.；*prathayi*），to spread，extend，increase RV.; to spread abroad，proclaim，celebrate BhP.；to unfold，disclose，reveal，show; to extend over i.e. shine upon，give light to（acc.）RV.

6.3 【梵漢辭典,p938】（動詞）延伸，遍行，增大，所知，所宣傳，著名的。

7. प्रथमम् prathamaṁ 副詞 最先地；初次

7.1 【詞尾變化】prathamaṁ 根據連音規則是從 prathamam 變化過來，而 prathamam 是 prathama 的副詞形。而 prathama 是〔pra〕最高級，字典查 prathama。

7.2 【摩威梵英,p679】

7.2.1 mf（*ā*）n. foremost，first（in time or in a series or in rank）；earliest，primary，original，prior，former；preceding，initial，chief，principal，most excellent RV.；often translatable adverbially = ibc. and（*am*），ind. firstly，at first，for the first time；just，newly，at once，forthwith; formerly，previously（*am* also as prep. with gen. = before;

7.2.2 m.（in gram.，scil. *varṇa*），the first consonant of a Varga，a surd unaspirate letter；（scil. *puruṣa*），the first（= our 3rd）person or its terminations；（scil. *svara*），the first tone；in math. the sum of the products divided by the difference between the squares of the cosine of the azimuth and the sine of the amplitude；

7.2.3（*ā*）f.（in gram.）the first or nominative case and its terminations; du. the first two cases and their terminations.

7.3 【梵漢辭典,p938】（形容詞）第一的；最早的；原來的，在～以前的，前的，先的；在首位的，最優秀的，卓越的，主要的，最初地，首先帝；在前地，以前地，立即地；（經文）初，最初，始，首，前，第一；後有。

8. वदामि vadāmi 動詞 說話

8.1 【詞尾變化】vadāmi 是√vad 的現在式第一人稱單數形，所以字典查√vad。

8.2 資料前面已有說明。

【筆者試譯】：今天確實以這個原由，

（才能）看見這個瑞相徵兆，
（有關）徵兆現象的詳細點的知識，
我將最初的在那裏的（情況）說出來。

【什公漢譯】：缺譯。

【英 譯 本】：As on seeing a foretoken of this kind I recognise
a sign such as I have seen manifested of
yore, therefore and on that account I know.

【信譯研究】：信譯。鳩摩羅什將其移到下句頌偈一併翻譯。這裡略去相應的翻譯，或許認爲這是重複，無須翻譯的關係。

【第九十七頌】

ध्रुवं जिनेन्द्रोऽपि समन्तचक्षुः
शाक्याधिराजः परमार्थदर्शी।
तमेव यं इच्छति भाषणाय
पर्यायमग्रं तदद्यो मया श्रुतः॥९७॥

【羅馬譯音】

dhruvaṁ jinendro'pi samantacakṣuḥ
śākyādhirājaḥ paramārthadarśī|
tameva yaṁ icchati bhāṣaṇāya
paryāyamagraṁ tadadyo mayā śrutaḥ||97||

【句義解析】

dhruvaṁ jinendro 'pi samanta-cakṣuḥ
Śākyādhirājaḥ paramārtha-darśī|
tam eva 'yaṁ icchati bhāṣaṇāya
paryāyam agraṁ tada dyo mayā śrutaḥ||97||

【辭彙研究】

1. ध्रुवं dhruvaṁ 副詞　必定

1.1 【詞尾變化】dhruvaṁ 根據連音規則是從 dhruvam 變化過來，而 dhruvam 是 dhruva 的副詞形，所以字典查 dhruva。

1.2 【摩威梵英,p521】

1.2.1 mf（ā）n. fixed , firm , immovable , unchangeable , constant , lasting , permanent , eternal RV.（e.g. the earth , a mountain , a pillar , a vow; with svāṅga n. an inseparable member of the body; with dhenu f. a cow which stands quiet when milked AV. ; with diś f. the point of the heavens directly under the feet AV.;

1.2.2 with *smṛti* f. a strong or retentive memory; cf. also under *karaṇa* and *nakṣatra*）; staying with（loc.）; settled , certain , sure MBh.; ifc. = pāpa;

1.2.3 m. the polar star（personified as son of *Uttāna-pāda* and grandson of Manu）MBh. ; celestial pole ; the unchangeable longitude of fixed stars , a constant arc ib. ; a knot; a post , stake ; the Indian fig-tree; tip of the nose（?）; a partic. water-bird ib. ; the remaining（i.e. preserved）Graha which having been drawn in the morning is not offered till evening S3Br. Vait. ;（in music）the introductory verse of a song（recurring as a kind of burthen）or a partic. time or measure（*tāla-viśeṣa*）; any epoch to which a computation of dates is referred; N. of an astrol.; of the syllable Om; of Brahmā ; of Viṣṇu MBh. ; of *Śiva*; of a serpent supporting the earth ; of a Vasu MBh.; of a son of Vasu-deva and *Rohiṇī* BhP. ; of an Āñgirasa（supposed author of RV.）; of a son of Nahusha MBh. ; of a follower of the *Pāṇḍus* ib. ; of a son of *Ranti-nāra*（or *Ranti-bhāra*）;

1.2.4（*ā*）f. the largest of the 3 sacrificial ladles AV.（with *juhū* & *upabhṛt*）;（scil. *vṛtti*）a partic. mode of life Baudh. ;（scil. *strī*）a virtuous woman ; Desmodium Gangeticum ; Sanseviera Zeylanica ;（in music）the introductory verse（cf. above）;

1.2.5 n. the fixed point（from which a departure takes place）; the enduring sound（supposed to be heard after the *Abhinidhāna*）; air , atmosphere ; a kind of house ;

1.2.6（*am*）ind. firmly , constantly , certainly , surely MBh.;

1.2.7（*āya*）ind. for ever.

1.3 【梵漢辭典,p383】(副詞)確實地，無疑地；(經文)必，定，必定，決定，畢竟，是麼。

2. जिनेन्द्रो jinendro 名詞 佛陀

2.1 【詞尾變化】jinendro 根據連音規則是從 jinendraḥ 變化過來，jinendraḥ 是 jinendra 的陽性單數主格形，所以字典查 jinendra。

2.2 資料前面已有說明。

3. चक्षुः cakṣuḥ 形容詞 觀看；眼目

3.1 【詞尾變化】cakṣuḥ 是 cakṣus 的中性單數主格形，所以字典查 cakṣus。

3.2 資料前面已有說明。

4. शाक्याधिराजः Śākyādhirājaḥ 名詞 釋迦大法王

4.1 【詞尾變化】

4.1.1 Śākyādhirājaḥ 是由 Śākya-adhirājaḥ 兩個字所組成。

4.1.2 Śākya 資料前面已有說明。

4.1.3 adhirājaḥ 是 adhirāja 的陽性單數主格形，所以字典查 adhirāja。

4.2 【摩威梵英,p21】*as* , or *ā* m. an emperor.

4.3 【梵漢辭典,p34】(陽性=adhirāj)最高統治者，皇帝。

5. परमार्थ paramārtha 名詞 最高眞理

5.1 【詞尾變化】沒有詞尾變化。

5.2 【摩威梵英,p588】

5.2.1 m. the highest or whole truth , spiritual knowledge MBh. ; any excellent or important object; the best sense ib. ; the best kind of wealth ib. ;

5.2.2 -*tas* ind. in reality , really , in the true sense of the word;

5.2.3 –*tā* f. the highest truth , reality ;

5.2.4 -*daridra* mfn. really poor ;

5.2.5 -*darśana* m. N. of a *Samādhi* ;

5.2.6 -*nirṇaya* m. -*prakāśa* m. –*pradīpikā* f. -*prapā* f. -*bodha* m. N. of wks. ; -*bhāj* mfn. partaking of the highest truth;

5.2.7 -*matsya* m. a real fish;

5.2.8 -*vid* m. one who knows the highest truth , a philosopher ;

5.2.9 -*vinda* mfn. acquiring knowledge of tñtruth , obtaining the best kind of wealth;

5.2.10 -*viveka* m. -*saṃvṛti-satya-nirdeśa* m. -*saṃgraha* m. N. of wks. ;

5.2.11 -*satya* n. the real or entire truth ;

5.2.12 -*saṃdarbha* m. N. of wk. ;

5.2.13 -*sarit* f. really a river;

5.2.14 -*sāra* m.（-*ra-saṃkṣepa-vivṛti* f. -*ra-saṃgraha* , m.）N. of wks. ;

5.2.15 -*supta* mfn. really asleep ;

5.2.16 -*stuti* f. N. of wk.

5.3 【梵漢辭典,p844】（陽性）至上或完美的眞理；事件的眞相，眞實；（經文）勝義，最勝義，眞義，深義，第一義，無比義，眞諦，勝義諦。實，眞實，眞如，實性。

6. दर्षी darśī 形容詞 見解

6.1 【詞尾變化】darśī 是 darśin 的中性單數主格形，所以字典查 darśin。

6.2 【摩威梵英,p471】mfn. ifc. seeing , looking at , observing , examining , finding MBh.; knowing , understanding ; receiving; experiencing ; composer（of a hymn , *sūta*-）; looking , appearing ; showing , exhibiting , teaching MBh.; inflicting（cf. *pāpa*-）.

6.3 【梵漢辭典,p351】（形容詞）看，觀察，留意，認爲；所見，會意，理解；～的樣子，看成～；經驗或體驗；接收；（收入）製作或造作；顯示，開示；（經文）見；身見，見爲，知見，有見，觀，視，解，懷，見者～生～。

7. इच्छति icchati 動詞 尋求；願望

7.1 【詞尾變化】icchati 是√iṣ 的現在式第三人稱單數形，所以字典查√iṣ。

7.2 【摩威梵英,p168】

7.2.1 cl. 1. P. to seek , search BhP.: cl. 4. P. to cause to move quickly , let fly , throw , cast , swing RV. ; to send out or off , stream out , pour out , discharge ; to deliver（a speech）, announce , proclaim AV. ; to impel , incite , animate , promote RV. AV.

7.2.2 cl. 6. P. , to endeavour to obtain , strive , seek for RV. AV. ; to endeavour to make favourable ; to desire , wish , long for , request ; to wish or be about to do anything , intend RV. AV.; to strive to obtain anything（acc.）

from any one(abl. or loc.); to expect or ask anything from any one MBh.; to assent , be favourable , concede; to choose; to acknowledge , maintain , regard , think: Pass. *iṣyate* , to be wished or liked ; to be wanted MBh.; to be asked or requested ; to be prescribed or ordered ; to be approved or acknowledged ; to be accepted or regarded as MBh.; to be worth ; to be wanted as a desideratum see 2. *iṣṭi*: Caus. *eṣayati* ,(in surg.) to probe: Desid. *eṣiṣiṣati* .

7.3 【梵漢辭典,p509】發射；放出，開陳，驅逐，鼓舞，賦予活力；努力邁向，推升至～，探求，祈求，希望，期待；想要做；選擇；認定，承認。(經文)求，希求，訪求，計，欲，願，樂，樂欲。

8. भाषणाय bhāṣaṇāya 名詞　講話

8.1 【詞尾變化】bhāṣaṇāya 是 bhāṣaṇa 的中性單數爲格形，所以字典查 bhāṣaṇa。

8.2 【摩威梵英,p755】

8.2.1 n.(ifc. f. *ā*)the act of speaking , talking , speech , talk MBh.; kind words , kindness(= *sāma-dānādi*);(in dram.) expression of satisfaction after the attainment of an object ;

8.2.2 (*ī*) f. resembling(*-ṇī-kṣaulema*(?) m. N. of a family)

8.3 【梵漢辭典,p260】(名詞)說話，講話，談話；演說；親切的話；(經文)說，發語。

9. पर्यायम् paryāyam 名詞　科目

9.1【詞尾變化】paryāyam是paryāya的陽性單數對格形，所以字典查paryāya。

9.2 資料前面已有說明。

10. द्यो dyo 名詞　太陽；日

10.1 【詞尾變化】沒有詞尾變化。

10.2 【摩威梵英,p500,dyo】Guṇa form of *dyu* in comp.;*dyota* . see under *dyu* and 1. *dyut*.

10.3 【摩威梵英,p478,dyu】

10.3.1 <u>native grammarians give as stems *div* and *dyo*</u> ; the latter is declined through all cases like *go* , but really does not occur except in forms mentioned above and in *dyo-salila* MBh. while *div* and *dyu* regularly alternate before vow. and cons.) m. (rarely f.) in Ved. f. in later Skr. heaven , the sky (regarded in Ved. as rising in three tiers , and generally as the father (*dyauṣ pitā* , while the earth is the mother, and *Ushas* the daughter) , rarely as a goddess , daughter of *Prajā-pati*) ;

10.3.2 m. (rarely n.) day RV. ; fire (nom. *dyus*) .

10.4 【梵漢辭典,p425】(陰性)(陽性)天空;日。

【筆者試譯】:毫無疑問,接下來觀看的今天佛陀,
釋迦大法王最高眞理的見解,
就是要講的這一部,
就是我那時聽過的那部無上(大法)的經典。

【什公漢譯】:我見燈明佛,本光瑞如此,以是知今佛,欲說法華經。

【英 譯 本】:That decidedly the chief of Ginas, the supreme
king of the Sâkyas, the All-seeing, who
knows the highest truth, is about to pronounce the
excellent Sûtra which I have heard before.

【信譯研究】:信譯。鳩譯是融合梵本上一頌與本頌的結合。

【第九十八頌】

तदेव परिपूर्ण निमित्तमद्य
उपायकौशल्य विनायकानाम्।
संस्थापनं कुर्वति शाक्यसिंहो
भाषिष्यते धर्मस्वभावमुद्राम्॥९८॥

【羅馬譯音】

tadeva paripūrṇa nimittamadya
upāyakauśalya vināyakānām|
saṁsthāpanaṁ kurvati śākyasiṁho
bhāṣiṣyate dharmasvabhāvamudrām||98||

【句義解析】

tad eva paripūrṇa nimittam adya
upāya-kauśalya vināyakānām|
saṁsthāpanaṁ kurvati Śākya-siṁho
bhāṣiṣyate dharma-svabhāva-mudrām||98||

【辭彙研究】

1. विनायकानाम् vināyakānām 名詞　導師們

1.1 【詞尾變化】vināyakānām 是 vināyaka 的陽性複數屬格形，所以字典查 vināyaka。

1.2 資料前面已有說明。

2. संस्थापनं saṁsthāpanaṁ 形容詞　完全堅固的；決定性的

2.1 【詞尾變化】saṁsthāpanaṁ 是根據連音規則從 saṁsthāpanam 變化過來，saṁsthāpanam 是 saṁ-sthāpana 的陽性單數對格形，sam 的資料已經有所說明，所以字典查 sthāpana。

2.2 【摩威梵英,p1263】

2.2.1 mfn.（fr. Caus.）causing to stand &c. ; maintaining , preserving（see *vayaḥ-sth-*）; fixing , determining;

2.2.2（*ā*）f. the act of causing to stand firmly or fixing , supporting（as an attribute of the earth）MBh.; storing , keeping , preserving; fixed order or regulation ib. ; establishing , establishment , dialectical proof（of a proposition ; arranging , regulating or directing（as a drama）, stage-management（cf. *sthā-paka*）;

2.2.3（*ī*）f. Clypea Hernandifolia ;

2.2.4（*am*）n. causing to stand , fixing , establishing , founding , instituting , raising , erecting（an image &c.）; putting or placing or laying upon（comp.）; fastening , fixing , rendering immovable BhP. ; hanging , suspending ; strengthening（of the limbs）, preservation or prolongation（of life）or a means of strengthening; a means of stopping（the flow of blood）, styptic ib. ; storage（of grain）; establishment or dialectical proof of a proposition ; statement , definition ; a partic. process to which quicksilver is subjected; = *puṃ-savana* ; fixing the thoughts , abstraction ; a dwelling , habitation ib.

2.3 【梵漢辭典,p1211】（中性）保持；固定，決定；建立，放在～之上，～的確立或延長。

3. कुर्वति kurvati 動詞 實行，作

3.1 【詞尾變化】kurvati 是 kurvata 的陽性單數於格形，而 kurvata 則是√kṛ 的過去被動分詞形，所以字典查√kṛ。

3.2 資料前面已有說明。

4. भाषिष्यते bhāṣiṣyate 動詞 說話

4.1 【詞尾變化】bhāṣiṣyate 是√bhāṣ 變化過來的，所以字典查√bhāṣ。

4.2 資料前面已有說明。

5. मुद्राम् mudrām 形容詞 印契；印記

5.1 【詞尾變化】mudrām 是 mudrā 陰性單數對格形，所以字典查 mudrā。

5.2 【摩威梵英,p822】

5.2.1 f.（fr. *mudra* see above）a seal or any instrument used for sealing or stamping , a seal-ring , signet-ring, any ring MBh.; type for printing or instrument for lithographing; the stamp or impression made by a seal ; any stamp or print or mark or impression MBh.; a stamped coin , piece of money , rupee , cash , medal L. ; an image , sign , badge , token（esp. a token or mark of divine attributes impressed upon the body）; authorization , a pass , passport（as given by a seal）; shutting , closing（as of the eyes or lips gen. or comp.）; a lock , stopper , bung; a mystery ; N. of partic. positions or intertwinings of the fingers（24 in number , commonly practised in religious worship , and supposed to possess an occult meaning and magical efficacy）; a partic. branch of education（` reckoning by the fingers'）; parched or fried grain（as used in the S3a1kta or Ta1ntrik ceremonial）;（in rhet.）the natural expression of things by words , calling things by their right names ;（in music）a dance accordant with tradition.

5.3 【梵漢辭典,p744】（陰性）有圖章的戒指，封條印記，印章，記號，徽章，印紋，表徵，封，鎖，秘密；神聖記號；印契；直接指名的，以

本名呼叫的，（經文）印，封印，印璽，印契，印母，印相，手印，手算；齒印。

【筆者試譯】：今天有這裡遍滿了瑞相，
導師們的善巧與方便，
釋迦師子，完全堅固的修行，
說法印證佛性。

【什公漢譯】：今相如本瑞，是諸佛方便，今佛放光明，助發實相義。

【英 譯 本】：That very sign displayed at present is a proof
of the skillfulness of the leaders; the Lion of the
Sâkyas is to make an exhortation, to declare the
fixed nature of the law.

【信譯研究】：信譯。梵文的「saṁsthāpanaṁ kurvati」，中文為「完全堅固的修行」之意，鳩摩羅什譯成「佛放光明」。而梵文「svabhāva-mudrām」，中文為「本性印契」之意，鳩摩羅什翻譯成「助發實相義」。這裡看來，鳩摩羅什也嘗試用比較直接表達的方式，不拘泥於梵文字面意義，讓大眾能夠了解。

【第九十九頌】

प्रयता सुचित्ता भवथा कृताञ्जली
भाषिष्यते लोकहितानुकम्पी।
वर्षिष्यते धर्ममनन्तवर्षं
तर्पिष्यते ये स्थित बोधिहेतोः॥९९॥

【羅馬譯音】

prayatā sucittā bhavathā kṛtāñjalī
bhāṣiṣyate lokahitānukampī |
varṣiṣyate dharmamanantavarṣaṁ
tarpiṣyate ye sthita bodhihetoḥ||99||

【句義解析】

prayatā sucittā bhavathā kṛtāñjalī
bhāṣiṣyate loka-hitānukampī |
varṣiṣyate dharmam ananta-varṣaṁ
tarpiṣyate ye sthita bodhi-hetoḥ||99||

【辭彙研究】

1. प्रयता prayatā 動詞 奉獻的

1.1 【詞尾變化】prayatā 是 pra-√yam 的過去被動分詞之陰性單數主格形，所以字典查 pra-√yam。

1.2 【摩威梵英,p687】P. Ā. *-yacchati* , *-te* , to hold out towards , stretch forth , extend RV. AV. ; to place upon（loc.）MBh. ; to offer , present , give , grant , bestow , deliver , despatch , send , effect , produce , cause（with dat. gen. or loc. of pers. and acc. of thing）RV.（with *vikrayeṇa* , to sell ; with *uttaram* , to answer ; with *śāpam* , to pronounce a curse ; with *yuddham* , to give battle , fight ; with *viṣam* , to administer poison ; with *buddhau* , to set forth or present to the mind）; to restore , pay（a debt）, requite（a benefit）MBh. ; to give（a daughter）in marriage.

1.3 【梵漢辭典,p1502】（動詞）被擴張的；被延展的，被奉獻的，被放於～的，所贈送的，所提供的，以虔誠的心面對，爲嚴肅儀式所準備的，清淨的；愼重的，溫和的；自制的；盡義務的。

2. सुचित्ता sucittā 形容詞 好心的；心腸好的

2.1 【詞尾變化】sucittā 根據連音規則是從 sucittāḥ 變化過來，而 sucittāḥ 是 sucitta 的陽性複數主格形，字典查 sucitta。

2.2 【摩威梵英,p1223】

2.2.1 mf（*ā*）n. well-minded MBh. ;

2.2.2 m.（with *śailana*）N. of a teacher.

2.3 【梵漢辭典,p1220】（形容詞）氣質好的。

3. भवथा bhavathā 動詞 成爲

3.1 【詞尾變化】bhavathā 根據連音規則是從 bhavathāḥ 變化過來，而 bhavathāḥ 是 bhavatha 的陽性複數主格形，而 bhavatha 是√bhū 的現

在式第二人稱複數形，所以字典查√bhū。

3.2 資料前面已有說明。

4. हितानुकम्पि hitānukampī 動詞+動詞 促進同情

4.1 【詞尾變化】hitānukampī 是 hita-anukampī，相當於梵文的 hita-anukampe，是從√hi-anu-√kamp 變化過來，√hi 的部分資料前面已有說明，所以字典查 anu-√kamp。

4.2 【梵漢辭典,p31】to sympathize with , compassionate: Caus. P.（impf. *-akampayat*）id.

4.3 【梵漢辭典,p559】（動詞）使同情；（經文）哀憫；憐憫。

5. वर्षियते varṣiṣyate 動詞 使下雨

5.1 【詞尾變化】varṣiṣyate 是從√vṛṣ 變化過來，所以字典查√vṛṣ。

5.2 資料前面已有說明。

6. वर्षं varṣaṁ 形容詞 下雨的

6.1 【詞尾變化】varṣaṁ 根據連音規則是從 varṣam 變化過來，而 varṣam 是 varṣa 的陽性單數對格形。字典查 varṣa。

6.2 資料前面已有說明。

7. तर्पिष्यते tarpiṣyate 動詞 使滿足

7.1 【詞尾變化】tarpiṣyate 是從√tṛp 使役動詞變化過來的，所以字典查√tṛp。

7.2 【摩威梵英,p453】cl. 4. to satisfy one's self , become satiated or satisfied , be pleased with RV. ; to enjoy（with abl.）; to satisfy , please : cl. 1. *tarpati* , to kindle Dha1tup.: Caus. *tarpayati* , rarely *-te* ,to satiate , satisfy , refresh , gladden RV.; Ā to become satiated or satisfied VS. AV. ; to kindle: Desid.（Subj. *titṛpsāt*）to wish to enjoy RV.: Caus. Desid.（Pot. *titarpayiṣet*）to wish to satiate or refresh or satisfy: Intens. *tarītṛpyate* , *tarītarpti* , *-trapti*;

7.3 【梵漢辭典,p1302】（動詞）使稱心；使爽快，使喜悅，使滿意；（經文）充足，充洽，成熟，令具足。

8. हेतोः hetoḥ 名詞 因素

8.1 【詞尾變化】hetoḥ 是 hetu 的陽性單數從格形，所以字典查 hetu。

8.2 資料前面已有說明。

【筆者試譯】：奉獻善良的心，合起掌來
說法，把世界悲憫之心增強起來！
讓佛法成爲毫不間斷的雨水，
滿足（種下）所站的眾生菩提之因（種子）。

【什公漢譯】：諸人今當知，合掌一心待，佛當雨法雨，充足求道者。

【英 譯 本】：Be well prepared and well minded; join your hands: he who is affectionate and merciful to the world is going to speak, is going to pour the endless rain of the law and refresh those that are waiting for enlightenment.

【信譯研究】：信譯。

【第一百頌】

येषां च संदेहगतीह काचिद्
ये संशया या विचिकित्स काचित्।
व्यपनेष्यते ता विदुरात्मजानां
ये बोधिसत्त्वा इह बोधिप्रस्थिताः॥१००॥

【羅馬譯音】

yeṣāṁ ca saṁdehagatīha kācid
ye saṁśayā yā vicikitsa kācit|
vyapaneṣyate tā vidurātmajānāṁ
ye bodhisattvā iha bodhiprasthitāḥ||100||

【句義解析】

yeṣāṁ ca saṁdeha-gatī 'ha kā-cid
ye saṁśayā yā vicikitsa kā-cit|
vyapaneṣyate tā vidur ātmajānāṁ
ye bodhisattvā iha bodhi-prasthitāḥ||100||

【辭彙研究】

1. येषां yeṣāṁ 關係代名詞　作爲～

1.1 【詞尾變化】yeṣāṁ 根據連音規則是從 yeṣām 變化過來，而 yeṣām 是 ya 的陽性複數屬格形，所以字典查 ya。

1.2 資料前面已有說明。

2. संदेह saṁdeha 名詞　塵世煩惱

2.1 【詞尾變化】沒有詞尾變化。

2.2 【摩威梵英,p1143】

2.2.1 m.（ifc. f. *ā*）a conglomeration or conglutination（of material elements ; see above）; doubt , uncertainty about MBh.;（in rhet.）a figure of speech expressive of doubt; risk , danger ;

2.2.2 -*gandha* m. a whiff or slight tinge of doubt ;

2.2.3 -*cchedana* n. cutting i.e. removal of dñdoubt;

2.2.4 -*tva* n. state of dñdoubt or uncertainty ;

2.2.5 -*dāyin* mfn. raising dñdoubt or uncñuncertainty concerning i.e. reminding of（comp.）;

2.2.6 -*dolā* f. the oscillation or perplexity（caused by）dñdoubt MBh. ;

2.2.7（-*lā-stha* mfn. `one who is in a state of suspense'）;

2.2.8 -*pada* mfn. subject to doubt , doubtful ;

2.2.9 -*bhañjana* n. breaking or destroying dñdoubt;

2.2.10 –*bhañjikā* f. N. of wk. ;

2.2.11 -*bhṛt* mfn. having doubt about（loc.）Mcar. ;

2.2.12 -*viṣauṣadhi* f. -*samuccaya* m. N. of wks. ;

2.2.13 -*hāpanodana* n.（= - *cchedana*）;

2.2.14 -*hālaṃkāra* m. or -*hālaṃkṛti* f. a partic. figure of speech（cf. above）

2.3 【梵漢辭典,p1089】（陽性）聚積，塵世煩惱，對～懷疑的，不確定；可疑之事；危險，冒險；無疑；（經文）疑，惑，疑問，疑惑。

3. गतीऽह gatī 'ha 動詞+質詞　正好去

3.1 【詞尾變化】

3.1.1 gatī 'ha 根據連音規則是從 gatī aha 變化過來。

3.1.2 gatī 相當於梵文的 gata，gata 是√gam 的過去被動分詞形，所以字典查√ gam。

3.1.3 aha 沒有詞尾變化。

3.2 資料前面已有說明。

4. संशया saṁśayā 名詞 冒險；擔心

4.1【詞尾變化】saṁśayā 根據連音規則是 saṁśayāḥ 變化過來的，而 saṁśayāḥ 是 saṁśaya 的陽性複數主格形，所以字典查 saṁśaya。

4.2 資料前面已有說明。

5. विचिकित्स vicikitsa 名詞 狐疑心

5.1 【詞尾變化】沒有詞尾變化。

5.2 【摩威梵英, vicikitsa】無此字。

5.3 【摩威梵英,p959, vicikitsā】

5.3.1 f. doubt , uncertainty , question , inquiryBhP. ; error , mistake. ;

5.3.2 -*sārthīya* mfn. expressing doubt or uncertainty.

5.4 【梵漢辭典,p1413】=vicikitsā；（經文）疑，疑懼；狐疑心。

6. व्यपनेष्यते vyapaneṣyate 動詞 讚揚

6.1 【詞尾變化】vyapaneṣyate 是由 vi-√ pan 變化過來，字典查 vi-√ pan。

6.2 【摩威梵英,p585】

6.2.1 cl. 1. Ā. to be worthy of admiration or to admire（acc.）RV.: Pass. *panyate* ib.: Caus. *panayati* , *-te* , to regard with surprise or wonder , to admire , praise , acknowledge RV. ;

6.2.2（Ā）to rejoice at , be glad of（gen.）.

6.3 【梵漢辭典,p831】（動詞）褒獎，讚揚，對～喜歡的。

7. आत्मजानां ātmajānāṁ 形容詞 自己生的；兒子

7.1【詞尾變化】ātmajānāṁ 是 ātmaja 的陽性複數屬格形，所以字典查 ātmaja

7.2 資料前面已有說明。

8. प्रस्थिता: prasthitāḥ 動詞 朝向

8.1 【詞尾變化】prasthitāḥ 是 pra-sthitāḥ 結合，即 pra-sthita 的陽性複數主格形，亦即 pra-√ sthā 的過去被動分詞形，所以字典查 pra-√ sthā。

8.2 資料前面已有說明。

【筆者試譯】：有些（人）有塵世煩惱，

有些會擔心，有些疑惑，
讚揚智慧所生者，
此處朝向菩提的菩薩眾

【什公漢譯】：諸求三乘人，若有疑悔者，佛當爲除斷，令盡無有餘。

【英 譯 本】：And if some should feel doubt, uncertainty,
or misgiving in any respect, then the Wise One
shall remove it for his children, the Bodhisattvas
here striving after enlightenment.

【信譯研究】：信譯。kā-cid 也就是 kā-cit，都是指「有些」，這裡並沒有所謂的「諸天」，也沒有「三乘人」，更沒有「蠲除」，也沒有「斷除」等之意，筆者認爲鳩譯是作「意譯」。

【小結】

本段共有四十四頌，有九個頌非信譯。大抵上各頌後面的「信譯研究」中都有討論，這裡不再贅言。基本上鳩摩羅什大部分譯作都是信譯，惟獨少數幾首出現非信譯的現象。不過這些都是小瑕疵，並不違背梵本的意思。另外鳩摩羅什譯作相當仔細，語氣朝向高雅方向進行調整，若非與梵本原文核對，恐怕不易發現。

第六章　結　論

第一節　語文結構

茲將梵本《法華經・序品》經文語言結構之研究結果敘述如下：

1. 經題、品名部分：屬於標準梵文。
2. 祈請文部分：屬於標準梵文。
3. 經文的「長行」部分，也就是散文的地方，屬於標準梵文。
4. 經文的「頌偈」部分，有屬於標準梵文，亦有混合了梵文與俗語（Prākrit）的部分，如梵本【4.9.頌 44】裡面的 jinātmajehi 這個字就是俗語，因此認定頌偈的成立時間要比長行，也就是散文的部分還要早）。〔註 1〕
5. 結尾語：屬於標準梵文。

〔註 1〕最佛陀在世的時候就反對使用單一的梵文來傳法，而鼓勵弟子們用各種方言去傳播佛法，所以佛教語言的種類並未受限。佛滅後三百年至四百年間，用口耳傳承方式傳播，加上當佛教擴張到整個印度地區的時候，經典也跟著轉變爲各地方的民眾使用的語言了。學者們研究佛陀是說摩伽陀語，巴利文與這種語言關連密切。後來小乘的佛教曾經分成十八個部派，擴散到印度各地，便有不同語言的佛教藏經。但由於公元一世紀時，統領印度的國王迦膩色迦王，要求佛典用標準梵文寫下來，當時通行西北印度的「說一切有部」遵照旨意，用梵文當作佛典語言。隨後大乘佛教興起，也將梵文當作是佛典語言。但是起初大乘佛教並非使用標準梵文，而是經過一段過程，約略可分成三種：即標準梵語（Standard Sanskrit）、混合梵語（Buddhist Hybrid Sanskrit）和純俗語（Prākrit）三種。所以梵本法華經的頌偈所使用的俗語（Prākrit）和混合梵語（Buddhist Hybrid Sanskrit），在佛典成立的歷史上要比長行的標準梵文的歷史要早。請見水野弘元《佛典成立史》，台北市：東大圖書公司，1996 年 11 月出版，頁 57-59。

第二節　經文文體結構與比較

梵本《法華經》經文可分成兩個部分，一是「長行」，即所謂的散文，另外則是「頌偈體」，即詩歌體裁。其中長行體是標準梵文寫成，而頌偈體則混合了梵文與民間俗語的現象，顯見梵本《法華經》是佛典完全梵文化以前的產物。學界估計出現早於公元一年時期，認定為早期大乘佛教經典)。〔註 2〕

一、譯本體制與所使用的梵本樣貌

到目前為止，鳩摩羅什所使用的原典版本還沒有被發現。不過從現存的梵本與鳩摩羅什的譯作比對後，不難推知鳩譯的原本輪廓。就文體來講，梵本《法華經·序品》經文部分可區分成廿一段，各段內文句情況表列如下：

段　落	長行句數	頌　數	鳩摩羅什缺譯		梵本缺句
			長行	頌數	
第一段	6		1		
第二段	5		2		
第三段	22		4		1（長行）
第四段	5				
第五段	10				
第六段	6				
第七段	1				
第八段	1				
第九段	1	56		1	
第十段	4		2		
第十一段	4				
第十二段	7		3		
第十三段	8		1		
第十四段	6				
第十五段	2				
第十六段	6				
第十七段	1				
第十八段	1				

〔註 2〕請見水野弘元《佛典成立史》，台北市：東大圖書公司，1996 年 11 月出版，頁 77。

第十九段	8				
第二十段	10		2		
第廿一段	1	44		1	
合 計	115	100	21	2	1

梵本《法華經・序品》總計長行 115 句，100 頌。而鳩摩羅什的譯本共有 94 句長行，98 頌。數字上的不一致並非必然為譯者缺漏譯文，有可能為版本差異所致，亦或可能鳩摩羅什將數句原文簡併為一句的情況。從上表可以推知鳩摩羅什使用梵本大概輪廓。

二、長行部份

長行的文體屬於散文體，適用標準梵文文法。梵本長行規模如上統計。根據慧觀《法華宗要序》記載，當時鳩摩羅什是如此翻譯的：

> 有外國法師鳩摩羅什，超爽俊邁，其悟天拔，量與海深，辯流玉散。……秦弘始八年夏，於長安大寺及四方義學沙門二千餘人，更出斯經，與眾詳就。什自手執胡經，口譯秦語，曲從方言，而趣不乖本。）〔註 3〕

而《法華傳記》說：

> 弘始七年冬，更譯法華。與執法護經相挍，什誦梵本，僧叡等筆受。）〔註 4〕

從上可知，鳩摩羅什是以竺法護譯本為主要漢譯的參考校本，以梵本為標準本重新翻譯《法華經》。從上一章的研究，可以看出，相較於梵本，鳩摩羅什精簡的翻譯風格，譯筆相當洗鍊；將重複說明的部分予以剪裁，亦有譯出原本所無的文句，所以譯文與原本並不完全一致。下表將長行中，鳩譯未譯部分做如下分析：

梵本經文位置	鳩摩羅什譯本	梵本原文	原因分析
第 1 段第 3 句	缺譯	還有初學者大阿羅漢尊者，阿難陀。	與前面的尊者名字一起合併翻譯。

〔註 3〕 請見僧祐《出三藏記集》，北京市：中華書局，1995 年 11 月出版，頁 306。

〔註 4〕 請見《大正新修大藏經》第五十一冊，台北市：新文豐圖書出版公司，1986 年出版，頁 50。

第 2 段第 4 句	缺譯	賢護菩薩與十六位善大士們一起爲前行（前導）	版本差異。
第 2 段第 5 句	缺譯	有（1）賢護、（2）寶積、（3）導師、（4）那羅童子、（5）密護、（6）水施、（7）帝施、（8）上意、（9）最上意、（10）增意、（11）見益、（12）端坐、（13）勇伏、（14）無比意、（15）日藏、（16）持地（等十六位菩薩）。	版本差異。
第 3 段第 4 句	缺譯	如此以兩萬天子爲首。	於第二句有譯，無須重複。
第 3 段第 6 句	缺譯	他們是增長天王、廣目天王、護國天王與多聞天王。	版本差異。
第 3 段第 9 句	缺譯	他們有尸棄梵天王與照耀光梵天王。	版本差異。
第 3 段第 10 句	缺譯	如是與一萬兩千梵天的天子們爲上首。	第八句有譯，重複刪去。
第 3 段 22 句	各禮佛足，退坐一面。	闕文	版本差異。
第 10 段第 3 句	缺譯	這正是從聽聞大法的宣說而有的——如來想要做的（就是）想讓聽聞大法的人，就面前顯現這樣的徵兆來，讓他們看到。	與第二句合併翻譯。
第 10 段第 4 句	缺譯	原因是什麼呢？一切世間難信的法（課程／經典）分別想要讓（眾生）聽，所有如來，阿羅漢，正等正覺者，正是爲了這樣的原因，讓人看見如此美麗景象的神通變化，發散光芒。	第二句已有翻譯，刪煩不譯。
第 12 段第 5 句	缺譯	其講授內容是追求崇高價值，清晰易解，圓滿而完備精純的梵行。	第十一段已經有，刪煩不譯。
第 12 段第 6 句	缺譯	曾經有的與聲聞行者因緣相應者，講授四聖諦，緣生滅法。（讓他）遠離生，老，病，死，悲傷，沮喪，苦難，疲累，到達涅槃境地。	第十一段第四句已經有，刪煩不譯。
第 12 段第 7 句	缺譯	菩薩與大菩薩們，開始就講與六度波羅蜜相應的（佛法），無上正等正覺，證得一切的智慧，這樣的佛法。	第十一段第五句已經有，刪煩不譯。

第 13 段第 7 句	缺譯	如此在他們王室的正法統治之下。	該句意思再上一句已有，刪煩不譯。
第 20 段第 6 句	缺譯	阿逸多！希望求得清淨，（因爲自己）既愚鈍也狐疑，更有成佛的機會，那時妙光大菩薩當了法師。	妙光菩薩當法師再第十九段已有交代，這裡刪煩不譯。
第 20 段第 7 句	缺譯	但別這樣看（想）！	版本差異，但也可能有略去不譯。

上表當中列述缺譯 16 句，但是當中有一句是鳩譯本有，而梵本闕文。大致上鳩摩羅什缺譯部分集中在第一段至第三段與第十段後面。

三、頌偈部分

在頌偈部分，根據荻原雲來與土田勝彌的考證，梵本《法華經》裡面詩頌大略可以分成兩種，即 Triṣṭubh，「特力史都跋」體與 Śloka「輸盧迦」體兩種。梵本《序品》經文當中的頌偈，共有兩群，分別爲第一群（第一頌至第五十六頌），第二群（第五十七頌至一百頌）。這兩群均屬於印度詩律的 Triṣṭubh，「特力史都跋」體。〔註 5〕

兩人的論證是根據印度詩歌體裁的重要來源，《品迦拉經》（Śri Piṅgala's Chandaḥśāstra，一般稱爲 Piṅgala Sutra）。《品迦拉經》共有八章，詳列了印度各種頌偈體裁，都有一定的格律限制，以下略加解說。

印度梵文的頌偈，一般來講分成兩類：一是以音節（syllable）的數目計算，另一個則以包含的音量（morae）。而幾乎所有的梵語詩歌都包含了四行（梵文稱爲 Pada），也就是所謂的「四句偈」。所有的偈都分成前半偈（前兩句），和後半偈（後兩句）。

梵文頌偈結構是以音節的長短來區分，其格律是以長短音節所構成。在格律的表示法上，「－」將代表長音節，而「⌣」代表短音節，「⊻」代表長短音節皆可，「・」表示停頓。

根據《梵語初階》的說明，〔註 6〕長音節包含兩種情況：首先是以母音本

〔註 5〕請見荻原雲來與土田勝彌所編的《改訂梵文法華經》，日本東京：山喜房佛書林，1994 年出版，頁 32。

〔註 6〕請見釋惠敏與釋齋音所編的《梵語初階》，台北市：法鼓文化事業股份有限公司，1996 年 9 月出版，頁 241。

身長度來論，如梵文「sena」當中的「a」就是長母音。一般而言，梵文有：a, i, u, f, e, o, ai, au 八個長母音。其次以位置來看，有短母音後面連續接兩個子音，如梵文「gatva」當中的「ga」後面跟兩個「tv」，因此就視為一個長的（－）和後面的 a 形成了「－－」。又短母音後面跟著「隨韻」（如 j、n 等）或是「止聲」（h）之類的，譬如梵文「ajwa」就視為「－⌣」，梵文「duhkha」則是「－⌣」。

梵文規定短母音是一個音量，長母音是兩個音量。《吠陀》裡面有三個音量的長母音，但《吠陀》時代以降的文學作品，如佛典大多不用。筆者觀察到，音量的計算事實上是以天城體字母作為計算單位，譬如說「अज्व」視為「－⌣」，「गत्व」就視為「－－」。所以以完整的梵字字體為單位（稱為「滿字」），一半的字母不算，必須連同依附的主要字母一起算，如子音與子音的結合，所以用天城體字母來觀察比較容易。

Triṣṭubh，「特力史都跋」體，又稱「三贊律」，〔註 7〕是一行裡面有 11 個音量，總共四句，所以是 44 個音量，是印度頌偈體裡面常見的體裁，特別是大量使用於《吠陀》文學裡面。在《品迦拉經》第六章介紹，「特力史都跋」體有十二種格律的體裁：

1. 〔Indravajrā〕：／– – ⌣ – – ⌣ ⌣ – ⌣ – – ／
2. 〔Upendravajrā〕：／⌣ – ⌣ – – ⌣ ⌣ – ⌣ – – ／
3. 〔Upajāti〕：一首詩頌內若有兩個半頌是〔Indravajrā〕 或是〔Upendravajrā〕；這兩種混合在一首詩頌內，就稱為〔Upajāti〕格律。
4. 〔Dodhaka〕：／– ⌣ ⌣ – ⌣ ⌣ – ⌣ ⌣ – –／
5. 〔Śālini〕：／– – – –, – ⌣ – – ⌣ – –／
6. 〔Vātormī〕：／– – – – ⌣ ⌣ – – – ⌣ – –／
7. 〔Bhramaravilasita〕：／– – – – ⌣ ⌣ ⌣ ⌣ ⌣ ⌣ –／
8. 〔Rathoddhatā〕：／– ⌣ – ⌣ ⌣ ⌣ – ⌣ – ⌣ – ／
9. 〔Svāgatā〕：／– ⌣ – ⌣ ⌣ ⌣ – ⌣ ⌣ – –／
10. 〔Vṛntā〕：／⌣ ⌣ ⌣ ⌣ ⌣ ⌣ ⌣ ⌣ – – –／
11. 〔Śyenī〕：／– ⌣ – ⌣ – ⌣ – ⌣ – ⌣ – ／
12. 〔Vilāsinī〕：／⌣ – ⌣ – ⌣ – ⌣ – ⌣ – –／〔註 8〕

〔註 7〕請見羅世芳編的《梵語課本》，北京：商務印書館，1996 年 5 月出版，頁 470。

〔註 8〕以上資料請見 Anvndoram Borooah, ,"A Comprehensive Grammar of The Sanskrit Language—Analytical, Historical and Lexicographical"（Revised And

梵本《法華經・序品》裡面所有的頌偈都是這種體裁寫成。大多是以〔Indravajrā〕或是〔Upendravajrā〕的格律。譬如 4.9.頌 2：

मान्दारवाणां च महन्त वर्षं　पुष्पाणि मुञ्चन्ति सुराः सुहृष्टाः।

मञ्जूषकांश्चन्दनचूर्णमिश्रान्　दिव्यान् सुगन्धांश्च मनोरमांश्च॥२॥

【羅馬譯音】

māndāravāṇāṁ ca mahanta varṣaṁ

／－－⌣－－－⌣⌣－⌣－－／〔Indravajrā〕

puṣpāṇi muñcanti surāḥ suhṛṣṭāḥ|

／⌣－⌣－－－⌣⌣－⌣－－／〔Upendravajrā〕

mañjūṣakāṁścandanacūrṇamiśrān

／⌣－⌣－－－⌣⌣－⌣－－／〔Upendravajrā〕

divyān sugandhāṁśca manoramāṁśca||2||

／⌣－⌣－－－⌣⌣－⌣－－／〔Upendravajrā〕

【筆者試譯】：如落雨般的眾多曼陀羅花
落花繽紛，令天眾非常歡喜！
曼殊沙花，交織著白旃檀香木的粉香，
芬芳的氣氛，令天人們身心愉快！

【鳩摩羅什】：雨曼陀羅，曼殊沙華，栴檀香風，悅可眾心。

另外就漢譯本的詩歌體裁來說，值得我們注意的是，因爲梵文詩歌是四句一頌，鳩摩羅什則是以四句漢詩對應四句梵文頌偈，但也產生下表的例外情形：

頌偈編號（以梵本詩歌為主）	句數	字數
三	8	4 言
五	5	4 言
六	3	4 言
七	8	4 言

Enlarged Edition）, Published by BKP（Bharatiya Kala Prakashan）,Delhi, India. 2001 年出版，頁 77。

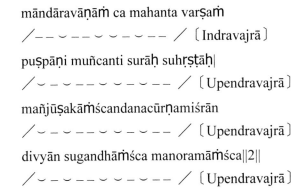

八	8	4言
十二	6	4言
十四	6	4言
十六	2	4言
三十三	6	4言
四十二	8	4言
四十六	8	4言
四十七	8	4言
五十三	無	無
六十七	8	5言
七十三	6	5言
八十三	6	5言
八十七	5	5言
八十八	3	5言
九十六	無	無

在羅什譯本裡，用四句譯文體裁來對應梵詩四句頌是一貫的想法，雖然中間產生了不規則的對應句法翻譯，但是若按四句來計算一頌，羅什譯出頌偈總數仍爲四的倍數。大致上鳩摩羅什之不規則詩偈總數是一百零四句，折合爲廿六個頌偈，若再加上其他規則的八十一頌來看，估計鳩摩羅什所據的原文應該有一百零七頌，共翻譯出四百二十八句的漢文頌偈。〔註9〕不過與其他梵文版本相較，如中亞細亞版梵本《法華經》與北京民族文化宮珍藏的梵本《法華經》，這兩版的《序品》均有一百頌。〔註10〕而本文研究所採用的「費迪雅」版，業經多種他版梵本之參校，亦有一百頌，由此可知梵本《法華經・

〔註9〕不規則的漢詩頌偈共19頌，有104句，規則的有81頌，324句。總共是428句。

〔註10〕請檢索台灣法鼓山中華佛學研究所主辦之《法華經數位資料庫》，該計畫是由中華佛學研究所所長李志夫教授主持，裡面現以提供八種梵本與一種藏譯本。其中中亞細亞版是參照 Note on the Kashgar Manuscript of the Saddharmapundarikasutra,（＝ Bibliogarphia Philologica Buddhica.Series Minor, II）, Tokyo, The Reiyukai Library, 1977 所出內容刊錄。而北京民族文化宮版本是以蔣忠新編註，《民族文化宮圖書館藏梵文〈妙法蓮華經〉寫本》，北京：中國社會科學出版社，1988 年的內容刊錄。公開發表於檢索的網站：http://sdp.chibs.edu.tw/index.htm。

初品》共有一百頌。

在《序品》中鳩摩羅什使用四言四句詩體來翻譯第一群的梵偈，但到了第二群時則改用五言四句詩體翻譯。由《妙法蓮華經》可以看見，從第二品以後鳩摩羅什就改用五言詩來翻譯梵文頌偈。這很可能是因應魏晉時期，五言詩流行所致，可以看出鳩摩羅什翻譯也考量「與時並進」。但從上表統計也可以看出，五言詩不規則對譯的情況比四言詩對譯的情況要少，顯示五言詩更能達成四句一頌與原本頌偈句數一致的翻譯目標。

鳩譯中出現不規則句數對應原本頌偈。筆者以為，鳩摩羅什在翻譯上因無法取得梵文與中文的文字對應關係，以致無法產生四句對應的作品，不得不選擇中文兩句對應梵文四句。如上表的第五頌與第六頌，這兩頌加起來就是兩個四句頌的關係。第五頌鳩摩羅什使用五句，而在第六頌則採用三句作為補足四句一頌規律，想必一定經過刪改。但是不規則的句式並非鳩摩羅什所願，四句一頌仍為鳩譯的主要考量，譯出頌偈的總數仍為四的倍數。

第三節　鳩摩羅什譯本是否信譯？

了解梵本與譯作的文體概況後，接下來就是要探討本文主題，鳩摩羅什的譯作是否為「信譯」，也就是忠於原文的問題。經過逐句漢梵經文比對，將鳩譯「非信譯」部分整理，得到統計表如下（長行以「句」為單位，頌偈以「頌」為單位）：

段　落	總　數		非信譯數		梵本缺句
	長　行	頌　偈	長　行	頌　偈	
第一段	6		3		
第二段	5		3		
第三段	22		5		1（長行）
第四段	5		2		
第五段	10		0		
第六段	6		0		
第七段	1		0		
第八段	1		0		

第九段	1	56	0	4	
第十段	4		2		
第十一段	4		1		
第十二段	7		0		
第十三段	8		2		
第十四段	6		0		
第十五段	2		0		
第十六段	6		0		
第十七段	1		0		
第十八段	1		0		
第十九段	8		0		
第二十段	10		2		
第廿一段	1	44	0	7	
合　　計	115	100	20	11	1
比　　例	100%	100%	17.4%	11%	-

由上表可知，鳩譯的非信譯比例分別是長行佔 17.4%，頌偈佔 11%；也就是說鳩摩羅什漢譯忠於原文，長行有 83%，頌偈有 89%以上的信譯程度。其實，上表所統計的非信譯部分，並非必然是錯譯，在鳩譯中，如【4.1.2】譯出「一萬兩千」與梵本「一千兩百」有所不同，另外【4.21.頌 87】發生了數字與人物對譯上的明顯差異，除了類似以上的特例外，絕少有「錯譯」現象。之所以會發生非信譯的情況，主要是因下面的情形：

一、版本上的差異

如【4.1.2】的例子，原文用了 13 個形容詞來形容比丘眾，但是鳩摩羅什用五個形容詞來對譯。筆者認爲可能是版本差異之故，因爲同樣的情形在【4.2.1】鳩摩羅什甚少遺漏，逐句譯出。

就【4.1.2】亦有可能是鳩摩羅什所說的「刪煩」。【4.1.2】中鳩摩羅什用五個形容詞與梵本的十三個形容詞相較，有下表對應的關係，因此鳩本便用這五個形容詞來替代原文十三個形容詞。

原　　文	現　代　漢　譯	鳩　譯
1. kṣīṇāsravair	煩惱業已盡	諸漏已盡
2. niḥkleśair	無惑離煩惱	
3. vaśībhūtaiḥ	順從，自在	無復煩惱
4. suvimukta-cittaiḥ	心善解脫	
5. suvimukta-prajñair	慧善解脫。	
6. ājāneyair mahā-nāgaiḥ	調伏大龍／大象	
7. kṛta-kṛtyaiḥ	完成任務	逮得己利
8. kṛta-karaṇīyair	應該做的事情已經完成	
9. apahṛta-bhārair	捨諸重擔	
10. anuprāpta-svakārthaiḥ	已經達成自己想要的目標	
11. parikṣīṇa-bhava-saṁyojanaiḥ	消失了生死的束縛	盡諸有結
12. samyag-ājñā-ceto-vaśitā-parama-pāramitā-prāptair	得到了正確的智慧與圓滿各種功德	心得自在
13. abhijñātābhijñātair	證得了神通與徹底了解各種知識與智慧。	

二、鳩譯佛菩薩名號與梵本有所出入

鳩本所譯出的菩薩、尊者的名號與梵本有所出入，以【4.1.3】爲例：

梵　　文	梵漢辭典對照	鳩摩羅什
Ājñātakauṇḍinyena	阿愼若憍陳如	阿若憍陳如
Aśvajitā	馬勝	—
Bāṣpeṇa	婆師波	
Mahānāmnā	摩訶南	
Bhadrikeṇa	跋陀羅	
Mahākāśyapena	大迦葉	摩訶迦葉
Urubilvakāśyapena	優樓頻螺迦葉	優樓頻螺迦葉
Nadīkāśyapena	那提迦葉	那提迦葉
Gayākāśyapena	象迦葉	迦耶迦葉
Śāriputreṇa	舍利弗	舍利弗
Mahāmaudgalyāyanena	大目犍連	大目揵連

Mahākātyāyanena	大迦旃延	摩訶迦旃延
Aniruddhena	阿〔少/兔〕樓陀	阿耨樓馱
Revatena	離婆多	離婆多
Kapphinena	劫賓那	劫賓那
Gavāṁpatinā	憍梵波提	憍梵波提
Pilindavatsena	畢陵伽婆蹉	畢陵伽婆蹉
Bakkulena	薄拘羅	薄拘羅
Mahākauṣṭhilena	摩訶俱絺羅	摩訶拘絺羅
Bharadvājena	頗羅墮	—
Mahānandena	摩訶難陀	難陀
Upanandena	跋難陀	—
Sundaranandena	孫陀羅難陀	孫陀羅難陀
Pūrṇamaitrāyaṇīputreṇa	富樓那	富樓那彌多羅尼子
Subhūtinā	須菩提	須菩提
Rāhulena	羅睺羅	羅睺羅
Ānanda	不在此句，放在另外一句	阿難

另外【4.2.3】也是這樣的情形：

梵　　文	梵漢辭典對照	鳩摩羅什
Mañjuśriyā	文殊師利	文殊師利菩薩
Avalokiteśvareṇa*	觀世音	觀世音菩薩
Mahāsthāmaprāptena	大勢至	得大勢菩薩
Sarvārthanāmnā	一切名號	—
Nityodyuktena	常精進	常精進菩薩
Anikṣiptadhureṇa	不休息	不休息菩薩
Ratnapāṇinā	寶掌	寶掌菩薩
Bhaiṣajyarājena	藥王	藥王菩薩
Bhaiṣajyasamudgatena	藥上	—
Vyūharājena	莊嚴王	
Pradānaśūreṇa	勇施	勇施菩薩
Ratnacandreṇa	寶月	寶月菩薩

Ratnaprabheṇa	寶光	月光菩薩
Pūrṇacandreṇa	滿月	滿月菩薩
Mahāvikrāmiṇā	大力	大力菩薩
Anantavikrāmiṇā	無量游步	無量力菩薩
Trailokyavikrāmiṇā	越三界	越三界菩薩
Mahāpratibhānena	大辯	—
Satatasamitābhiyuktena	常應時	
Dharaṇīdhareṇa	持陀羅尼	
Akṣayamatinā	無盡意	
Padmaśriyā	華德	
Nakṣatrarājena	宿王	
Maitreyeṇa	彌勒	彌勒菩薩
Siṁhena	師子	—

這顯示鳩摩羅什所根據的梵本很可能與本文研究所據的版本有所差異。

三、部分譯文沒有譯出

例如梵本【4.2.4】與【4.2.5】所提到的參與法會菩薩名，鳩本並未譯出。這可能是版本差異的問題。

四、譯文上的刪煩

在道安的「五失本」主張裡面，曾提到梵本經文常有繁複的情形，鳩摩羅什對此有刪略精簡的作法，茲舉例如下：

梵本【4.4.1】原文提到：「puras-kṛtaḥ sat-kṛto guru-kṛto」意即：「當他是尊貴的人，當他是大善士，當他是備受尊重的老師那樣地尊重」這裡梵本對於眾生對世尊的尊重讚嘆，寫得比較詳細，但鳩摩羅什簡單譯成「尊重讚嘆」四個字帶過，這是鳩摩羅什譯文「刪煩」的例子。

又如梵本【4.4.3】原文提到：「緊鄰一切諸佛的國土發生了六種不同的震動，(這六種震動的名稱是)：calita 方式震動、saṁpracalita 方式的振動、vedhita 方式的振動、saṁpravedhita 方式的振動、kṣubhita 方式的振動以及 saṁprakṣubhita 方式的震動。」對於這六種震動的方式有詳細說明，但是鳩本在此謹以「普佛世界六種震動。」一筆帶過。

五、文字精鍊，不減原色

鳩摩羅什的譯筆，相較於原文非常精鍊，但並不減略原文的主旨。譯作中可以常常看得到。

如梵本【4.6.4】原文提到：「而我現在應該要請教誰才能獲得利益？多麼奇妙！誰才有資格能夠利益眾生？此刻對於他們（大眾）都沒有，（可是）文殊師利法王子菩薩供養親近過佛陀，結了下很好的緣分。」鳩摩羅什譯爲「當以問誰。誰能答者？復作此念。是文殊師利法王之子」。本句列入「信譯」，理由是：雖然因鳩摩羅什並未說明彌勒菩薩希望請教文殊師利菩薩眞正的理由，只有提到要求文殊師利菩薩來解答問題的想法，與梵本內文有所出入，不過這裡也可以看出鳩摩羅什譯筆精鍊達旨，屬於「動態對等」。又如梵本【4.6.4】亦有類似現象，原文說：「因此我現在就以文殊師利法王子爲目標來請教。」鳩摩羅什簡譯爲：「我今當問。」，與原文相較，不減原色。

再如梵本【4.7.1】原文說：「這個時候，四種類型的大眾，比丘，比丘尼，在家男女居士，還有眾多的天人、龍（蛇）、夜叉、乾闥婆、阿修羅、大鵬金翅鳥、緊那羅、摩睺羅伽、人與鬼神們……」，鳩摩羅什譯成：「爾時比丘、比丘尼、優婆塞、優婆夷，及諸天龍、鬼神等咸作此念：是佛光明神通之相，今當問誰？」這裡我們注意到，除了四眾以外，其他的「天龍鬼神」，鳩摩羅什都是用這四個字一筆帶過。事實上「天龍鬼神」這四個字是包括了「天人、龍（蛇）、夜叉、乾闥婆、阿修羅、大鵬金翅鳥、緊那羅、摩睺羅伽、人與鬼神們」這麼多眾生。

六、前後文動態調整

鳩摩羅什亦有將前後頌之文合併一頌翻譯的情況。如梵本【4.9.頌 52】：

> 今天從佛祖（這情況），
> 這是什麼因緣啊？如此耀眼的，
> 已經解脫了的，非常稀有啊！這威德神通的大丈夫啊！
> 這（他）確實是（有）廣大而完全清淨的智慧啊！

而【4.9.頌 53】：

> 今天在國土裡面所出現的這一道光，
> 使無量的國土看見了，
> 今天（現在）就會出現這樣情況：

讓廣大光明放射出來。」

鳩譯第五十二頌之譯文：「佛子時答，決疑令喜，何所饒益，演斯光明？」，五十三頌並未有對照譯文。觀察第五十二頌譯文可知是鳩摩羅什將五十二與五十三併爲一頌的譯例。

以上略舉六點說明什譯文中非信譯之現象，儘管如此，卻都是極小狀況所造成，除了類似數字上明顯錯誤的翻譯外，鳩摩羅什譯作可信度非常之高。無怪後人稱譽他：「陶冶精求，務存聖意。」從第五章的翻譯研究來看，不難體會這句話的眞實性。

第四節　鳩摩羅什的譯文的特點

從梵漢二本比對，不禁令人爲鳩摩羅什翻譯技巧所折服。毫無疑問，鳩譯佛典具有相當的文學價值，惜因梵本的亡佚，後代幾乎無緣再見，致使鳩摩羅什成就湮沒已久，實在可惜。不過從中國佛教大量使用鳩譯經典做爲課誦本，成爲中國佛教經典的典型，亦可看出鳩摩羅什在文學上的長才。鳩摩羅什眞正的才華，是在譯場的第一步驟，由梵文直接轉漢文，他能使用精確的譯文，並解釋給在場八百乃至兩千位碩學俊彥們聽，使大眾取得翻譯上的共識，相當不易！筆者認爲只有從梵文還原鳩摩羅什擇取漢文譯語的初衷，以原典建構佛典訓詁學，才能夠體現鳩摩羅什的文學長才。所有成果均已在第四章內容呈現，這裡則舉其要如次。

一、關於「『妙』法蓮華」的翻譯

就經題，鳩摩羅什譯《妙法蓮華經》，與他之前竺法護所譯的經題《正法華經》有明顯的差異。梵文 Sad 原來是有「正確」的意思，所以竺法護所譯的「正法華經」是忠於原文翻譯，但是鳩摩羅什採用比「正確」更高層次的方式來翻譯，就是「妙」。

佛經上出現「妙」字，從三國以來，吳國的支謙翻譯《佛說賴吒和羅經》就有：「聞佛功德妙達」；〔註 11〕康僧會翻譯《六度集經》有：「覩國富姓居舍妙雅。」「謂群臣曰：夫不覩佛經妙義重戒者」〔註 12〕甚且西晉的竺法護在《佛

〔註 11〕請見羅世芳編的《梵語課本》，北京：商務印書館，1996 年 5 月出版，頁 470。
〔註 12〕請見《大正新修大藏經》第一冊，台北市：新文豐圖書公司，1986 年出版，

說尊上經》都有這樣的翻譯：「於是有天形色極妙，過夜已來詣尊者盧耶強耆所，到已，禮尊者盧耶強耆足，却住一面已，因彼天光明，以妙光悉照窟。」〔註 13〕由此可知「妙」字的應用，爲「美好」的意思。但是在中國「妙」字通常是用來說明「好」、「雅」之意，表達審美的意境，很少作爲「正確」的解釋。鳩摩羅什取「妙」字用來詮釋原文「正確」之意，是後人稱之爲「意譯」的重要依據。把一個絕對性的字眼提升爲美學上的境界，把義理鎔鑄成爲審美的意象，難怪《妙法蓮華經》受到了廣泛肯定，在各種法華經的譯本裡取得了正統地位。

但是對於佛教來說，有哪部佛經會是「錯誤」或是「不良善」的呢？歷來少有漢譯佛典冠上「正」字爲題，何況是「正法」？「正法華經」之題既出，勢將造成其他經典的貶抑，引發佛教的爭議，此皆佛教徒所不願意見，鳩摩羅什勢必要找尋其他的方式來詮釋這個 Sad。

其實 Sad 除了「正確」的意思以外，還有「坐在～上面」的意思。所以經文題目也有「坐在佛法白蓮花上的經典」的意思。如果我們將該經題目理解成「坐在佛法白蓮花上的經典」，也就是坐在佛法蓮花座上的佛世尊所說的佛法，相較於其他經典佛陀對聽法者的隨緣開示，這部經典就顯得特別了。「妙」字較諸於「正」字所帶有的「內在矛盾」問題，不僅能夠保全「正」字的意思，更能塑造「絕對」的形象，也不致引發爭議，所以實在是一個「妙譯」。自從天台宗成立以來，包含現在漢傳佛教及日本、韓國，只要是講解《妙法蓮華經》的經題，都把「妙」字解釋爲「絕待」，成爲天台宗著名的「圓教」重要依據，此皆源自天台智者大師的說法。〔註 14〕是以，「妙」字看做是「絕待」的意義，不僅彰顯《妙法蓮華經》作爲「成佛」的經典，也說明了《妙法蓮華經》位於眾經中的最高位階。

對於中國佛教來說《妙法蓮華經》的「妙」字譯出，影響相當深遠。這個「妙」字在觀念上影響整個漢傳佛教至今，就因爲這個「妙」字，天台智者大師創立了「五時八教」的判教體系，與天台宗最高的教理「圓教」，這都與《「妙」

頁 868。

〔註 13〕請見《大正新修大藏經》第三冊，台北市：新文豐圖書公司，1986 年出版，頁 3。

〔註 14〕天台智者大師在《妙法蓮華經玄義》卷二說：「二明妙者：一通釋，二別釋。通又爲二：一相待，二絕待。此經唯論二妙，更無非絕非待之文，若更作者，絕何惑顯何理？故不更論也。」見《妙法蓮華經玄義》，收錄於《大正新修大藏經》第三十三冊，台北市：新文豐圖書出版公司，1983 年 1 月出版。頁 696。

法蓮華經》這個題目有直接關聯。中國佛教對「妙」字的熱愛，廣爲後代所運用，特別是禪宗，也因此影響了中國文學界，例如唐人詩話有「妙悟」之說。這些影響是鳩摩羅什所想像不到的，此一「妙」譯眞是具有歷史性的。

二、佛菩薩名號的翻譯

有關佛菩薩譯名問題，這是很有趣的一個情況。「羅漢」的部分，鳩摩羅什全部採用音譯，但是對於「菩薩」部分就沒有那麼嚴格要求，大多都是意譯，只有少數菩薩採用音譯。

筆者以爲，鳩摩羅什採用原則爲：羅漢尊者的名號採音譯。因爲這些尊者羅漢在戒律經典內常常出現，對於佛教修行者來說很重要。菩薩名號的部分，則將常用於法會儀式上者採用音譯，其餘大部分因循竺法護的譯名意譯。就《正法華經》與《妙法蓮華經》內容比較，整理成下表：

梵　　文	梵漢辭典對照	竺法護	鳩摩羅什
Mañjuśriyā	文殊師利	溥首菩薩	文殊師利菩薩
Avalokiteśvareṇa*	觀世音	光世音菩薩	觀世音菩薩
Mahāsthāmaprāptena	大勢至	大勢至菩薩	得大勢菩薩
Sarvārthanāmnā	一切名號	—	—
Nityodyuktena	常精進	常精進菩薩	常精進菩薩
Anikṣiptadhureṇa	不休息	不置遠菩薩	不休息菩薩
Ratnapāṇinā	寶掌	寶掌菩薩	寶掌菩薩
Bhaiṣajyarājena	藥王	藥王菩薩	藥王菩薩
Bhaiṣajyasamudgatena	藥上	—	—
Vyūharājena	莊嚴王		
Pradānaśūreṇa	勇施	妙勇菩薩	勇施菩薩
Ratnacandreṇa	寶月	寶月菩薩	寶月菩薩
Ratnaprabheṇa	寶光	月光菩薩	月光菩薩
Pūrṇacandreṇa	滿月	月滿菩薩	滿月菩薩
Mahāvikrāmiṇā	大力	大度菩薩	大力菩薩
Anantavikrāmiṇā	無量游步	超無量菩薩	無量力菩薩
Trailokyavikrāmiṇā	越三界	越世菩薩	越三界菩薩
Mahāpratibhānena	大辯	—	—

Satatasamitābhiyuktena	常應時		
Dharaṇīdhareṇa	持陀羅尼		
Akṣayamatinā	無盡意	妙意菩薩	
Padmaśriyā	華德	—	
Nakṣatrarājena	宿王		
Maitreyeṇa	彌勒	慈氏菩薩	彌勒菩薩
Siṁhena	師子	—	—

資料來源：《大正新修大藏經》第九冊，鳩譯之《妙法蓮華經》（頁 19）與竺譯之《正法華經》（頁 63）。

值得一提的是「觀世音菩薩」名號是個例外。鳩譯就竺法護所譯之「光世音」而改，另一方面《妙法蓮華經．觀世音菩薩普門品》專門敘述觀世音菩薩，並解釋菩薩名號意義，所以「觀世音菩薩」採用意譯。「觀世音菩薩」之名在鳩譯定下以後，從此流行於中國佛教迄今。

從上表可以看出，有關佛菩薩名號，鳩摩羅什顯得比較愼重，大致上都繼承過去譯法。

此外，大乘佛典對於佛的尊稱，特別是與釋迦牟尼佛同級的佛陀，都有特別的尊號。而對於菩薩，特別是觀世音菩薩，文殊師利菩薩也有特別的尊稱，例如：

【4.12.1】：tasya khalu punaḥ kula-putrāḥ Candrasūryapradīpasya tathāgatasyārhataḥ samyak-saṁbuddhasya pareṇa parataraṁ Candrasūryapradīpa eva nāmnā tathāgato 'rhan samyak-saṁbuddho loka udapādi|

【筆者試譯】：而佛子們，那個日月燈明如來，應供，正等正覺的更後面也有一位也是名叫日月燈明如來，應供，正等正覺在世間出世。（4.12.1 爲第四章．第十二段．第一句，以下皆如此表示）

【鳩摩羅什】：次復有佛，亦名日月燈明，次復有佛，亦名日月燈明。

由此可看出原典上面稱呼「Candrasūryapradīpasya」（日月燈明）是一位「tathāgatasyārhataḥ samyak-saṁbuddhasya」（就是"如來"，"應供"（就是阿羅漢），"正等正覺"），《法華經》是如此介紹釋迦牟尼佛此種佛果的成就者，在他的名號後面加上「如來，應供，正等正覺」。爲什麼要這樣稱呼呢？事實上 Buddha 這個字，早就見於《吠陀》（【摩威梵英，p.733】標註爲 Sāmaveda 出現過此字），並於《Āpast》（與婆羅門教《吠陀》相關的典籍）也用過這個單字，可知婆羅門教等印度宗教，在佛陀還沒有成佛以前就有這個單字。各個宗教，特別是屬於出家修道人這種類型的宗教，成爲 Buddha 是其追求的目標。但是各教對於 Buddha 的定義不太一樣，婆羅門教認爲只要能夠「生天」就算是解脫，就可算是一位 Buddha"覺者"。但是自釋迦牟尼成佛以後，佛教對 Buddha 的定義明顯有別於過去，所以必須對於釋迦牟尼佛的成就有特別說明。此外，佛教有所謂的「四聖道」，即聲聞，緣覺，菩薩與佛，這四種果位都是佛教的四種聖果，裡面有一道是「緣覺」：

【2.1.2】|namaḥ- sarva-tathāgata-pratyeka-buddha-arya-śrāvakebhyaḥ- atītānāgata-pratyutpannebhyaḥ-ca- bodhisattvebhyaḥ ||

【筆者試譯】：｜禮敬一切如來（佛）、辟支佛、聖阿羅漢與過去現在與未來的菩薩們 ||

當中的「pratyeka-buddha」也是一種 buddha，中文翻譯成「緣覺」，也稱爲「辟支佛」，但這個果位成就比菩薩還低，所以大乘佛教經典，特別標示佛果，就是「tathāgatasyārhataḥ samyak-saṁbuddhasya」，就是「如來，應供，正等正覺」。

有關「菩薩」部分，這是佛教特別有的專有名詞，很難在印度其他宗教找到。可是佛教本身對於「菩薩」有十種等級，稱爲「十地」。最高等級是第十地，接近於釋迦牟尼佛那樣的境界稱爲「等覺」。《法華經》爲了區別這種菩薩與一般菩薩，特別在「菩薩」的後面都加上「摩訶薩」。例如：

【4.10.1】：atha khalu Mañjuśrīḥ kumāra-bhūto Maitreyaṁ bodhisattvaṁ mahāsattvaṁ taṁ ca sarvāvantaṁ bodhisattva-gaṇam āmantrayate sma-mahā-dharma-śravaṇa-sāṁkathyam idaṁ kula-putrās tathāgatasya kartum abhiprāyaḥ, mahā-dharma-vṛṣṭhay-abhipravarṣaṇaṁ ca mahā-dharma-dundubhi-saṁpravādanaṁ ca mahā-dharma-dhvaja-samucchrayaṇaṁ ca mahā-dharmolkā-saṁprajvālanaṁ ca mahā-dharma-śaṅkhābhiprapūraṇaṁ ca mahā-dharma-bherī-parāhaṇanaṁ ca mahā-dharma-nirdeśaṁ ca adya kula-putrās tathāgatasya kartum abhiprāyaḥ|

【現代漢譯】：於是文殊師利法王子向彌勒大菩薩他與（在場）一切菩薩眾們

說道：「各位善男子們！（我）過去聽聞如來（所）說明（佛法）的目標方向，（當場）落起大『法雨』，奏起大（聲）『法鼓』與『法器樂』，高舉大『法旗』，燃起大『法炬』，充滿著『法螺』的聲音，擂擊大『法鼓』的聲音，演說『大法』，與今天佛子們（看見的）如來的說法（景況）相同。」

上文裡面我們可以注意到，在彌勒（Maitreyaṁ）的後面除了菩薩以外（bodhisattvaṁ），另外還有一個「摩訶薩」（mahāsattvaṁ）。《法華經》中除了文殊師利菩薩（Mañjuśrīḥ）常被稱為「法王子」（kumāra-bhūto），其他只要成就到了「等覺」的程度，都被尊稱為「摩訶薩」（mahāsattvaṁ），中文裡也常被翻譯成「大菩薩」。

鳩摩羅什以中國人的好簡風格，在經文中簡稱為「佛」、「菩薩」。這或許是因為中國沒有如印度婆羅門教等那種宗教存在，所以沒有如此複雜的背景，「佛」與「菩薩」這樣簡單的稱號，就足夠讓中國人來識別了。

三、長行是以梵文語序作為譯文的排列根據

從原文與譯文對照來看，除了因為中文語法上的需要而有所更動的部分以外，鳩譯長行對於漢譯辭彙排列順序大致上是根據梵本的，茲舉例如下：

【例一】

【4.1.1】：evaṁ mayā śrutam|

【筆者試譯】：這是我所學習到的教法內容。

【鳩摩羅什】：如是我聞。

這一句按照梵文字面的次序就是：evaṁ（如是）+ mayā（我）+ śrutam（聽到），因此鳩摩羅什的「如是我聞」就是這樣產生。之前的竺法護依據中文文法翻譯成「聞如是」。這一句話是佛經通用的首句，而「聞如是」是自佛教傳入中國以來，從東漢到鳩摩羅什以前一直所通用的譯法，竺法護因循舊譯。鳩摩羅什除了在經題上面有突破性的翻譯以外，在經首開篇第一句也作了不一樣的譯法。

【例二】

【4.4.2】：samanantara-samāpannasya khalu punar bhagavato māndārava-mahā-māndāravāṇāṁ mañjūṣaka-mahā-mañjūṣakāṇāṁ divyānāṁ puṣpāṇāṁ mahat puṣpa-varṣam abhiprāvarṣat, bhagavantaṁ tāś ca catasraḥ parṣado 'bhyavākiran|

【筆者試譯】：緊接著下來，天上的曼陀羅花與大曼陀羅花、曼殊沙花與大曼殊沙花，天上的花，像下雨一樣，（很多很多）花朵（紛紛）普遍地落下著，向著佛陀與（現場的）四眾們散落下來。

【鳩摩羅什】：是時天雨曼陀羅華。摩訶曼陀羅華。曼殊沙華。摩訶曼殊沙華。而散佛上及諸大眾。

【例三】

【4.10.1】：atha khalu Mañjuśrīḥ kumāra-bhūto Maitreyaṁ bodhisattvaṁ mahāsattvaṁ taṁ ca sarvāvantaṁ bodhisattva-gaṇam āmantrayate sma-mahā-dharma-śravaṇa-sāṁkathyam idaṁ kula-putrās tathāgatasya kartum abhiprāyaḥ,mahā-dharma-vṛṣṭhay-abhipravarṣaṇaṁ ca mahā-dharma-dundubhi-saṁpravādanaṁ ca mahā-dharma-dhvaja-samucchrayaṇaṁ ca mahā-dharmolkā-saṁprajvālanaṁ ca mahā-dharma-śaṅkhābhiprapūraṇaṁ camahā-dharma-bherī-parāhaṇanaṁ ca mahā-dharma-nirdeśaṁ ca adya kula-putrās tathāgatasya kartum abhiprāyaḥ|

【筆者試譯】：於是文殊師利法王子向彌勒大菩薩他與（在場）一切菩薩眾們說道：「各位善男子們！（我）過去聽聞如來（所）說明（佛法）的目標方向，（當場）落起大『法雨』，奏起大（聲）『法鼓』與『法器樂』，高舉大『法旗』，燃起大『法炬』，充滿著『法螺』的聲音，擂擊大『法鼓』的聲音，演說『大法』，與今天佛子們（看見的）如來的說法（景況）相同。」

【鳩摩羅什】：爾時文殊師利語彌勒菩薩摩訶薩及諸大士：「善男子等，如我惟忖，今佛世尊，欲說大法，雨大法雨，吹大法螺，擊大法鼓，演大法義。諸善男子，我於過去諸佛曾見此瑞，放斯光已即說大法，是故當知，今佛現光亦復如是。」

從上面所舉兩例來看，除了因中文文法關係而有所更動外，基本上鳩摩羅什盡量以梵文的語序爲中文的文字排列呈現。

對於古典梵文來說，語序並不是梵文強調的重點，梵文的重點始終都在構詞上面，也就是所謂的詞尾變化上去決定詞與詞的從屬關係。筆者以爲，鳩摩羅什的譯句，盡可能追隨梵本語序，使後人讀漢譯本，猶如讀梵本一般。

不過這個原則不適用於頌偈，因為頌偈受到格式限制，鳩摩羅什放棄了將中國詩歌印度化的作法，所以無法追隨梵詩文序來翻譯。

四、鳩譯精於「練字」

從《妙法蓮華經·序品》之梵漢對照，可以看出鳩摩羅什具有相當的中國文學水平，面對繁複的梵文敘述，如何轉化成中國人能接受，又不犧牲梵文本旨的譯語，這就是鳩摩羅什翻譯的工夫。梵文轉成漢文，這個步驟是在鳩摩羅什的手中完成，在場每個僧人無法在梵文翻譯上參贊任何一辭，頂多也只能就鳩摩羅什所說出的「經文」去修改。鳩摩羅什的翻譯精采之處在於「練字」，舉例如下：

【4.6.5】：dṛṣṭapūrvāṇi ca anena Mañjuśriyā kumāra-bhūtena pūrvakāṇāṁ tathāgatānām arhatāṁ samyak-saṁbuddhānām evaṁ-rūpāṇi nimittāni bhaviṣyanti, anubhūta-pūrvāṇi ca mahā-dharma-sāṁkathyāni|

【筆者試譯】：這個站在最前面的，最先被看到的文殊師利法王子菩薩經歷（參與）過先前的如來們，阿羅漢們，和（獲得）無上正等正覺的佛陀們宣說大法，見過如此的景象與因緣。

【鳩摩羅什】：已曾親近供養過去無量諸佛，必應見此希有之相。

相較於（【筆者試譯】）內容之多，即可看出鳩摩羅什漢譯之精練。此種翻譯手法相當不易，須對原文有相當的瞭解，又能掌握漢文能夠表現的程度，才能去除原文較煩雜的部份，抽出精粹，以適當漢文去表現。上例即顯示出鳩摩羅什譯筆精鍊的能力。

又如下例之【筆者試譯】，是否會令讀者覺得講話的文殊菩薩是在譏諷彌勒菩薩呢？：

【4.20.9】：yaś cāsau Yaśaskāmo nāma bodhisattvo 'bhūt kausīdya-prāptaḥ, tvam eva Ajita sa tena kālena tena samayena Yaśaskāmo nāma bodhisattvo 'bhūt kausīdya-prāptaḥ|

【筆者試譯】：那麼那位怠惰的「求名菩薩」現在呢？就是你，阿逸多！你就是當時那個怠惰的「求名菩薩」。

也許讀者會覺得奇怪，爲什麼彌勒菩薩只是想知道佛陀示現種種瑞象的原因在哪裡，結果文殊菩薩卻還要多講一個「妙光菩薩與求名菩薩」的故事呢？特別還要講出「那個『求名菩薩』就是你！」這樣的話？按照佛教的教義，證到羅漢果位已經沒有貪嗔癡慢疑這些毛病，更別說是是大菩薩等級的文殊菩薩，怎麼會出語譏諷同樣是大菩薩的彌勒菩薩呢？事實上，文殊菩薩只是附帶在講一段因緣故事。

【鳩摩羅什】：求名菩薩，汝身是也。

這八個字就把上面那句話【4.20.9】點得淋漓盡致，又可以脫去凡夫的貪嗔痴。算是很精巧的譯作。

頌偈的翻譯處理，鳩譯也非常有技巧性，如：

【4.21.頌 90】Yaś c'āsi tasyo sugatātmajasya
Varaprabhasyo tada dharma bhāṣataḥ|
śiṣyaḥ kusīdaśca sa lolupātmā
lābhaṁ ca jñānaṁ ca gaveṣamāṇaḥ||90||

【筆者試譯】：（當時）有一個佛子（就是你），
在妙光法師座下，
這弟子既懶且貪，
尋求利益與知識。

【鳩摩羅什】：是妙光法師，時有一弟子，心常懷懈怠，貪著於名利。

梵文裡面的「asi」是√as 的現在式第二人稱單數，暗指出了「你」這個字。所以這是梵文很妙的地方，鳩摩羅什隨順梵文不明講的特性，不把「你」這個字點出來，讀起來就沒有那麼尖銳，所以這是鳩摩羅什細心的一面。菩薩的境界是沒有凡夫的貪、嗔、癡，鳩摩羅什清楚這一點，用簡單扼要的方式把文殊菩薩想講的話表達出來，又不會讓一般人覺得菩薩與菩薩之間有相互嘲諷的誤解。翻譯家兼顧到宗教與人情兩面，這是令人佩服的地方。

所以後人對於鳩摩羅什的評論，如僧肇的「陶冶精求，務存聖意。其文約而詣，其旨婉而彰，微遠之言，於茲顯然。」〔註 15〕僧叡的「又蒙被釋玄旨，曉大歸於句下。」眞正是「質而不野，簡而必詣」。

〔註 15〕同上註。頁 309-310。

五、與道安的「五失本」,「三不易」的主張比較

關於道安的翻譯標準鳩摩羅什是否做到了呢？茲將第一章，道安所提出的「五失本」與「三不易」與鳩譯特性作綜合討論如下：

所謂的「五失本」部分：

1. 謂句法倒裝：這一點鳩摩羅什很少使用，除了首句「如是我聞」外，在鳩譯本中幾乎讀不出印度梵文的感覺。
2. 謂好用文言：梵經樸質，漢文華麗。譯本爲了文采，在行文上多有潤色。對於這點，鳩摩羅什採行的是以漢文的「質」爲核心，不多用文采，也不用華麗的詞藻。從譯文裡，我們可以讀出，他重視佛典的「意」與「旨」。所以「質而不野，簡而必詣」最能形容他的譯筆特色。
3. 謂刪去反覆之語：梵經在同一文句中有意思重覆之現象，並不嫌冗繁，但在漢譯中卻多有刪略。鳩摩羅什對這一點執行得非常徹底。他將梵本內許多重複與繁複的語詞予以刪煩。鳩譯提醒了我們一個問題，道安本人因爲不懂梵文，所以他認爲要保留梵文原貌比較妥當，但中國人未必能夠接受。如【4.20.9】這段相關的翻譯，必須是能夠掌握佛教義理的人才能處理好翻譯的功夫，否則菩薩也會被翻譯成凡夫俗子，那反而是「畫虎不成反類犬」。
4. 謂刪去一段落中解釋之語：佛典經文段落結束時，梵本當中總會附帶一首重頌，並有固定形式，但在漢譯本中有刪略的現象。鳩摩羅什擅長處理多餘的文字，梵文內的重複性解釋語，鳩摩羅什概予刪除。但是他並沒有刪去屬於「重頌」部分，從梵漢對照看出，只要梵本有的文體，鳩摩羅什都會保留。
5. 謂刪去後段覆牒前段之語：梵本中敘述一事時，有些段落在將完成之際，會有重述前段話語之舉，對於此漢譯本也有刪略的現象。有關梵本「覆牒」的現象，諸如【4.20.6】這句解釋了「妙光菩薩當了法師的原因」，但是有關「妙光菩薩」當法師的原因，鳩摩羅什認爲這個解釋是不需要的，因爲經文第十九段已說明妙光菩薩講授《法華經》時，已然是一位宣講佛經的「法師」，所以鳩摩羅什將此段略去不譯。如就譯文來看，這段解釋語是可以刪去不譯。由此可知，鳩摩羅什對於「刪煩」執行徹底。

至於「三不易」的部份：

1. 謂既須求真，又須喻俗：道安認爲以當代語來翻譯古代語是不容易的。但是鳩摩羅什克服這個問題，並且創造大量的新名詞來替代過去佛典翻譯的名詞。尤其「喻俗」這一點，鳩摩羅什所用的漢文文體是一種過去中國未曾見過的，類似白話，卻又保留文言特質的文體，對當時來說，這是一種新文體。對於「既須求眞，又須喻俗」鳩摩羅什是做到了。
2. 謂佛智懸隔，契合實難：古代聖賢，哲理精微，道安認爲後世淺薄的學者很難能夠契合。但對於鳩摩羅什來說是可以克服的，因爲鳩摩羅什在來到中國以前對於佛典的掌握就已聞名西域，當時的帝王，不論是符堅，還是姚興都一心想要迎請他來到中國。
3. 謂去古久遠，無從詢証：阿難等人集結經典態度審慎，後人輕率翻譯經典難以正確。這點鳩摩羅什確實有做到「態度審愼」，【4.21.頌 90】的譯作，就已經兼顧到佛教義理與漢譯的雙重品質。

就「五失本」來說，鳩摩羅什相違之處居多。「三不易」的部份，鳩摩羅什幾乎全部都做到了。其實「五失本」是在道安不熟悉印度文化的背景下所提出的標準。但他可能沒有想到，像鳩摩羅什這樣可以掌握梵文佛教義理，也能掌握中文表達方式的人來做翻譯，很可能又是另外一種情況。道安其實是擔心翻譯增減原本，一旦把梵文翻譯成漢文，對原文做出不當的剪裁，恐怕有損經旨！於是站在宗教立場去設想這個「五失本」與「三不易」的主張。鳩摩羅什未見反對道安的看法，但他能掌握佛典的主旨，所以就能超越道安的此一標準，用凝鍊的漢語去譯成中國人琅琅上口的漢文，這是道安很難想像的。由於鳩摩羅什熟稔印度文化，加上他充分掌握佛教的教理，又能掌握中國人閱讀的習慣，他的翻譯已經超越了道安的「五失本」、「三不易」的標準。

事實上，西域不斷來到中國的高僧，他們的翻譯事業也帶給後來華僧相當的啓示，「西天」可以取到「眞經」，如果能夠前往西天學習，就不需要再去依賴這些西來祖師的譯語。以中國佛教史看來，出現鳩摩羅什這樣出色的譯師，是罕見而偶然，並不是每個西來的祖師都能夠像鳩摩羅什如此擅長佛典漢譯。從道安的「五失本」、「三不易」來看，都是屬於保守的翻譯原則，不如直接西行向天竺學習，打破語言與文化的隔閡，就可以超越了道安的「五失本」、「三不易」。所以後來的法顯、智嚴，乃至唐朝玄奘、義淨等人都證明了這一點。

鳩摩羅什能夠在中國佛教上留下名聲，主要是他對於佛典的掌握，還有他過人的語言天才，當然還有那批一時俊彥的合作。

第七章　餘　論

第一節　其餘的發現

一、佛學中文名詞未必等於中文詞彙

這句話要怎麼講？這就是佛典訓詁學需要借助梵文經典的理由。佛典裡面用了一些中文辭彙，但意思卻不是中國的，是被賦予印度的意義。請看下面例子：

（1）「如是我聞」不是「如是我聽」

【4.1.1】: evaṁ　mayā　śrutam|

【現代漢譯】: 這是我所學習到的教法內容。

【鳩摩羅什】: 如是我聞。

就 śrutam 來說，鳩摩羅什翻譯爲「聞」，但梵文的本意不在「聽」這個動作，而是在於「知識的傳授」。換句話說，應該是「學習到的」這個意思。請見【4.1.1】有詳細說明。

（2）「眷屬」不見得是「親屬」

【4.2.1】: Yaśodharayā ca bhikṣuṇyā Rāhula-mātrā saparivārayā|

【鳩摩羅什】: 羅睺羅母耶輸陀羅比丘尼，亦與「眷屬」俱。

【現代漢譯】：（還有）比丘尼，也是羅睺羅的母親，耶輸陀羅，她與追隨（支持者）者一同。

這裡有一個有趣的現象，鳩摩羅什將 saparivārayā 翻譯成「眷屬」。原來中文裏面的「眷屬」是指親屬與家人的意思。而 saparivārayā 這個單字，在梵英辭典裡面是指：attended by a retinue，也就是有隨從、隨扈隨侍在側的意思。這兩個字詞意涵是不相等的。但是耶輸陀羅過去是王妃，身旁一定有隨扈在側，即使是出家，或多或少都有婢女在旁服侍，或者比照位階較高的出家眾，身旁或多或少都有「侍者」，或許可以看做是「眷屬」。所以佛經裡「眷屬」不見得就是有親戚、親眷關係。

（3）是「龍」還是「蛇」？

向來佛經都有「龍王」的傳說，也有很多種類的「龍」。但是梵文辭典有不一樣的講法：

【4.3.11】：aṣṭābhiś ca nāga-rājaiḥ sārdhaṁ bahu-nāga-koṭī-śata-sahasra-parivāraiḥ|

【現代漢譯】：有八位龍王與百千億眾多龍隨行。

【鳩摩羅什】：有八龍王。

這裡有一個重要詞彙值得研究，那就是梵文的「nāga」，鳩摩羅什把它翻譯成龍。事實上，這個單字在印度並沒有「龍」的意思，而是「蛇」。尤其是大王眼鏡蛇，那種巨大的蛇類。【摩威梵英】字典，與其他梵英辭典都說明了「nāga」不是「龍」。因爲中國佛教向來把「nāga」併同其他佛教護法說成「天龍八部」，事實很可能是「天蛇八部」了。值得注意的是，一開始佛典傳到中國時，「nāga」就被翻譯成「龍」，找遍佛典，很少有關提到蛇的紀錄。這與中國人尊崇龍有關係，所以印度僧人也把「nāga」翻譯成龍了。假如把「龍王」更正成「蛇王」，也許中國人都不敢信佛了，佛說法的現場來了「八位蛇王」還帶了百千億眾的蛇類到場聽經，這是多麼可怕的場景。索性通通改成「龍」，會較令人感到吉祥。這可作爲佛教中國化的一個證明。

不過 dragon 也不並是中國所說的「龍」，西洋的 dragon 是一種長翅膀，會飛，會吐火的巨大猛獸，常常襲擊人類，所以被看作是一種邪惡的動物。如此看來，佛典的「龍」可能也不只是中國的「龍」而已，這是有待研究的課題。

（4）「天子」不是帝王

【4.3.1】：Śakreṇa ca devānām indreṇa sārdhaṁ viṁśati-devaputra-sahasra-parivāreṇa |

【現代漢譯】：帝釋天神之主與隨行的兩萬天之子。

【鳩摩羅什】：爾時釋提桓因，與其眷屬二萬天子俱。

「devaputra」意思是「天神之子」，但是鳩摩羅什翻譯成「天子」，致使易於誤會成「天帝」。其實並非天帝，只是一般天人，天堂裡面的成員。由於鳩摩羅什依循著前人的翻譯，這個易於混淆的辭彙就始終沒有更正。中國自古以來，天子只有一個意思，就是「帝王」之意，或許當時的姚秦的君主姚興十分尊重鳩摩羅什，所以沒有在這個詞彙的翻譯上修正，以致保留到現在。

（5）「眉間白毫相光」不是白色眉毛裡射出光來

【4.5.1】：atha khalu tasyāṁ velāyāṁ bhagavato bhrū-vivarāntarād ūrṇā-kośād-ekā raśmir niścaritā|

【現代漢譯】：就在此時，（在禪定狀況下）從世尊的兩眉旋毛中間放射一道光束來。

【鳩摩羅什】：爾時佛放眉間白毫相光。

鳩摩羅什翻譯的「白毫相光」，並非是「眉間白毫相」+「光」。事實上梵文本上是：「眉間」+「白毫相光」，而「白毫相光」等於「白毫相」+「光」，這是說光是白色的，從兩眉中間的眉心射出去，而非指佛陀是白眉道人。

（6）導師是專門指「佛陀」

【4.9.1】kiṁ kāraṇaṁ Mañjuśirī iyaṁ hi
raśmiḥ pramuktā nara-nāyakena|
prabhāsayantī bhramukāntarātu
ūrṇāya kośād iyam eka-raśmiḥ||1||

【現代漢譯】：文殊師利，是什麼原因？
導師要放出

發光閃耀的眉間
從旋毛裡蘊藏的那一道光明？

【鳩摩羅什】：文殊師利，導師何故，眉間白毫，大光普照

梵文 nāyaka 被翻譯成「導師」，意思是嚮導、領導者的意思，或者是偉大的性靈導師，所以才被稱爲「導師」。在佛典中只有佛陀才被稱爲「導師」。

（7）「僧」是出家人嗎？

「僧」不是出家人嗎？案「僧」這個字是從「僧伽」的簡稱，「僧伽」則是從梵文 saṁgha 的音譯而來。那 saṁgha 是出家人的意思嗎？

【4.1.2】ekasmin samaye bhagavān Rājagṛhe viharati sma Gṛdhrakūṭe parvate mahatā bhikṣu-saṁghena sārdhaṁ dvādaśabhir bhikṣu-śataiḥ sarvair arhadbhiḥ……||

【鳩摩羅什】：一時，佛住王舍城，耆闍崛山中。與大比丘眾萬二千人俱，皆是阿羅漢。……||

【現代漢譯】：有一次（一個時間點），佛陀世尊曾經在「王舍城」，靈鷲山與一個大比丘僧團一起，（這是一個）一千二百位比丘（組成），都是阿羅漢等級的尊者，……||

鳩摩羅什沒有把 bhikṣu-saṁghena 譯成「比丘僧」。事實上 saṁghena 的詞根就是 saṁgha，saṁgha 這個字的梵文意思是這樣的：

1. संघेन, saṁghena, 陽性名詞，僧伽

1.1 【詞尾變化】：saṁghena 是從 saṁgha 變化過來，是單數工具格，請參照附篇第六節名詞第 2 點。所以字典要查 saṁgha。

1.2 【摩威梵英,p1129】m.（from. sam + $\sqrt{}$han）" close contact or combination " , any collection or assemblage , heap , multitude , quantity , crowd , host , number; a multitude of sages BhP. ; a host of enemies Rājat. MBh.; any number of people living together for a certain purpose , a society , association , company , community ; a clerical community , congregation , church（esp.）the whole community or collective body or brotherhood of monks（with Buddhists ; also applied to a monkish fraternity or sect among Jainas）Buddh.

1.3 【梵漢辭典,p1091】

1.3.1 （陽性名詞）群體，眾多，（敵方的）大軍（少用）；組合；團體；共同體，集合；僧團，（耆那教徒內的）派別。

1.3.2 （經文）多，眾，聚，眾會，廣聚。

在此可發現到，過去我們常稱佛教界中法師為「僧伽」，實際上梵文的「僧伽」並沒有出家人的意思，saṁgha 的意思如同《摩威梵英辭典》所說的「 close contact or combination 」是一個親密的組織群體，並沒有出家人的意思。是因為 bhikṣu-saṁghena 這個字組合的關係，才有「比丘僧」的說法，意思是由「比丘組成的團體」。因為只有佛教會用梵文音譯詞，後來之人以訛傳訛，把「僧」當作是出家人，也就忘記了「僧」的原來意思是指「團體」。一個學校的師生加起來，可以是一個「僧伽」，甚至於一個國家，也可以說是一個「僧伽」。所以譯家並沒有把「僧」譯作是出家人，相反地他們翻譯得很正確，確實就是「大眾」的意思。

還有很多類似的佛典漢譯解釋問題都需要用梵本去解決，筆者在此略舉幾個，待日後進行更多深入的研究，也許會有更多的發現。

二、為什麼梁啓超說佛典很少用「之乎者也」？

為什麼梁啓超說佛典很少用「之乎者也」？〔註1〕筆者認為梵本的語言風格就是屬於白話、口語的。

印度佛教在傳承的歷程中，從公元前五世紀釋迦牟尼佛出世以來，直到公元一世紀迦膩色迦王要求佛教用標準梵文將佛典寫下來。中間經過了五百年，這段時間佛教都是用口耳傳承，所有僧侶都用背誦方式把經典傳承下來，所以佛典基本上都是口語文學。這個特色可以從梵本《法華經》看到，特別是頌偈部分相當明顯：

【4.9.55】: analpakaṁ kāraṇam etta bheṣyati
yad darśitāḥ kṣetra-sahasra neke|
Sucitra-citrā ratanopaśobhitā

〔註1〕請見梁啓超《佛學研究十八篇》，上海：上海古籍出版社，2001 年 9 月出版。頁 199。

Buddhāś ca dṛśyanti ananta-cakṣuṣaḥ||55||

【鳩摩羅什】：示諸佛土，眾寶嚴淨，及見諸佛，此非小緣，

【現代漢譯】：此處眾生將會驚懼的原因，
這樣被看到的國土何止上千個！
（用）許多寶物裝飾得光輝燦爛！
也看到了許多佛陀！

梵文句子經過翻譯，便可知梵詩具有相當口語化的風格，就如同敘述故事一般的，其實佛經幾乎都是屬白話口語文學。但是佛典傳到中國，一開始是給士大夫看的，經常運用中國傳統的筆法，也或許西來印度僧人認爲文言文才是眞正的中文，畢竟在那個白話文學還不發達的時代，文言是分家的。梵詩這種口語化現象，在《梵本法華經・初品》裡面處處可見。

不僅是梵詩如此，長行也是口語文學，例如：

【4.11.3】: svarthaṁ suvyañjanaṁ kevalaṁ paripūrṇaṁ pariśuddhaṁ paryavadātaṁ brahma-caryaṁ saṁprakāśayati sma|

【現代漢譯】：其講授內容是追求崇高價值，清晰易解，圓滿而完備精純的梵行。

【鳩摩羅什】：其義深遠。其語巧妙，純一無雜，具足清白梵行之相。

從這個例子可知，梵本是簡單明瞭的，鳩摩羅什是根據梵本的風格來翻譯。

【4.11.4】: yad uta śrāvakāṇāṁ catur-ārya-satya-saṁprayuktaṁ pratītya-samutpāda-pravṛttaṁ dharmaṁ deśayati sma jāti-jarā-vyādhi-maraṇa-śoka-parideva-duḥkha-daurmanasyopāyāsānāṁ samatikramāya nirvāṇa-paryavasānam|

【現代漢譯】：曾經有的與聲聞行者因緣相應者，講授四聖諦，十二因緣生滅法。（讓他）遠離生，老，病，死，悲傷，沮喪，苦難，疲累，到達涅槃境地。

【鳩摩羅什】：爲求聲聞者，說應四諦法。度生老病死，究竟涅槃。爲求辟支佛者，說應十二因緣法。

梵本採用口語語法的第一個原因在於爲口語傳承，另一個重要的原因是——梵文文法是從單詞分析開始建構，例如：名詞單字就有八種格，三種數，三種性；而動詞單字就說明了時態，三種數，還有「爲自己做」、「爲他人做」等諸多因素。不獨梵文如此，印度多種語言也都有類似的特性，只是梵文特別複雜，其他語文比較簡易一點。好比文言文裡面的「之」，白話文用「的」，但是梵文就包括在名詞單字的意思內，稱爲名詞的屬格。如陽性單數的佛陀，Buddha 的屬格形，就是 Buddhasya，一個單字就可以表達這麼多東西。又如 prārthenti 這個字是動詞，它表現了第三人稱複數形。

梵文的這種特性，鳩摩羅什也注意到了。經過對照，可發現到鳩譯希望以漢語單一字詞對譯梵文單詞的要求。在這樣的條件下，梵文這種語文結構就很容易翻譯成文言文。但是梵文名詞本身已經包括了一些介係詞，如八種格裡面，主格就是主詞，對格是受詞，相當英文的 to+名詞，工具格相當英文的 by+名詞，爲格相當英文的 for+名詞，從格相當於英文的 from+名詞，屬格相當於英文的 of+名詞，於格相當於英文的 in+名詞，呼格則是感嘆語，還有形容詞與副詞也都有類似八種格性質，像這麼精密的名詞分析，主要是表現出該詞與修飾語的關聯。翻譯者當然不能視而不見，譯文中少用「之乎者也」，是譯者運用中文的排列方式，盡可能表現出梵文單字的格性與動詞變化等諸如此類，於是就呈現出一種梁啓超所說的「帶了一點異國風情特色」的中文。

三、中國詩歌格律的可能來源

南北朝時代，中國文壇興起一股追求形式美感的風潮，其中「聲律論」就是一個追求的標的。「四聲」學說的提出就是其中的代表。學界普遍認爲可能與佛教的「梵唄」，也就是經典的「轉讀」有關。筆者以爲除此因素外，也有從佛典的體制上得到啓發。

印度古代因爲宗教口傳上的需要，對於詩歌文學，形成一套體裁，這樣的體裁被記錄在《品迦拉經》（Śri Piṅgala's Chandaḥśāstra，一般稱爲 Piṅgala Sutra）裡面。《品迦拉經》並不是佛典，是《吠陀》傳承裡面所發展出來的「吠陀支」（Vedanga）。這本書就是吠陀的「聲律論」，裡面記載了很多的詩歌體制，都是解釋婆羅門教的根本教典，四種《吠陀》裡面的各種詩體。後來隨著印度文學發展，很多詩人都依照這本書的理論作詩，稱爲所謂的「造頌法」。後來這種造頌法，也成爲佛典頌偈文學主要的依據。

根據《高僧傳》記錄，很多來華擔任翻譯的印度高僧有通達「五明」與四種《吠陀》的背景，如曇柯迦羅、康僧會、維祇難等人。竺法護、鳩摩羅什也是其中之一，所以他們在翻譯時也注意這種漢梵頌偈翻譯的情況。鳩摩羅什漢譯四句一頌的翻譯方式就是取自印度頌偈體制的精神。

目前學界認爲「永明體」講究聲律的緣起是來自佛教梵唄。筆者以爲也可能是文人參與翻譯佛典的過程中，察覺梵漢詩體的差異，吸收了這種印度造頌法的特點，音節的長短結構，致使後來中國文壇講究詩歌音節，更影響了後來發展的「平仄」與「近體詩」，這種詩律的精神近似於佛典頌偈體裁，兩者應該有一定的關聯。

第二節　後續的發展方向

一、廣泛蒐羅與研究梵本

研究至此，筆者十分感謝那些辛苦地保存梵本的尼泊爾尼瓦族人，還有那些挖掘、研究梵本，編輯梵本的前輩學者們。沒有他們的成果，無法得知鳩摩羅什翻譯佛典工作是如此艱鉅。若非梵本能夠面世，我們很難體會羅什對僧叡講的：翻譯是件「嚼飯與人」〔註2〕的工作。事實上，再怎麼好的翻譯作品，都不可能超越原本，更何況這是宗教文獻，影響到多少人的慧命呢！鳩摩羅什承擔的壓力之巨大，由此可見！

若非梵本能夠面世，後人才得以知曉鳩摩羅什的譯作，不僅符合前代學人所說的精簡洗練，而且不失宗旨，更無法曉得鳩摩羅什翻譯還有鮮爲人知的——依循梵本的體制，以四句漢詩對應四句梵本頌偈的方式。事實上鳩摩羅什是一個很少發言的人，他的成就全部都在譯作中。到今天風行於各個寺廟道場，鳩摩羅什四個字幾乎可以成爲北傳佛教的代表，他的譯作不斷隨著僧人傳教的步履遍及世界。他的譯作如此風行，作品如此成功，絕非偶然。

但是如果沒有梵本相助，根本無法了解鳩摩羅什譯作成功的要訣。所以筆者倡議，希望大家能廣蒐梵本，珍惜這些曾經被戰火摧毀，棄置不用的梵本。即使如鳩摩羅什如此成功的譯作，他本人都還認爲翻譯是「嚼飯與人」

〔註2〕請見《大正新修大藏經》第五十一冊，台北市：新文豐圖書公司，1986年出版，頁330。

的工作，因為再怎樣的翻譯，也取代不了梵文原本。果然，中國在鳩摩羅什翻譯後，梵本幾近因為戰火全失，這個結果就是因為不重視原本，才造成日久解釋佛典的歧異問題，也促成了唐朝玄奘大師辛苦到印度取經的因緣。所以對原典的漠視，是造成日後研究困難的主要原因之一。

有了梵本才得以解決很多包含文學史，思想史與佛教史的問題，諸如本次研究能夠了解到佛典頌偈是如何對中國文學產生影響，同時也直接對照出鳩摩羅什譯筆風格，作出清楚的分析，對於釐清學術問題而言，有莫大的助益。

當前世界上，仍然存有梵本。前面提到，中國大陸已經開始了梵文貝葉保護工程，筆者衷心祝願這項工程能夠早日完成，梵本也能早日刊行。筆者目前也正蒐羅相關佛典梵本，希望能有更多的典藏。

二、佛教訓詁學的建構

本研究的出發點是為佛典翻譯文學在中國文學史上找到一席之地。但要解決這個問題，第一要件就得要建立佛經的解釋體系。要建立佛經的解釋體系，就必須從佛典的訓詁上開始。

對於翻譯文學作品來說，與原典的對照是最直接，也是最好的訓詁方法。筆者發現屬於印度文化意涵的佛典中文詞彙，很容易與傳統中文語彙混淆。因此筆者倡議，成立中國佛典的訓詁學。

就訓詁學來講，可說是文學研究的前哨站，對於文獻的理解有重要的幫助。中國傳統訓詁學非常發達，已經發展到多種訓詁方法，在解讀古代文獻來說取得了相當成就。儒家典籍正是累積了多代文人，特別是乾嘉年間的儒生，如江永、段玉裁、高郵王氏父子等致力於樸學，將儒家典籍的經義能夠做出正確的解釋，使儒學古籍幾乎每一字都有來處，獲得了正確的理解，並且提供了相當的典律思維，對於理解古代文獻的幫助非常大。

佛典雖然是外來的，卻不能因為是以漢文寫成，就認為不需要訓詁。既然是翻譯文學，顯然根源就在國外。雖然中國佛教迄今已有多種經典註解，卻仍然存在著望文生義，而錯解經義的潛在危機。

過去有部分人士抱持著一種態度，認為佛典的梵漢對照研究，就是推翻漢譯佛典的作為。筆者認為恰好相反。梵漢對照這項研究最重要的意義，就是找到漢譯的規律與過程，如同儒家的樸學一樣，期能獲得漢譯佛典正確的解釋。在佛教典籍裡面，目前只有少數獲得重視，在學術界或宗教界都設有講座、研究；而絕大多數的典籍都沉寂在大藏經的叢書裡塵封已久。造成這些經典塵封主因之一，就是因爲缺少註解本的緣故，致使宗教界乏人問津。筆者以爲，佛典梵漢對照可以協助做出註解上的貢獻，也能針對古漢語，及古典文獻提供有用的資訊。要言之，梵漢對照並非推翻現存漢譯本，而是將漢譯本作更有效的利用，建立佛典訓詁學的重要根據。

研究至此，算是對於《梵本法華經·初品》的梵本文句有初步的認識。未來筆者將繼續此方面研究，期待能對全本梵文《法華經》與鳩摩羅什譯本有充分的了解。筆者希望藉由這項工作，逐步形成對鳩摩羅什譯經理論強化，未來將朝向「鳩摩羅什譯經詞典」的編纂邁進，期能爲佛典訓詁學，也爲中國的傳統訓詁學作出貢獻。

參考文獻

第一部分　譯學類

1. 沈蘇儒著《論信達雅——嚴復翻譯理論研究》台北市：台灣商務印書館發行，2000 年 10 月出版。
2. 韓江洪著《嚴復話語系統與近代中國文化轉型》上海：上海譯文出版社，2006.10 出版。
3. 金隄《等效翻譯探索》，台北市：書林出版有限公司，1998 年 7 月出版。
4. 劉靖之主編《翻譯工作者手冊》，香港：商務印書館，1991 年出版。
5. 馬祖毅《中國翻譯史》（上卷），漢口：湖北教育出版社，1999 年出版。
6. 孟昭毅、李載道主編《中國翻譯文學史》北京：北京大學出版社，2005.7 出版。
7. 〔美〕尤金・A・奈達（Eugene A. Nida）著，嚴久生譯，陳健康校譯《語言文化語翻譯》，呼何浩特市：內蒙古大學出版社，2001 年 10 月出版。
8. 陳德鴻、張南峰編《西方翻譯理論精》，香港：香港城市大學出版社，2006 年三刷。
9. 杰理米・芒迪（Jeremy Mundaya）著，李德鳳編譯《翻譯學導論——理論與實踐》香港：中文大學出版社，2007 年出版。
10. 金莉華著《翻譯學》，台北市：三民書局，2006 年 8 月二版。

第二部分　佛教原典

一、梵本法華經

1. Dr. P. L. Vaidya 編《Saddharmapuṇḍrīkasūtra》（印度 The Mithila Institute of

Post-Graduate Studies and Research in Sanskrit Learning, Darbhanga,1960 出版）

2. Prof. H. Kern and Prof. Bunyiu Nanjio 編《Saddharmapuṇḍrīka》收錄於『佛教文庫』No.10（Bibliotheca Buddhica X），日本東京：Meicho-Fukyū-Kai（名著普及會）,1977 年出版。
3. 荻原雲來，土田勝彌編《改訂梵文法華經》，日本東京：山喜房佛書林，1994 年出版。
4. 户田宏文編《Saddharmapuṇḍrīkasūtram-Sanskrit Lotus Sutra Manuscript from the National Archives of Nepal（No. 4-21）Romanized Text 1-2》日本東京：創價學會,2001 年出版。
5. Haruaki Kotsuki 編《Sanskrit Lotus Sutra Manuscript from University of Tokyo General Library（No.414）Romanized Text》日本東京：創價學會,2001 出版。
6. 蔣忠新編《民族文化宮圖書館藏梵文《梵文法華經》寫本》，北京：中國社會科學出版社，1988 年出版。

二、梵文版翻譯

1. 荷蘭學者，H. Kern 譯著《The Saddharma-pundarîka OR The Lotus of the True Law》(法華經英譯版),收錄於 F. Max Müller 主編之《The Sacred Book of The East》，由印度德里之 Motilal Banarsidass Private Ltd.,1994 年再版。
2. 南條文雄，泉芳璟共譯《梵漢對照新譯法華經》（法華經日譯版），日本京都：平樂寺書店，1974 年出版。
3. 阪本幸男，岩本裕譯注《法華經》(法華經日譯版)，收錄於「岩波文庫」，日本東京：岩波書店，2005 年 4 月出版。
4. 菅野博史譯注《法華經——永遠的菩薩道》，中譯本由台北縣：靈鷲山般若文教基金會出版社，2005 年 1 月出版。
5. 《大正新修大藏經》，台灣，台北市：新文豐圖書公司，1982，1986 年出版。

   第一冊：提婆譯《中阿含經》

   第六冊：玄奘譯《大般若波羅蜜多經》。

   第九冊：鳩摩羅什譯《妙法蓮華經》

   竺法護譯《正法華經》

   闍那崛多共笈多譯《添品妙法蓮華經》。

   第卅冊：《瑜伽師地論》。

   第卅三冊：智者《妙法蓮華經玄義》。

   第四十九冊：志磐《佛祖統紀》

費長房《歷代三寶紀》。
第五十冊：慧皎《高僧傳》
道宣《續高僧傳》
贊寧《宋高僧傳》。
第五十一冊：《法華傳記》
《弘贊法華傳》。
第五十五冊：道宣《大唐內典錄》
智昇《開元釋教錄》
圓照《貞元新訂釋教目錄》
4. 《卍字續藏經》，台灣，台北市：新文豐圖書公司，1986 年出版。
第七十三冊：《憨山老人夢遊集》。
5. 林光明《新編大藏全咒》，台北市：嘉豐出版社，2001 年出版。

第三部分　工具書類

1. 《漢語大詞典》，上海：漢語大詞典出版社，2003 年 12 月出版。
2. 林光明《梵漢大辭典》台北市：嘉豐出版社，2005 年出版。
3. M. Monier-Williams《A Sanskrit English Dictionary—Etymologically and Philologically Arranged with special reference to Cognate Indo-European Languages》，原著於 1899 年出版於英國牛津大學出版社（Oxford University Press）出版，本文所用的辭典是 2002 年由印度德里（Delhi）的 Motilal Banarsidass 出版公司所出版。
4. Franklin Edgerton《Buddhist Hybrid Sanskrit Grammar And Dictionary》，本文所用的是 1993 年由印度德里的 Motilal Banarsidass 出版公司所出版。
5. T.W. Rhys Davids & William Stede,"Pali English Dictionary",Published by Motilal Banarsidass Publishers Pvt. Ltd., Delhi,India, 2003.
6. 僧祐著《出三藏記集》，北京：中華書局 1995 年 11 月出版。
7. Rajendralala Mitra《The Sanskrit Buddhist Literature of Nepal》India, Dehli:Cosmo Publication, 1981.
8. 江島惠教（代表）編《梵藏漢法華經原典總索引》，東京：靈友會，1985 年出版。
9. 湯山明（Akira Yuyama）編《A Bibliography of the Sanskrit Texts of Saddharmapuṇḍrīkasūtra》,澳洲，Canberra：澳洲國立大學（Australia National University）1970 年出版。
10. 辛島靜志編《正法華經詞典》，東京：創價大學國際高等佛學研究所，1998 年出版。

11. 辛島靜志編《妙法蓮華經詞典》，東京：創價大學國際高等佛學研究所，2001 年出版。
12. 慈怡主編《佛光大辭典》，台北市：佛光文化事業有限公司，1997 年五月出版。
13. Mitutoshi Moriguchi（日本）,"A Catalogue of the Buddhist Tantric Manuscripts in the National Archives of Nepal and Kesar library", Published by Sankibou Busshorin, Tokyo, Japan,1989.
14. Hidenobu Takaoka（日本）,"A Microfilm Catalogue of The Buddhist Manuscripts in Nepal", Published by Buddhist Library, Fukuoka, Japan,1981.

第四部分　佛典語文參考文獻

1. 佛典語言文法書：
   （1）R. Antonie, S. J.（MA）,"A Sanskrit Manual for High Schools"（Part I, II）, Published by Allied Publishers Limited, New Delhi, India, 2002.
   （2）R. Antonie, S. J.（MA）著，梅迺文翻譯《梵文文法》，收錄於《世界佛學名著譯叢》第六冊，台北縣：華宇出版社出版，1985 年 8 月出版。
   （3）釋惠敏，釋齋因《梵語初階》，台北縣：法鼓文化事業股份有限公司，1996 年 9 月出版。
   （4）羅世芳《梵語課本》，北京：商務印書館，1996 年 5 月出版。
   （5）R. Pischel, Translated by Subhadra Jha,"A Grammar of the Prākrit Languages", Published by Motilal Banarsidass Publishers Private Ltd., New Delhi, India, 1999.
   （6）Macdonell, Arthur Anthony（1854-1930）,"A Sanskrit Grammar for Students", Published by D. K. Printworld（P）Ltd. New Delhi, India,1997.
2. 季羨林《季羨林佛教學術論文集》，台北市：東初出版社，1995 年 4 月。
3. 唐．玄奘原著，季羨林等校注《大唐西域記校注》，台北市：新文豐圖書公司 1994 年 5 月出版。
4. 許洋主《新譯梵文佛典——金剛般若波羅蜜經》，台北市：如實出版社，1995 年 11 月出版。
5. 日本山田龍城著，許洋主譯《梵語佛典導論》，台北市：華宇出版社，1988 年 4 月出版
6. 金克木《梵佛探》，收錄於《梵竺廬集．乙》，江西省南昌市：將西教育出版社 1999 年 9 月出版。
7. 林光明《大悲咒研究》台北市：嘉豐出版社，1994 年出版。

8. 林光明《新編中英對照常用佛經》，台北市：嘉豐出版社，1994 年出版。
9. 林光明《金剛經譯本集成》，台北市：嘉豐出版社，1995 年出版。
10. 林光明《阿彌陀經譯本集成》，台北市：嘉豐出版社，1995 年出版。
11. 林光明《往生咒研究》台北市：嘉豐出版社，1997 年出版。
12. 林光明《梵字悉曇入門》，台北市：嘉豐出版社，1999 年出版。
13. 林光明《簡易學梵字》進階篇，台北市：嘉豐出版社，2000 年。
14. 林光明《認識咒語》，台北市：嘉豐出版社，2000 年出版。
15. 林光明《心經集成》，台北市：嘉豐出版社，2000 年出版。
16. 林光明《梵字練習本》一般用／書法用，台北市：嘉豐出版社 2003 年出版。
17. 林光明《梵字練習本》書法用，台北市：嘉豐出版社，2003 年出版。
18. 林光明《蘭札體梵字入門》，台北市：嘉豐出版社，2004 年出版。
19. 林光明《敦博本六祖壇經及其英譯》，台北市：嘉豐出版社，2004 年出版。
20. 林光明《城體體梵字入門》，台北市：嘉豐出版社，2006 年出版。
21. 林光明《梵藏心經自學》台北市：嘉豐出版社，2004 年出版。
22. 萬金川《佛經語言學論集》，台灣南投：正觀出版社，2005 年 3 月出版。
23. 林光明《簡易學梵字》基礎篇，台北市：嘉豐出版社，2006 年出版。
24. 斯坦因凱勒（Steinkellner, E.,）校注《吉年陀羅菩提《集量論注釋》第一章之一》，北京：中國藏學出版社，2005 年 5 月出版。

第五部分　中文參考文獻

1. 《周易正義》，收錄於李學勤主編《十三經注疏》第一冊，北京：北京大學出版社，1999 年 12 月出版。
2. 竺家寧《古音之旅》，台北市：萬卷樓圖書有限公司，1993 年 9 月出版。
3. 日本水野弘元著，劉欣如譯《佛典成立史》，台北市：東大圖書公司，1996 年 11 月出版。
4. 王文顏《佛典漢譯之研究》，台北市：天華出版事業公司，1984 年 12 月出版。
5. 湯用彤著《漢魏兩晉南北朝佛教史》，台北市：台灣商務印書館，1998 年 7 月 15 出版。
6. 曹仕邦《中國佛教譯經史論集》，台北市：東初出版社，1990 年出版。
7. 梁曉虹《佛教與漢語詞彙》，台北縣：佛光圖書出版公司，2001 年出版。
8. 徐時儀，梁曉虹，陳五雲著《佛經音義概論》，台北市：大千出版社，2003

年出版。

9. 朱慶之《佛典與中古漢語辭彙研究》，台北市：文津出版社，1992 年 7 月出版。

10. 《法藏文庫——中國佛教學術論典》，台北市：佛光文教基金會，2003 年出版。

第 58 冊：

（1）朱慶之《佛典與中古漢語詞彙研究》

（2）董琨《漢魏六朝佛經所見若干新興語法成分》

（3）黃先義《中古佛經詞語選釋》

（4）梁曉虹《漢魏六朝佛經意譯詞研究》

（5）王兵《魏晉南北朝佛經詞語輯釋》

（6）張美蘭《五燈會元動量詞研究》

第 59 冊所收錄：

（1）顏洽茂《魏晉南北朝佛經詞彙研究》

（2）顏洽茂《南北朝佛經複音詞研究》

第 60 冊所收錄：

（1）梁曉虹《佛教詞語的構造與漢語詞彙的發展》

（2）胡敕瑞《論衡與東漢佛典詞語比較研究》

第 61 冊所收錄：

（1）董志翹《入唐求法巡禮行記》詞彙研究

第 62 冊所收錄：

（1）張全眞《法顯傳》與《入唐求法巡禮行記》語法比較研究

（2）周廣榮《梵語悉檀章在中國的傳播與影響》

第 63 冊所收錄：

（1）王邦維《南海寄歸內法傳》校注

（2）王邦維《大唐西域求法高僧傳》校注

第 64 冊所收錄：

（1）盧烈紅《古尊宿語要》代詞助詞研究

（2）陳文杰《早期漢譯佛典語言研究》

第 65 冊所收錄：

（1）姚永銘《慧琳音義》語言研究

（2）徐時儀《慧琳一切音義》評述

第 66 冊所收錄：

（1）俞理明《漢魏六朝佛經代詞探析》
（2）蕭紅《洛陽伽藍記》句法研究
（3）葛維鈞《從《正法華經》看竺法護的翻譯特點》曾良《《敦煌歌辭總編》校讀研究》

11. 吳勇海《中古漢譯佛經敘事文學研究》北京：學苑出版社，2004 年 5 月出版。
12. 竺家寧《佛經語言初探》，台北市：橡樹林文化出版公司，2005 年 9 月出版。
13. 龍國富《姚秦譯經助詞研究》，湖南省長沙市：湖南師範大學出版社，2005 年 8 月出版。
14. 孫昌武編注《漢譯佛典翻譯文學選》上／下兩冊，天津市：南開大學出版社，2005 年 7 月出版。
15. 朱志瑜，朱曉農《中國佛籍譯論選輯評注》，北京市：清華大學出版社，2006 年出版。

第六部分　外文參考文獻

1. Compiled by the Yeshe De Research Project and Edited by Elizabeth Cook, “Light of Liberation: A History of Buddhism in India（Crystal Mirror series: Vol.8, Berkeley, CA: Dharma Publishing, 1992）
2. Winternitz,”History of Indian Literature”3rd Edition（Vol.1-3,）,Published by Munshiram Manoharial Publishers Pvt. Ltd.,Delihi, India,1991.
3. Anvndoram Borooah, “A Comprehensive Grammar of The Sanskrit Language—Analytical, Historical and Lexicographical”（Revised And Enlarged Edition）, Published by BKP（Bharatiya Kala Prakashan）, Delhi, India, 2001.
4. 日本・中村瑞隆《法華經的思想與基盤》，收錄於《法華經研究系列 VIII・法華經の思想と基盤》，日本，京都：平樂寺書店，1980 年 2 月出版。
5. Naresh Man Bajracharya,“Buddhism in Nepal（465 BC – 1199 AD）”,Published by Eastern Book Linkers, New Delhi, India, 1998.
6. Madhav M. Deshpande,”Sanskrit & Prakrit—Sociolinguistic Issues”, Published by Motilal Banarsidass Pvt. Ltd., Delhi, India,1993.
7. Gregory Sharkey,”Buddhist Daily Ritual—The Nitya Puja in Kathmandu Valley Shrines”,Published by Orchid Press, Bangkok, Thailand,2001.

第七部分　期刊論文文獻

一、梵文法華經部分

1. 塚本啓祥《梵文法華経写本の研究》，收錄於《法華文化研究》第十三期。
2. 小島通正《梵文法華経の言語学的研究序説——偈頌の言語現象と韻律について》，收錄於《天台學報》第廿三期。
3. 葛維鈞《曲從方言 趣不乖本——談《妙法蓮華經》的靈活譯筆》，收錄於《東南文化》1994 年 02 期，江蘇省南京市：南京博物院 1994 年 1 月出版。
4. 葛維鈞《文雖左右，旨不違中——談《妙法蓮華經》的靈活譯筆》收錄於《南亞研究》1994 年 02 期，北京市：中國南亞學會，中國社會科學研究院亞太研究所 1994 年 1 月出版。
5. 楊富學《論所謂的「喀什本梵文法華經」寫卷》，收錄於《中華佛學學報》，台北縣：中華佛學研究所 1994 年 7 月出版。

二、鳩摩羅什研究

1. 古正美《鳩摩羅什（350-409）與佛學入主中國之因緣》，收錄於《晨曦》，台北市：國立台灣大學晨曦佛學社 1970 年 4 月出版。頁 30～36。
2. 苑藝《鳩摩羅什佛經"新譯"初探》，收錄於《天津師大學報》第四期，天津市：天津師範大學，1984 年 1 月出版。頁 48～53。
3. 周伯戡《早期中國佛教的小乘觀——兼論道安長安譯經在中國佛教史上的意義》，收錄於《國立台灣大學歷史系學報》第十六卷，台北市：國立台灣大學歷史系 1991 年 08 月出版，頁 63～79
4. 中村元撰，劉建譯《基於現實生活的思考——鳩摩羅什譯本的特徵》，收錄於《世界宗教研究》第二期，北京市：中國社會科學研究院世界宗教研究所 1994 年 2 月出版。頁 6～17。
5. 鎌田茂雄著，劉建譯《鳩摩羅什對東亞佛教史的影響》第二期，收錄於《世界宗教研究》第二期，北京市：中國社會科學研究院世界宗教研究所 1994 年 2 月出版。頁 34～39。
6. 胡湘榮《鳩摩羅什同支謙、竺法護譯經中語詞的比較》，收錄在《古漢語研究》，湖南省長沙市：湖南師範大學 1994 年 02 期，1994 年 2 月出版。
7. 洪修平《論鳩摩羅什及其弟子對中國佛教文化的貢獻》，收錄於《1992 年佛學研究論文集——中國歷史上的佛教問題》，台北市：佛光山文化事業出版公司，1998 年 1 月出版。頁 121～141。
8. 劉賓《鳩摩羅什的譯典在比較文學研究上的意義》，收錄於《西域研究》1999 年 03 期，新疆，烏魯木齊市：新疆社會科學院，1999 年 1 月出版。

9. 鄭郁卿《鳩摩羅什研究》，台北市：文津出版社，1999 年 11 月出版。
10. 周裕鍇《中國佛教闡釋學研究: 佛經的漢譯》，收錄於《四川大學學報（哲學社會科學版）》2002 年 03 期，四川省成都：四川大學 2002 年 1 月出版。
11. 馬麗《論鳩摩羅什對佛學及佛教文獻學的貢獻》，收錄於《古籍整理研究學刊》第五期，吉林省長春市：東北師範大學古籍整理研究所 2003 年 9 月 25 日出版。頁 17～21。
12. 黃焰結《鳩摩羅什的佛經翻譯思想》，收錄於《遼寧教育行政學院學報》2004 年 01 期，遼寧省瀋陽市：遼寧教育學院 2004 年 1 月出版。

三、佛典語文研究

1. 林光明《試析印順導師對咒語的態度》，收錄於《印順導師思想之理論與實踐：第四屆「人間佛教・薪火相傳」學術研討會論文集》，台北市：財團法人弘誓文教基金會，2003 年 3 月。

四、佛典漢譯部分

1. 岩本裕《梵文佛典の原典批判について》，收錄於《印度學佛教學研究》第六卷第一期，1958 年 1 月 10 日出版。
2. 福原亮嚴《中國に於ける佛典翻譯學の發達=ちゅうごくにおけるぶってんほんやくがくのはったつ=The Development of the Method of Buddhist Translation in China》，收錄於《佛教文化研究所紀要》第 10 號，1971 年 06 月出版。
3. 呂沛銘《中國古代佛典翻譯方法概論》，收錄於《內明》第 87 期，香港：新界妙法寺內明雜誌社，1979 年 6 月出版，頁 19～21。
4. 林志鈞《藏譯印度佛學論著錄目》，收錄於《現代佛教學術叢刊》第 60 冊，台北市：大乘文化出版社 1980 年 10 月出版。頁 369～400。
5. 羅根澤《佛經翻譯論》，收錄於《現代佛教學術叢刊》第卅八冊，台北市：大乘文化出版社 1980 年 10 月出版。頁 363～386。
6. 梁啓超《佛典之翻譯》，收錄於《現代佛教學術叢刊》第卅八冊，台北市：大乘文化出版社，1980 年 10 月出版。頁 283～362。
7. 謝無量《佛教東來對中國文學之影響》，收錄於《現代佛教學術叢刊》第十九冊，台北市：大乘文化出版社，1980 年 10 月出版。頁 15～32。
8. 顧敦鍒《佛教與中國文化》收錄於《現代佛教學術叢刊》第十九冊，台北市：大乘出版社，1980 年 10 月出版。頁 43～86。
9. 周乙良《論佛典翻譯文學》，收錄於《現代佛教學術叢刊》第十九冊，台北：大乘文化出版社，1980 年 10 月出版。頁 335～347。
10. 福永光司著，覺道譯《中國佛教裏漢譯佛典的意義》，收錄於《諦觀》第廿五期，台灣南投：諦觀雜誌社，1985 年 5 月出版。頁 1～3。

11. 杜繼文《論南北朝的佛典翻譯》，收錄於《中原文物》，河南，鄭州：河南博物院 1985 年 1 月出版，頁 16～26。
12. 蘇仲翔《佛典翻譯對中國俗文學的影響》，收錄於《民間文藝季刊》第二卷，上海：上海文藝出版社 1986 年 02 月出版。頁 17～18。
13. 日本・中村元著，小米 節譯《儒家倫理思想對漢譯佛經的影響》，收錄於《法光》月刊，第 24 期，台北市：法光佛學研究所，1991 年 09 月出版。
14. 王文顏《佛典漢譯史上的新舊譯》收錄於《法光》月刊第廿四期，台北市：法光佛學研究所 1991 年 9 月 1 日出版。
15. 曹仕邦《試論中國小説跟佛教的「龍王」傳説在華人社會中的相互影響》，收錄於《佛教與中國文化國際學術會議論文集（中輯）》台北縣：中華文化復興運動總會宗教研究委員會，1995 年 7 月出版。頁 567～583。
16. 周一良《論佛典翻譯文學》，收錄於《魏晉南北朝史論集》，北京：北京大學出版社，1997 年出版。
17. 陳士強《梁啓超《佛學研究十八篇》校讀記》，收錄於《法音》2001 年 05 期，北京：中國佛教協會 2001 年 5 月出版。
18. 吳學國《中國佛教詮釋傳統》，收錄於《學術月刊》2001 年第 6 期，，上海：社會科學界聯合會，2001 年 6 月出版。
19. 呂凱文《佛典翻譯與詮釋的重要性》，收錄於《法光》月刊，第 173 期，法光佛學研究所，2004 年 2 月出版。
20. 賴信川《佛典詩偈與造頌法初探》，收錄於劉楚華主編《香港浸會大學人文中國學術叢書——唐代文學與宗教》，香港：中華書局，2004 年 5 月出版。
21. 蔡耀明《網路上的梵文與梵文佛典資源》，發表於 2005.09.16 舉辦「佛學數位資源之應用與趨勢研討會=Symposium on Buddhist Studies in the Digital Age: Application and Perspective」上。